AF856818

Aux sources du capitalisme

Commerce, travail et transmissions familiales (Europe méridionale, XVe-XXe siècle)

L'HOMME & LA SOCIÉTÉ

REVUE INTERNATIONALE DE RECHERCHES
& DE SYNTHESES EN SCIENCES SOCIALES

⁂

FONDATEURS

Serge JONAS † et Jean PRONTEAU †

DIRECTEURS

Pierre BRAS et Judith HAYEM

COMITÉ DE RÉDACTION

Michela BARBOT (IDHES), Pierre BRAS (UC Paris), Ioana CÎRSTOCEA (CESSP-CSE), Laurence COSTES (LIRTES), Christophe DAUM (DySoLab), Claude DIDRY (CMH), Camille DUPUY (DySoLab), Jean-Pierre DURAND (CPN), Dominique GLAYMANN (CPN), Abdelhafid HAMMOUCHE (Clersé), Judith HAYEM (Clersé), Bernard HOURS (CESSMA), Salvador JUAN (CERREV), Michel KAIL, Florent LE BOT (IDHES), Corine MAITTE (ACP), Margaret MANALE (CNRS), Stéphane MICHONNEAU (IRHiS), Louis MOREAU DE BELLAING (Univ. de Caen Normandie), Pierre ROLLE (Paris X), Monique SELIM (CESSMA), Richard SOBEL (Clersé), Sophie WAHNICH (IIAC-TRAM).

COMITÉ SCIENTIFIQUE

Michel ADAM, Elsa ASSIDON, Solange BARBEROUSSE, Alain BIHR, Monique CHEMILLIER-GENDREAU, Catherine COLLIOT-THÉLÈNE, Catherine COQUERY-VIDROVITCH, Christine DELPHY, René GALLISSOT, Michel GIRAUD, Gabriel GOSSELIN, Serge LATOUCHE, Jürgen LINK, Numa MURARD, Sami NAÏR, Gérard RAULET, Robert SAYRE, Benjamin STORA, Mahamet TIMERA, Dominique VIDAL.

RÉDACTION

Flavie LAVALLÉE (éditrice, CNRS) & Cécile THIÉBAULT (éditrice, CNRS)
MSH Paris-Saclay c/o ENS Paris-Saclay
4, avenue des Sciences – 91190 Gif-sur-Yvette
Contact : revue.homme.et.societe@gmail.com

© L'Harmattan et Association pour la recherche de synthèse en sciences humaines

L'HOMME
& LA SOCIÉTÉ
REVUE INTERNATIONALE DE RECHERCHES
& DE SYNTHESES EN SCIENCES SOCIALES

Aux sources du capitalisme

Commerce, travail et transmissions familiales (Europe méridionale, XVe-XXe siècle)

Coordonné par
Claude Didry, Florent Le Bot,
Corine Maitte & Michela Barbot

Revue publiée avec le soutien de la MSH Paris-Saclay (USR 3683), du laboratoire « Analyse Comparée des pouvoirs » (EA 3350), université Gustave Eiffel et du laboratoire « Institutions et dynamiques historiques de l'économie et de la société » (UMR 8533)

Maison des Sciences de l'Homme PARIS-SACLAY

L'Harmattan

© L'Harmattan, 2021
5-7, rue de l'École-Polytechnique – 75005 Paris

http://www.editions-harmattan.fr

ISSN : 0018-4306
ISBN : 978-2-343-22543-2
EAN : 9782343225432

L'HOMME
& LA SOCIÉTÉ
REVUE INTERNATIONALE DE RECHERCHES
& DE SYNTHESES EN SCIENCES SOCIALES

N° 211 (2019/3)

Aux sources du capitalisme

Commerce, travail et transmissions familiales (Europe méridionale, XVe-XXe siècle)

ÉDITORIAL

DOSSIER

ABONNEMENTS ET VENTES AU NUMÉRO

Éditions L'Harmattan, 5-7, rue de l'École-Polytechnique – 75005 Paris
Un abonnement annuel couvre 3 numéros
(joindre un chèque à la commande au nom de L'Harmattan)
France : 60 € — Étranger, par avion : 65 €

ÉDITORIAL

Le virus SARS-19, un objet politique pas toujours identifié

Michel KAIL

Il serait dommageable pour la pertinence de l'analyse d'abstraire la crise sanitaire de la compréhension qu'en prennent ceux qui ont la charge de la gérer. Compréhension et mode de gestion participent de la crise sanitaire et doivent être intégrés dans la totalité qui la constitue. Or ce qui spécifie cette gestion, c'est l'incapacité d'anticipation dont ont fait preuve ceux qui ont le pouvoir de décision. Ils interviennent toujours et encore sur le mode réactif.

La décision d'imposer à nouveau le confinement est à cet égard exemplaire, sinon caricatural.

Dans une tribune publiée dans LeMonde.fr du 26 septembre 2020, Esther Duflo et Abhijit Banerjee, lauréats en 2019 du prix dit « Nobel d'économie », associés à Michael Kremer, avançaient qu'il conviendrait de « décréter un confinement de l'Avent pour sauver Noël » afin « pour une fois » de « prendre de l'avance sur le virus ». La plupart des commentateurs appartenant à l'univers médiatique n'ont absolument pas perçu cette vocation anticipatrice de la proposition et se sont moqués de ces économistes venant faire la leçon à coups de modèles mathématiques (alors que ces deux économistes ont pour parti-pris épistémologique de privilégier un travail de terrain, et de recourir pour cela à la méthode dite de « l'évaluation par échantillonnage aléatoire » ou *randomized controlled trials-RCT*), tandis que le pouvoir exécutif, présidentiel et gouvernemental, a pour sa part repris, pour l'essentiel, le contenu de cette proposition mais un peu plus d'un mois plus tard, annulant la vertu anticipatrice qu'elle recélait et s'embourbant une fois de plus dans le mode réactif.

Sans doute importerait-il de promouvoir dans un délai rapproché une analyse approfondie des raisons d'ordre anthropologique, politique et philosophique de cette éradication de la dimension du futur qui caractérise, me semble-t-il, l'actuelle conception de la temporalité du pouvoir.

Je me contenterai ici d'articuler cette amputation du futur sur une certaine façon d'appréhender l'activité virale.

N'entend-on pas fréquemment et ne nous laissons-nous pas surprendre à formuler ce membre de phrase : « le virus circule… » ? Alors que c'est nous, les acteurs sociaux, ou peu importe comment les appeler, qui circulons. Cette expression procède à une substantialisation, une extériorisation de l'activité virale par rapport aux sujets sociaux que nous sommes qui suggère que le traitement du virus ne peut être qu'un traitement technique autoritaire. Alors que cette circulation que l'on prête au virus, et dont nous nous défaussons, serait certainement évaluée plus justement si l'on reconnaissait que *le virus est un être relationnel, est d'être mis en relation*.

L'encyclopédie Wikipédia, – référence valant ici comme étant accessible à nous tou(te)s –, propose la définition suivante du virus : « Un virus est un agent infectieux nécessitant un hôte, souvent une cellule, dont il utilise le métabolisme et les constituants pour se répliquer. »

André Lwoff précise cette définition en indiquant, d'abord, que les virus ne contiennent qu'un seul type d'acide nucléique (ADN *ou* ARN, et non ADN *et* ARN comme c'est le cas des cellules vivantes), ensuite, que les virus se multiplient à partir de leur matériel génétique et par seule réplication, enfin que les virus sont doués de parasitisme intracellulaire absolu (cité dans l'article « virus » de l'encyclopédie Wikipédia).

Ce qui conduit à dénier le plus souvent la qualité d'« être vivant » aux virus, confondus alors avec de simples associations de molécules organiques. Ils ne sont donc pas capables de reproduction mais seulement de réplication.

De par leur incomplétude ou leur insuffisance biologique, les virus, qui se voient restreints à un statut de parasite, ne prospèrent que d'être échangés d'un être humain à un autre ; ce qui nous autorise à avancer que le processus viral est un processus social, ou plus précisément un processus qui n'a cours que de s'immiscer dans le tissu ou le réseau de la sociabilité. Pourquoi dès lors ne pas conclure que l'être du virus est un être éminemment social et donc politique ?

Le mode de transmission du virus ne dépend-il pas en effet de la qualité de la sociabilité d'une société donnée ?

L'usage de cette notion de sociabilité m'apparaît pertinent en ce qu'elle assure l'intégration de nombre de facteurs, et d'un certain système de relations assurant la synthèse de ces éléments à un moment donné. Elle peut sembler abusivement intuitive et relever d'un usage par trop subjectif, elle a cependant l'avantage de souligner l'exigence d'une appréhension globale d'un ensemble social tout en restant soucieuse de sa complexité. Cette complexité n'est pas éparpillement, éclatement, elle est traversée – jusqu'à présent et dans les sociétés dont nous avons connaissance – par une logique de la domination. En ce sens, il n'y a de sociologie que politique. Politique *et* historique, puisque la domination emprunte diverses formes plus ou moins autoritaires, plus ou moins répressives.

Un fait anthropologique massif autorise au premier chef de tenir la domination pour le principe structurant de la complexité sociable : l'endurance, tout au long de l'histoire humaine et jusqu'à nos jours, de la domination patriarcale. Étant entendu qu'en dépit de cette permanence, celle-ci n'en demeure pas moins un phénomène historique et nullement de nature, et donc surmontable. Si l'on est en quête d'un principe à la mesure de cette endurance du patriarcat mieux vaut mettre en œuvre la logique de la domination plutôt que la logique de l'affrontement des classes sociales, par exemple, qui n'éclaire qu'un moment de l'histoire humaine. C'est si vrai que le schéma de la révolution prolétarienne tracé selon cette logique de la lutte des classes a laissé intacte la domination patriarcale !

L'autre avantage d'une évocation de la logique de la domination est qu'elle permet de la reconnaître à l'œuvre y compris dans ce qu'il est convenu d'appeler les « démocraties représentatives » – le plus souvent, simplement nommées les « démocraties », comme si l'usage du qualificatif « représentatives » revenait à mettre en cause la vigueur démocratique des sociétés ainsi convoquées. Levons toute ambiguïté en recourant à l'expression d'« oligarchies électorales » qui indique nettement qu'une minorité continue de décider pour l'ensemble de la population. Minorité qui s'auto-désigne et se voit accréditée en tant que « classe politique » comme si l'activité politique était une activité professionnelle spécialisée et non l'expression même de la citoyenneté.

Dès lors quel lien établir entre cette domination oligarchique et le mode de traitement du processus viral ?

Un pouvoir oligarchique éprouve immanquablement une grande méfiance à l'égard de tout mouvement collectif qui prétend à une forme d'auto-organisation, que ce soit pour mettre sur pied une manifestation d'un jour ou promouvoir une contestation durable susceptible de déboucher sur un affrontement avec le pouvoir central. C'est que l'auto-organisation enfonce un coin dans l'illusion entretenue par l'oligarchie et laisse entrevoir la possibilité d'un devenir démocratique. D'où une dévalorisation répétée du collectif dont le modèle argumentaire est élaboré en grande partie par Gustave Le Bon dès 1895, dans son livre sans cesse réédité, *La psychologie des foules* (1895) : il enseigne, dans un premier temps, que la foule, dénoncée comme primitive et irrationnelle, est au principe de tout collectif, et assure, dans un second temps, que la maîtrise politique des collectifs consiste en leur atomisation, en leur individualisation – individualisme qui, de son point de vue, n'est pas lui-même exempt d'excès : art de gouverner qui inspire indéniablement la pratique oligarchique du pouvoir.

Ce processus d'individualisation ne consiste pas, comme on le présuppose quelquefois, à instaurer l'isolement des individus les uns à l'égard des autres mais bien un mode de relation, un mode de socialisation, dans lequel chacun(e) croyant être renvoyé(e) à soi se rapporte en vérité aux autres par le biais d'un système de relations structurant, par exemple, un système de concurrence, qui loin de favoriser la singularité de chacun(e) les pousse sur la voie d'un conformisme, qui les mène, par exemple, au respect peu réfléchi des normes de consommation. « Individualisme » égale « conformisme » donc !

Revenons à notre constat de départ selon lequel le discours du pouvoir, comme le discours courant, procède à une substantialisation du processus viral. Un des effets de la substantialisation est de figer la relation et de l'autonomiser par rapport aux termes reliés, en l'occurrence les sujets sociaux. L'être relationnel du virus ainsi substantialisé n'est donc plus considéré comme véhiculé par ces agents sociaux mais s'abat sur eux comme une nuée d'oiseaux ou un essaim d'abeilles. Interprétation qui appelle le geste protecteur du pouvoir afin d'empêcher cette nuée de fondre sur celles et ceux dont il a la charge. Cet être viral ainsi naturalisé, objectivé, désocialisé, dépolitisé, laisse désarmés les acteurs sociaux et appelle cette intervention d'ordre technique. Au sens d'une intervention qui leur est appliquée d'en haut sans qu'ils aient à y participer eux-mêmes sinon en se soumettant à son injonction, conformément à l'une des acceptions du terme « sujet » – être le sujet obéissant du prince !

Lorsque le pouvoir se lamente de constater que ses consignes sont insuffisamment suivies, insuffisamment respectées, il en appelle alors au civisme de ses concitoyens, à leur sens des responsabilités. Faisant semblant d'ignorer, ou ignorant réellement, que son mode de décision autoritaire prive le civisme et le sens des responsabilités de leur condition déterminante d'exercice, être à la source de la décision.

Si l'être du virus est bien politique, alors la solution à la crise sanitaire est la démocratie. Puisque le virus circule du fait de notre comportement, il pourrait être neutralisé d'abord par l'ascendant que prendrait le bien collectif, le bien commun, sur nos choix. Neutralisation que pourrait venir ensuite renforcer la découverte et la prise généralisée d'un vaccin.

Mais il est tristement clair que notre sort dépend exclusivement de ce dernier…

Dossier

Introduction

Un encastrement social du commerce ?

Claude DIDRY
Centre Maurice Halbwachs (UMR 8097)[1], CNRS, ENS, EHESS

Florent LE BOT
IDHES (UMR 8533)[2], UEVE[3], CNRS
INSPÉ de l'Académie de Versailles

Corine MAITTE
Laboratoire ACP[4] (EA 3350), Université Gustave Eiffel[5]

Michela BARBOT
IDHES (UMR 8533)[2], CNRS, ENS Paris-Saclay

La fin du salariat serait-elle en vue ? Un capitalisme plus « agile », ou plus « liquide » adviendrait-il ? Les formes les plus contemporaines du capitalisme à travers notamment le travail de plateformes, mobilisant les travailleurs du clic (Casilli, 2019), contribueraient-elles à cette transformation radicale ? La situation présente serait censée marquer un tournant majeur, déterminé par la énième « révolution industrielle », celle de l'économie numérique et de la société digitale. Ce tournant est régulièrement invoqué depuis une vingtaine

---

[1] Centre Maurice Halbwachs – 48, Boulevard Jourdan – 75014 Paris.

[2] Institutions et Dynamiques Historiques de l'Économie et de la Société – 4, avenue des Sciences – 91190 Gif-sur-Yvette.

[3] Université d'Évry Val d'Essonne Paris-Saclay – Boulevard François Mitterrand – 91000 Évry-Courcouronnes.

[4] Laboratoire Analyse Comparée des Pouvoirs (EA 3350) – Bois de l'Étang – 5, boulevard Descartes – 77454 Marne-la-Vallée CEDEX 2.

[5] Université Gustave Eiffel – 5, boulevard Descartes – Champs-sur-Marne – 77454 Marne-la-Vallée CEDEX 2.

d'années afin de justifier les réformes du droit du travail, en prévoyant notamment le passage d'un statut de salarié à une position « d'entrepreneur de soi-même » (Didry & Le Bot, 2015). Cette vision des derniers développements du capitalisme renvoie en fait à un récit couramment admis, faisant du rapport salarial le creuset du capitalisme. Ainsi, le salariat résulterait en particulier en France, du démantèlement de l'ordre corporatif par la Révolution. En Grande-Bretagne, son émergence a longtemps été imputée à la libération de la main-d'œuvre suscitée par les enclosures, jetant les paysans pauvres, privés de l'accès aux communs, dans les bras de l'industrie naissante (Chambers 1953). Ce salariat fondamentalement *négatif* (la fin des corporations, l'effondrement de la société rurale) est alors présenté comme le fondement d'une « révolution » dite « industrielle » rendue possible par l'exploitation d'une main-d'œuvre atomisée, ensuite relayée et intensifiée par la mécanisation des installations productives. Ce récit est marqué par la figure de l'*expropriation* – expropriation de la terre pour le petit paysan, expropriation des moyens de production pour l'artisan des corporations – comme base originaire du salariat, et de l'exploitation, sous forme de la subordination salariale qui s'ensuivit.

Face à ce grand récit ancien, une historiographie plus récente éclaire le poids que représente l'ancrage rural des sociétés affectées par l'émergence du capitalisme, en remettant en cause la vision d'un « décollage » (d'un « *take-off* » à la Rostow) agro-industriel reposant sur la mécanisation. Loin du tableau mythifié d'une « révolution industrielle » (Jarrige, 2015), s'esquisse la réalité d'un développement de la production initiée par une activité commerciale de plus en plus prospère. Le débat historiographique qui interroge les contours d'une « révolution industrieuse » (De Vries, 2008) porte sur la part à attribuer dans cette dynamique à l'accroissement de la population, à l'augmentation du temps de travail et à son intensification, aux progrès technologiques et à l'élargissement de la consommation et des marchés, en proposant, qui plus est, de sortir du prisme hollando-centré et urbain de Jan de Vries (Béaur, 2017). Par ailleurs, le rôle incitatif joué par les États est également mis en exergue. Ainsi, en France dès le XVIIe siècle, les inspecteurs des manufactures institués par le colbertisme ont engagé une activité de recensement et d'encadrement de productions manufacturières diffuses dans les campagnes en s'appuyant sur une systématisation des règlements corporatifs urbains (Minard, 1998 ; Minovez, 2012). Cette diffusion de la production marchande dans les campagnes constitue l'un des aspects de ce que Franklin Mendels (1972), et bien d'autres, ont nommé la « protoindustrie ». Celle-ci est peut-être assimilée à ce que Max Weber, dans *l'Éthique protestante* désigne par « capitalisme traditionnaliste » dominé par des commerçants distribuant de l'ouvrage à domicile, tant dans les ateliers artisanaux des villes que dans les campagnes (*putting-out system*). De nombreux auteurs, comme Jean-Marc Olivier (2004) pour le Jura morézien, ont montré l'effet d'accumulation financière et technique que permet cette « industrialisation douce » à travers une succession de cycles productifs, par exemple de la production de clous jusqu'à la fabrication de lunettes, en passant par celle d'horloges. Elle permet parfois de perpétuer un modèle d'organisation sociale du cultivateur propriétaire indépendant pluriactif (Villani, 1990). Cette industrialisation différente par rapport à la grande concentration usinière présentée comme le modèle canonique de la « révolution industrielle » (on pourrait d'ailleurs parler d'une *altero-industrialisation* plutôt que d'une *proto-industrialisation*) adopte une configuration spécifique en Italie septentrionale marquée par un développement des activités marchandes dans le monde rural parallèlement à une « désindustrialisation » urbaine qui aurait commencé à partir du XVIIe siècle (De Maddalena, 1982 ; Dewerpe, 1985 ; Cento Bull, 1989). Les études sur les districts industriels (notamment Becattini, 1987 ; Brusco, 1989 ; Lescure, dir., 2006) et sur les « communautés territoriales d'entreprises » (Bagnasco, 1999 ; Amatori & Colli, dir., 2001) montrent par ailleurs que, dans plusieurs contextes urbains, l'usine et l'atelier artisanal ont été deux formes organisationnelles fortement complémentaires et ont noué des relations constantes et parfois étroites avec la campagne environnante (Borruso, 1997 ; Fontana, 1997 ; Maitte, 2001 ; Eck & Lescure, dir., 2002 ; Belfanti, 2009 ; Maitte, 2009).

Loin de l'affirmation prométhéenne d'une bourgeoisie industrielle, le processus qui se dessine à travers ces différentes fresques part de l'affirmation progressive du commerce, de *la geste marchande*, qui s'insinue comme activité économique dans les institutions existantes, qu'il s'agisse des familles rurales ou des corporations urbaines (Lemercier, 2014). Les activités productives liées au commerce assurent ainsi un complément de revenus aux populations paysannes ; loin de la vision d'un exode massif par expropriation, elles contribuent à fixer celles-ci dans le monde rural, tout en leur ouvrant, dans le meilleur des cas, l'accès à de nouvelles formes de consommation et en rendant possible le paiement des impôts. Elles mobilisent également les institutions corporatives dans les villes, tout à la fois dans leur fonction de contrôle des productions rurales, de coordination de l'activité menée dans les ateliers (Arrighetti & Seravalli, dir., 1999 ; Belfanti, 2002) et de discipline des maîtres et compagnons urbains. La production de marchandises – loin de se concentrer dans de grandes installations – s'inscrit dans l'espace domestique intégrant les membres de la famille, jusqu'à de véritables ateliers domestiques attirant des ouvriers du voisinage. Elle suscite une conflictualité sociale que l'on retrouve depuis les révoltes des artisans drapiers en Flandre ou en Italie au Moyen Âge (Milhaud, 1897 ; Stella, 1993 ; Franceschi, 1993) jusqu'à celles des canuts lyonnais tout au long des XVIIIe et XIXe siècles (Hupfel, 2010). Cette situation se traduit également par des formes d'entreprises ouvrières, qui, en France, se lisent dans le *louage d'ouvrage* défini par les articles 1779 à 1799 du code civil, en déclarant l'ouvrier rémunéré à la pièce « entrepreneur en la partie qu'il traite » (art. 1799). Comme enchaînement de louages d'ouvrage, le *marchandage* correspond à une sous-traitance en cascade multipliant les intermédiaires, sans que l'on sache finalement « où s'arrête le patron et où commence l'ouvrier » (Gaillard, 1997 [1976]).

Le dossier que nous présentons vise à éclairer cet encastrement de la production marchande dans l'univers familial, en interrogeant tout à la fois la place de la famille, celle des corporations, ainsi que les porosités de la ville et de la campagne dans une perspective de diffusion, de circulation et d'interdépendance économique et sociale. Il est issu d'un programme de recherche ambitieux destiné à éclairer ces dynamiques dans les pays d'Europe méridionale que sont l'Espagne, la France et l'Italie, au regard de chemins bien balisés s'agissant de l'Europe du Nord, et en adoptant un regard sur la longue durée[6].

Un encastrement familial des activités commerciales

Comme le montre Matthieu Scherman en discutant les thèses de Fernand Braudel (1985) et d'autres auteurs (notamment Alfani, 2006), la famille représente pour le capitalisme des cités-États italiennes la base d'un système d'alliance permettant l'affirmation, à une échelle internationale, d'une activité commerciale et bancaire qui s'étend vers l'Europe du Nord,

---

6 Programme « Mondes et marchés du travail dans l'Europe du Sud. Capabilités, vulnérabilités individuelles, familiales et collectives (XVe-XXIe siècle) ; Espagne, France, Italie, Portugal, Suisse romande et italienne), soutenu par l'École des hautes études hispaniques et ibériques (Casa de Velázquez) et coordonné par l'IDHES ENS de Cachan (Florent Le Bot), 2013-2016.

à travers son implantation londonienne. Elle se présente également comme le cadre de stratégies d'ascensions sociales pour des cités moins fortunées telle que Trévise, *via* l'investissement dans des activités productives qui conduisent parfois à la réussite économique de la première génération. La deuxième génération peut alors se tourner vers des activités plus intellectuelles, comme le notariat, avant que la troisième génération ne puisse vivre de ses rentes et espérer se retirer à la campagne. Dans le même temps, le développement d'une activité marchande fournit à l'historien la matière de ses analyses, à travers les sources comptables et fiscales.

Sans aller jusqu'aux réussites les plus marquantes que donne à voir cette trajectoire sociale idéale dans l'Italie de la Renaissance, la famille constitue également la base d'activités productives à domicile en favorisant leur reproduction et leur ancrage dans des espaces géographiques spécifiques, à des époques plus récentes (Colli, 2003 ; Cavaciocchi, dir., 2009 ; Boudjaaba, dir., 2014). Cela se retrouve notamment dans le cas des tisserands de Manresa analysé par Lluis Viros, durant la séquence 1890-1920. La période se caractérise certes par le développement de grands établissements mécanisés qui coexistent alors, dans ce bourg bientôt annexé à l'agglomération barcelonaise, avec une part importante de production à domicile. Mais il faut compter ici avec une structure sociale complexe, dans laquelle les négociants se trouvent placés en position de donneurs d'ordres, tant à l'égard de chefs d'atelier faisant travailler à domicile les membres de leur famille et les ouvriers qu'ils embauchent parfois, que de chefs d'équipe qui recrutent dans l'usine les membres de leur équipe sur une base d'interconnaissance. La rémunération à la pièce est la règle générale, conduisant le chef d'atelier ou d'équipe à payer à leur tour – à la pièce ou au temps – ceux qui travaillent avec lui. Cette structuration sociale tranche alors avec un partage net en deux classes, ouvriers et propriétaires des moyens de production, que tentent alors de faire prévaloir les organisations syndicales.

Bien que dans des dimensions plus modestes, le partage entre production artisanale à domicile et manufactures marquées par une certaine division des tâches se retrouve dans le cas de la lutherie au sein de la région de Mirecourt (Vosges). L'inculcation familiale ou par apprentissage dans un atelier voisin s'affirme ici, selon Hélène Claudot-Hawad, essentielle dans la transmission du métier au cours de la première moitié du XXe siècle, en partage cependant avec l'enseignement professionnel. Si la prospérité de l'immédiat après-Première Guerre mondiale fait apparaître la lutherie comme un débouché « naturel » pour les jeunes, les difficultés des années

1930, qui se prolongent au lendemain de la Seconde Guerre mondiale, rendent la transmission plus problématique : elles en font une gageure pour les familles, avant que cette spécialité finalement ne s'étiole.

Dans le cas des portefaix du port de Barcelone, les *faquines*, présenté par Juanjo Romero, nous serions tentés de penser que l'activité professionnelle offre peu de savoir-faire à transmettre. Mais le poids de la famille se manifeste ici à travers le nombre réduit de patronymes relevé dans les archives portuaires, en révélant une stratégie d'alliances proche de l'endogamie. L'enjeu est alors celui du contrôle social, tout à la fois comme barrière à l'entrée pour éviter l'afflux de main-d'œuvre extérieure au cercle des portefaix et comme transmission de valeurs. En effet, l'honnêteté dans le débardage et la livraison des colis va devenir un argument décisif pour maintenir les contours d'un groupe social que la remise en cause du régime corporatif tend à ébranler.

Un autre regard sur les corporations

La diffusion des activités marchandes dans des sociétés majoritairement rurales conduit à s'interroger sur le rôle des corporations dans le processus de développement du capitalisme. Selon une historiographie classique, les corporations symbolisent le traditionalisme des métiers dans la société d'Ancien Régime. Cette connotation négative se retrouve dans la dénonciation libérale des « corporatismes » que l'on retrouve à partir du XVIIIe siècle et qui se développe ensuite pour critiquer l'influence du syndicalisme dans certaines branches ou le refus du changement face à des politiques dites « de modernisation » (Kaplan & Minard, dir., 2004). Des travaux plus récents ont conduit cependant à remettre en cause le caractère systématique des régulations corporatives, en mettant en évidence des situations marquées par l'absence de cadres corporatifs, comme dans le cas du bâtiment pour certaines villes médiévales (Bernardi, 2009). Cela a pu conduire à envisager l'existence précoce de salariés jusque dans les villes et les campagnes médiévales (Beck, Bernardi & Feller, 2014). Mais, le terme de *salariat* est sans doute excessif pour saisir des formes très variées de travail rémunéré qu'une partie des acteurs appréhendent moins sous l'angle d'un contrôle de leur activité individuelle par un employeur, que sous celui d'une sous-traitance assumée sur le mode de l'indépendance artisanale et de la petite entreprise (Didry, 2016 ; Martini, Hilaire-Perez & Riello, 2019).

Ainsi, sans aller jusqu'à nier le rôle des corporations dans une perspective de longue durée, l'importance des activités rurales suggère de revenir sur le rôle de ces institutions en sortant d'une focalisation sur l'exercice d'un contrôle disciplinaire du travail. Dans le sillage d'une série de travaux qui interrogent à nouveaux frais le rôle économique – voire entrepreneurial – des corporations (Epstein & Prak, dir., 2008 ; De Munck, 2011, 2018 ; Caracausi, 2017), les articles présentés dans ce dossier permettent ainsi d'appréhender les corporations en les rapportant à des configurations spécifiques, variant en fonction des lieux et des périodes. Dans les villes italiennes de la Renaissance, Matthieu Scherman aborde les corporations, sans s'y attarder, comme des points de passage dans des stratégies familiales. Elles hébergent ainsi les activités qui vont devenir le support d'une accumulation primitive dans la recherche d'une ascension sociale sur plusieurs générations, en montrant que la corporation n'a rien d'une « caste » enfermant ses membres dans une reproduction héréditaire. On pourrait parler ici d'un usage opportuniste des corporations, dans une dynamique familiale d'ascension sociale.

Dans la Rome du XVIIe siècle, le mouvement des boutiques et la circulation des outils indiquent une forme de débordement des corporations, qui peinent à contrôler les activités dont elles ont la charge. Les règlements corporatifs tentent pourtant de trouver une parade à cette situation sans véritablement y parvenir, comme le montre Eleonora Canepari qui met en exergue un régime de corporation absente, neutralisée en quelque sorte par le mouvement de ventes et de locations des outils et des boutiques.

De manière très différente – et en un sens plus conforme à la vision classique –, dans le cas des portefaix barcelonais, la corporation est la base d'une affirmation du groupe, identifié à des qualifications et à des valeurs tout en régulant l'accès des étrangers. Appréhendée par Juan Romero tandis qu'elle est remise en cause par les percées libérales qui traversent la société espagnole et sa monarchie au XIXe siècle, la corporation est le lieu de coagulation d'un véritable culte de la profession qui se prolonge – au-delà de sa suppression – dans la création de sociétés mutuelles reposant sur les valeurs et le contrôle social caractéristique de l'institution corporative. Elle se situe alors dans ce que l'on est tenté de nommer – à la manière de Pierre Bourdieu – un « champ » corporatif dans lequel la corporation des *faquines* joue son avenir par des alliances avec les corporations voisines (charretiers et muletiers), tout en assumant sa compétition avec celles-ci, notamment quand ses dernières cèdent à la tentation de s'assimiler à des entreprises. La corporation est ici une institution revendiquée, quitte à la retraduire dans le langage associatif qui sied à une époque d'ouverture au libéralisme.

Enfin, dans le cas des tisserands barcelonais de Manresa, la corporation tend à se dissoudre dans un univers productif soumis aux aléas du marché et conduit, pour y faire face, à des aménagements tel que, par exemple, le passage de la soie au coton dans le tissage des rubans étroits. Dans ce contexte, l'héritage corporatif tend à s'effacer face à l'implantation d'établissements industriels concentrés qui ouvrent l'activité aux femmes par une division plus importante du travail et un soi-disant allègement de la charge physique résultant de la mécanisation, qui vise à rendre le travail des femmes acceptable dans une société présupposant la supériorité physique des hommes sur les femmes. Cet héritage se réduit alors à un tarif déterminant le prix des pièces, pour coordonner les établissements mécanisés et les ateliers domestiques.

Les porosités entre villes et campagnes

La tension entre les villes et les campagnes ne se résout pas nécessairement par une spécialisation entre des villes orientées vers une production industrielle de plus en plus concentrée et des campagnes vidées de toute activité artisanale, au contraire (Terrier, 1996 ; Epstein, 2001 ; Minovez, Verna & Hilaire-Pérez, dir., 2013). Dans les villes italiennes de la Renaissance analysées par Matthieu Scherman, la campagne demeure le point d'aboutissement d'une stratégie familiale d'ascension sociale à travers la constitution d'un domaine leur permettant l'accès au prestige et au pouvoir associés à la condition de rentier.

Dans le cas barcelonais, la partition entre ville et campagne est soumise à une évolution liée à un développement économique se traduisant par un débordement de la métropole sur les villages voisins. Les *faquines* barcelonais étudiés par Juan Romero se regroupent dans le village de Gracia, avant que celui-ci ne devienne un quartier de la capitale catalane. Il en va de même, dans l'article de Luis Viros, pour les rubaniers de Manresa, village finalement annexé à l'agglomération barcelonaise.

La ruralité des luthiers de Mirecourt et sa région peut apparaître, à certains égards, comme la base d'une maîtrise familiale de la transmission des savoir-faire et du maintien d'une production domestique. Mais elle tient probablement à un éloignement des centres urbains, que renforcent les évolutions de la frontière au lendemain de la guerre de 1870. Cela se traduit par des relations avec plusieurs agglomérations (Paris, Nancy), qui tiennent soit à l'existence de sociétés commerciales dotées de plusieurs implantations, soit aux réseaux de correspondances entre les artisans de Mirecourt et des boutiquiers nancéiens ou parisiens.

La lecture des développements économiques et sociaux analysés dans les articles de ce dossier suggère de saisir l'émergence du capitalisme en sortant du modèle classique du *désencastrement* social des activités économiques proposé par Karl Polanyi, à partir d'une modélisation de dynamiques rapportées dans le cas britannique, au mécanisme de l'*expropriation* censé conduire à un *marché autorégulé*. S'inscrivant dans une perspective d'analyse qui invite à sortir d'une démarche en termes de *retard* par rapport à une Angleterre idéalisée *a posteriori*, cet ensemble d'articles invite à envisager une mutation plus profonde – voire souterraine – de sociétés soumises à une intensification des échanges commerciaux. De ce point de vue, le détour par des pays d'Europe méridionale présente l'intérêt de saisir la manière dont les transactions commerciales s'insinuent dans des stratégies familiales et mobilisent, sans nécessairement les détruire, des institutions telles que les corporations. Face aux remises en cause actuelles du salariat et à la soi-disant libération que constituerait – face à la « subordination » salariale – l'auto-entrepreneuriat suscité par le développement du « numérique » et des plateformes, ces articles suggèrent également que le salariat lui-même est une institution située historiquement, émergeant plus tardivement d'une production marchande d'abord dispersée dans des ateliers domestiques. Ainsi, le culte de l'autoentrepreneuriat et le fétichisme du numérique, comme grand remplacement du travail par des robots, mériteraient d'être rapportés à ces situations anciennes, afin de sortir d'un certain enchantement par le progrès technologique et pour y voir l'indice d'une crise sociale profonde, ouvrant sur une crise démocratique, liées à une invisibilisation du travail.

Références bibliographiques

ALFANI Guido (a cura di), 2006. « Il ruolo economico della famiglia », *Cheiron, n.s.* 23 (45-46).

AMATORI Franco, COLLI Andrea (a cura di), 2001. *Comunità di imprese. Sistemi locali in Italia tra Ottocento e Novecento*, Bologna, Il Mulino.

ARRIGHETTI Gilberto, SERAVALLI Alessandro (a cura di), 1999. *Istituzioni intermedie e sviluppo locale*, Roma, Donzelli.

BAGNASCO Arnaldo, 1999. *Tracce di comunità*, Bologna, Il Mulino (Intersezioni).

BÉAUR Gérard, 2017. « Introduction : La révolution industrieuse introuvable », *Revue d'histoire moderne et contemporaine*, 64 (4) (Travail et niveau de vie ou la « révolution industrieuse » en débat), p. 7-24.

BECATTINI Giorgio (a cura di), 1987. *Mercato e forze locali: il distretto industriale*, Bologna, Il Mulinocoll.

BECK Patrice, BERNARDI Philippe, FELLER Laurent, 2014. *Rémunérer le travail au Moyen Âge. Pour une histoire sociale du salariat*, Paris, Picard.

BELFANTI Carlo Marco, 2002. « Market and Social Institutions at the Origins of some Italian Industrial Districts », *in* F. DE GOEY, J.W. VELUWENKAMP (eds), *Entrepreneurs and Institutions in Europe and Asia, 1500-2000*, Amsterdam, Aksant Imprint edition, Amsterdam University Press, p. 257-270.

BELFANTI Carlo Marco, 2009. « The Genesis of a Hybrid: Early Industrial Districts between Craft Culture and Factory Training », *in* G. BECATTINI, M. BELLANDI, L. de PROPRIS (eds), *A Handbook of Industrial Districts*, Cheltenham, Edward Elgar Publishing, p. 10-17.

BERNARDI Philippe, 2009. *Maître, valet et apprenti au Moyen Âge. Essai sur une production bien ordonnée*, Toulouse, Éd. Médiriennes (Histoire et techniques).

BORRUSO Edoardo, 1997. « Dal laboratorio artigiano alla piccola impresa urbana. Appunti sull'esperienza milanese (1881-1921) », *in* C.M. BELFANTI, T. MACCABELLI (a cura di), *Un Paradigma per i distretti industriali*, Brescia, Grafo, p. 71-93.

BOUDJAABA Fabrice (dir.), 2014. *Le Travail et la famille en milieu rural, XVIe-XXIe siècle*, Rennes, Presses universitaires de Rennes.

BRUSCO Sebastiano, 1989. *Piccole imprese e distretti industriali. Una raccolta di saggi*, Torino, Rosenberg e Sellier.

CARACAUSI Andrea. 2017, « Information asymmetries and craft guilds in pre-modern markets: evidence from Italian proto-industry », *The Economic History Review*, 70 (2), p. 397-422 [doi.org/10.1111/ehr.12380].

CASILLI Antonio, 2019. *En attendant les robots. Enquête sur le travail du clic*, Paris, Le Seuil.

CAVACIOCCHI Simonetta (a cura di), 2009. *La Famiglia nell'economia europea, secoli XIII-XVIII / The Economic Role of the Family in the European Economy from the 13th to the 18th Centuries*, Firenze, Firenze University Press.

CENTO BULL Anna, 1989. « Proto-Industralization, Small-Scale Capital Accumulation and Diffused Entrepreneurship: the Case of the Brianza in Lombardy (1860-1950) », *Social History*, 14 (2), p. 177-200 [doi.org/10.1080/03071028908567736].

CHAMBERS Jonathan D., 1953. « Enclosure and Labour Supply in the Industrial Revolution », *The Economic History Review*, 5 (3), p. 319-343.

COLLI Andrea, 2003. *The History of Family Business 1850-2000*, Cambridge, Cambridge University Press.

DE MUNCK Bert, 2011. « Gilding Golden Ages. Perspectives from early Modern Antwerp on the Guild Debate, c. 1450- c. 1650 », *European Review of Economic History*, 15 (2), p. 221-253 [doi.org/10.1017/S1361491611000050].

DE MUNCK Bert, 2018. *Guilds, Labour and the Urban Body Politic: Fabricating Community in the Southern Netherlands, 1300-1800*, New York, Routledge.

DE MADDALENA Aldo, 1982. *Dalla città al borgo. Avvio di una metamorfosi economica e sociale nella Lombardia spagnola*, Milano, Franco Angeli.

DE VRIES Jan, 2008. *The Industrious Revolution. Consumer Behavior and the Household Economy, 1650 to the Present*, Cambridge, Cambridge University Press.

DEWERPE Alain, 1985. *L'Industrie aux champs. Essai sur la proto-industrialisation en Italie septentrionale (1800-1880)*, Rome, Publications de l'École française de Rome.

DIDRY Claude, 2016. *L'Institution du travail. Droit et salariat dans l'histoire*, Paris, La Dispute (Travail et salariat).

DIDRY Claude, LE BOT Florent, 2015. « Un dépassement capitaliste du salariat ? Une sociohistoire en trois actes et impasses », *L'Homme et la Société*, 195-196, p. 51-72.

ECK Jean-François, LESCURE Michel (dir.), 2002. *Villes et districts industriels en Europe occidentale (XVIIe-XXe siècle)*, Tours, Presses universitaires François-Rabelais.

EPSTEIN Stephan R. (eds), 2001. *Town and Country in Europe, 1300-1800*, Cambridge, Cambridge University Press.

EPSTEIN Stephan R., PRAK Marteen (eds), 2008. *Guilds, Innovation, and the European Economy, 1400-1800*, Cambridge, Cambridge University Press.

FONTANA Gian Luigi (a cura di), 1997. *Le Vie dell'industrializzazione europea: sistemi a confronto*, Bologna, Il Mulino.

FRANCESCHI Franco, 1993. *Oltre il "tumulto": i lavoratori fiorentini dell'arte della lana fra Tre e Quattrocento*, Firenze, L.S. Olschki.

GAILLARD Jeanne, 1997 [1976]. *Paris, la Ville (1852-1870)*, Paris, L'Harmattan.

HUPFEL Simon, 2010. *L'Évolution comparée des manufactures de soieries de Londres et de Lyon, 1789-1848 : une approche institutionnaliste*, thèse pour le doctorat de science économique, sous la dir. de Ludovic Frobert, ENS Lyon.

JARRIGE François, 2015. « Révolutions industrielles : histoire d'un mythe », *Revue Projet*, 349 (6), p. 14-21 [doi.org/10.3917/pro.349.0014].

KAPLAN Steven, MINARD Philippe (dir.), 2004. *La France, malade du corporatisme ? XVIIIe-XXe siècle*, Paris, Belin.

LEMERCIER Claire, 2014. « Naissance de l'entreprise et formes antérieures d'organisation », *in* B. SEGRESTIN, B. ROGER, S. VERNAC (dir.), *L'Entreprise. Point aveugle du savoir*, Paris, Éd. Sciences Humaines, p. 153-163.

LESCURE Michel (dir.), 2006. *La Mobilisation du territoire. Les Districts industriels en Europe occidentale du* XVIIe *au* XXe *siècle*, Paris, Comité pour l'histoire économique et financière de la France (CHEFF).

MAITTE Corine, 2001. *La Trame incertaine. Le Monde textile de Prato aux* XVIIIe *et* XIXe *siècles*, Villeneuve d'Ascq, Presses universitaires du Septentrion.

MAITTE Corine, 2009. « Identity of Products and Identity of Industrial Districts », *in* G. BECATTINI, M. BELLANDI, L. DE PROPRIS (eds), *The Handbook on Industrial Districts, vol. 1: Origin and Theories*, [s.l.], E. Elgar publishing, p. 18-31.

MARTINI Manuela, HILAIRE-PEREZ Liliane, RIELLO Giorgio, 2019. « Présentation du dossier "Pratiques du travail au forfait, Europe-Asie, XVIIIe-XXIe siècle" », *Revue de Synthèse*, 140 (1-2), p. 13-28.

MENDELS Franklin, 1972. « Proto-Industrialization: the First Phase of Industrialization Process », *The Journal of Economic History*, 32 (1), p. 241-261.

MILHAUD Albert, 1897. « La lutte des classes en Flandres au Moyen Âge ; artisans contre marchands », *Revue internationale de sociologie*, 5 (2), p. 111-128.

MINARD Philippe, 1998. *La Fortune du colbertisme. État et industrie dans la France des Lumières*, Paris, Fayard.

MINOVEZ Jean-Michel, 2012. *La Puissance du Midi. Drapiers et draperies de Colbert à la Révolution*, Rennes, Presses universitaires de Rennes.

MINOVEZ Jean-Michel, VERNA Catherine, HILAIRE-PÉREZ Liliane (dir.), 2013. *Les Industries rurales dans l'Europe médiévale et moderne*, actes des 33e Journées internationales d'histoire de Flaran, 7-8 octobre 2011, Toulouse, Presses universitaires du Mirail.

OLIVIER Jean-Marc, 2004. *Des clous, des horloges et des lunettes. Les campagnards moréziens en industrie (1780-1914)*, Paris, Éd. du CTHS.

STELLA Alessandro, 1993. *La Révolte des Ciompi. Les hommes, les lieux, le travail*, Paris, Éd. de l'EHESS.

TERRIER Didier, 1996. *Les Deux Âges de la proto-industrie. Les tisserands du Cambrésis et du Saint-Quentinois, 1730-1880*, Paris, Éd. de l'EHESS.

VILLANI Pasquale (a cura di), 1990. *La Pluriattività negli spazi rurali: ricerche a confronto*, Bologna, Istituto Alcide Cervi.

La famille et le travail, le travail de la famille

La variété des configurations organisationnelles du travail et des entreprises en Italie centro-septentrionale au XVe siècle

Matthieu SCHERMAN
Laboratoire ACP[1] (EA 3350), Université Gustave Eiffel

L'organisation du travail aux époques anciennes est marquée du sceau de la diversité ; une diversité due à la multitude des entreprises qui forment le tissu économique. En effet, de multiples configurations existent et cohabitent au sein d'un même centre urbain. Un renouveau des recherches sur le thème aux époques médiévale et moderne a permis de complexifier la vision d'antan trop stéréotypée d'un « artisan » vivant et travaillant dans son atelier avec sa femme et quelques subalternes, produisant à une petite échelle (Bernardi, 2009 ; Caracausi, 2008). L'Italie de la fin du Moyen Âge constitue un champ d'études prolifique, notamment les régions particulièrement dynamiques de Venise et Florence (Crouzet-Pavan, 2015 ; Goldthwaite, 2009). Un regard sur les réalités laborieuses de la ville de Trévise et des organisations des marchands-banquiers florentins, à partir notamment du fonds de la famille Salviati, offre un panorama des différentes utilisations de la famille dans les secteurs économiques. Les sources permettent d'approcher à la fois les plus modestes acteurs économiques et les grandes familles aux profils

1 Laboratoire Analyse Comparée des Pouvoirs (EA 3350) – Bois de l'Étang – 5, Boulevard Descartes – 77454 Marne-la-Vallée CEDEX 2.

internationaux comme celles des Florentins[2]. Par-là c'est la question de la nature des entreprises qui peut être abordée et des relations que leur organisation entretient avec les différentes compositions familiales, c'est donc les liens entre familles et entreprises qui seront l'objet de l'article. Les entreprises sont toutes les structures destinées à la vente, à la fabrication d'objets ou la préparation de matières premières ou encore les grandes compagnies florentines, compagnies à l'origine des importations des matières premières et autres produits irriguant les marchés urbains des époques anciennes. Pour définir le travail aux époques anciennes, on peut parler d'une manière globale d'une obligation nécessaire à la survie pour la plupart ou d'un moyen de s'enrichir et/ou de maintenir des positions pour une minorité d'autres. Les familles, comprises aussi bien dans un sens large de parenté et de groupe de coexistence dans un même foyer, recouvrent de nombreuses acceptions. On peut considérer la famille comme un groupe d'appartenance de personnes unies par des liens de parenté, « un ensemble de relations socialement définies et construites » (Guerreau-Jalabert, 1999). Les familles dont il sera question dans l'article se repèrent grâce à des sources relevant de la pratique. Les comptabilités des marchands-banquiers renseignent sur le rôle de la progéniture dans les différentes agences, mais aussi sur les alliances avec les autres familles par les mariages. Pour les strates inférieures, les déclarations fiscales de la ville de Trévise offrent une vision unique sur les acteurs anonymes grâce à l'obligation d'y renseigner les membres de la maison, qu'ils aient des liens de parenté ou non avec le chef de famille. Les foyers fiscaux correspondent plus ou moins à la constitution de familles nucléaires avec des élargissements vers la parenté proche (vieux parents esseulés, neveux ou nièces…).

Il ne s'agit pas seulement de juxtaposer des cas de nature et d'horizon différents mais, en les étudiant simultanément, de mettre en lumière le fonctionnement des structures économiques. Les études centrées sur le travail d'un côté et le monde des échanges de l'autre sont nombreuses et variées, mais elles réunissent très rarement les deux mondes, alors qu'il est

---

[2] Pour une vue plus détaillée du cas de Trévise, je me permets de renvoyer au livre issu de ma thèse (Scherman, 2013). Les sources sont présentées en introduction et dans le chapitre 1. Les liens entre travail et familles sont longuement analysés dans le chapitre 4.

Les comptabilités Salviati ont été étudiées dans le cadre du projet ANR ENPRESA (http://salviati.hypotheses.org/) qui a été dirigé par Mathieu Arnoux et Jacques Bottin. Dans ce groupe, je me suis occupé plus particulièrement des agences de Londres et de Bruges du XVe siècle. Sur les Salviati : Hurtubise, 1985.

difficile de comprendre les structures économiques et sociales en séparant les deux pôles des activités productives. Ainsi, les grands marchands des cités-États italiennes qui se placent au sommet de la hiérarchie sociale, politique et, bien entendu économique, sont indispensables afin d'appréhender le fonctionnement des sociétés, tout comme le sont les milliers d'acteurs anonymes qui contribuent aux activités de production et d'échanges. Là s'imbriquent les deux aspects : la marchandise et le travail. En effet, au-delà des marchands, c'est l'impact du grand commerce sur l'économie locale qui apparaît. Et derrière les ressources mises en jeu, quelles relations sociales se nouent ? Il est possible de comprendre, grâce à une analyse centrée spécifiquement sur le XVe siècle, comment ces structures de production résistent et persistent jusqu'à des époques très avancées. Elles persistent grâce, entre autres, à la mobilisation de toutes les structures et formes organisationnelles familiales. De la sorte, il est nécessaire d'entreprendre une étude combinée afin de saisir les mécanismes de renouvellement des structures économiques et sociales durant ce qu'il est convenu d'appeler la « Renaissance ».

Pour être plus complet, il aurait fallu aussi étudier les structures familiales dans les territoires ruraux, les sources existent mais leur dépouillement n'est pas encore assez avancé. L'article rend finalement compte des réalités des mondes urbains et non des environnements ruraux.

L'observatoire italien à la fin du Moyen Âge

L'observatoire italien, par la qualité de la documentation conservée, offre justement à l'analyse une large gamme de structures économiques : des plus petites entreprises aux plus grandes présentes dans les secteurs de la production et du commerce local et international. Mes recherches sur Trévise confirment que la société italienne de la fin du Moyen Âge et des débuts de l'époque moderne n'était déjà plus une société d'ordres. Les profits engendrés par les activités économiques, la formation continue d'une main-d'œuvre apte à pérenniser les structures du commerce et de la production, les possibilités de rachats de ces mêmes structures contredisent l'idée d'une société figée (Arnoux, 2012). Mais cette analyse mériterait d'être poursuivie sur différents espaces de la péninsule et sur un temps plus long et, surtout, de saisir la manière dont s'articulent les mobilités sociales effectivement observées – qui sont avant tout le fait d'artisans – et les stratégies de sauvegarde des positions acquises mises en place par les grands marchands. Depuis quelques années, les mobilités sociales sont l'objet de nombreuses analyses (Carocci, dir., 2010).

Il est important, dans cette perspective, de prendre la situation italienne non seulement comme un observatoire privilégié, mais aussi comme le résultat de dynamiques qui se jouent en partie ailleurs en Europe. En effet, les marchands italiens – bien au-delà des quelques familles les plus célèbres – peuvent être perçus de l'extérieur ; de la périphérie de leur présence sur des espaces étendus de l'Europe, surtout occidentale, mais aussi orientale. Il n'est plus guère question ici de mobilités sociales puisque, pour une bonne part d'entre eux, les acteurs étudiés forment l'élite des cités dont ils sont originaires. Il faut ainsi se demander si ces positions construites à l'extérieur de la péninsule ne permettent pas de maintenir pouvoir et puissance économique au sein de celle-ci.

L'enjeu est effectivement familial lorsque l'on analyse les comptes d'une compagnie en les combinant avec l'arbre généalogique : les alliances mises en place sont quasiment toutes en lien avec les affaires et les opérations commerciales. Il faut ainsi comprendre comment les familles de marchands parviennent à conserver simultanément des positions dominantes dans leur région d'origine et dans le monde des affaires internationales dans le but d'acquérir d'autres positions dominantes sur certains segments des marchés, tant du point de vue de l'acquisition des matières premières que du secteur financier (changes internationales, prêts aux institutions et acteurs étrangers). Une interrogation portant sur le changement et la continuité de structures socio-économiques et choisissant pour cadre l'observatoire italien ne peut donc faire l'économie d'un détour européen.

Outre les investissements à l'étranger, les grandes familles actives dans les échanges à l'échelle internationale utilisent leurs ressources dans tous les domaines et font donc sentir leur puissance sur des espaces étendus à plusieurs échelles. C'est une histoire connectée qui apparaît, des territoires des différents cités-États et royaumes de la péninsule – qu'ils soient urbains ou ruraux – aux échanges se déroulant du bassin méditerranéen aux côtes atlantiques ; l'ensemble concourt à l'organisation des différents marchés économiques et notamment à ceux du travail. Tous les niveaux sont liés et ils contribuent à la constitution d'une économie de la première modernité.

Pour prendre le cas des grandes compagnies de marchands-banquiers, les agences d'une « nation » déterminée ne sont jamais en grand nombre en terre étrangère. Lorsqu'une compagnie installe une agence celle-ci devient le point de référence pour un ensemble important de marchands de la ville d'origine mais aussi de tous les acteurs internationaux de la péninsule.

Cette présence à l'étranger permet aux activités économiques de perdurer et de prospérer dans les différents territoires de la péninsule, urbains surtout, mais aussi ruraux, grâce aux matières premières et marchandises qu'elles drainent.

L'enquête prosopographique que je mène grâce aux documentations des marchands n'a pas pour but d'ajouter aux connaissances déjà abondantes dont nous disposons sur les puissantes familles marchandes italiennes, mais d'enrichir notre compréhension du système économique italien dans sa globalité. Les liens sont le plus souvent familiaux comme ceux qui unissent les agents des différentes compagnies italiennes à travers l'Europe.

L'utilisation de la famille et de la parenté chez les grands marchands-banquiers

Les configurations familiales de la famille Salviati montrent les entrelacements nécessaires avec les autres familles florentines de l'élite et les constructions mises en place afin de maintenir aussi bien l'entreprise que la position dans le monde politique florentin, avec un intérêt bien compris pour étendre sa toile sur l'ensemble du parcours menant de la Méditerranée occidentale à la mer du Nord.

Si l'on prend les alliances élaborées par Alamanno Salviati pour ses enfants et petits-enfants en les mettant en regard des activités économiques de la famille, elles éclairent grandement les stratégies d'implantation des agences à l'étranger et le caractère bien compris de l'entreprise familiale. Comme de nombreuses familles de l'élite florentine, l'activité économique et la constitution des alliances familiales sont liées. De la même façon, à un échelon inférieur chez les artisans, les nombreux cas consistant à envoyer un fils dans le foyer de sa sœur mariée pour apprendre le métier de son beau-frère démontrent l'importance de la famille et de la parenté dans la constitution des entreprises et le fonctionnement des économies urbaines. Des mécanismes similaires sont en jeu pour organiser le travail des membres d'une maisonnée à toutes les échelles.

Les liens entre familles de la noblesse florentine montrent comment sont pensées les opérations commerciales et les installations à l'étranger des agences d'une même famille. Les Salviati mettent en place un atelier de draperie avec Jacopo (1360-1412), que l'on pourrait désigner comme le patriarche, le père d'Alamanno cité ci-dessus. Par la suite, six alliances permettent aux Salviati de se lier à différentes familles de l'élite : l'aîné des enfants, Bernardo, épouse une fille de la famille Borromée (Bolton &

Guidi Bruscoli, 2007), Alamanno une fille de la famille des Médicis, quant à Caterina et Jacopo ils épousent des membres de la famille des Pazzi. Toutes les alliances sont mises à profit dans les différentes opérations commerciales et financières des Salviati. Ce ne sont pas seulement des petites transactions entre parents, mais une véritable stratégie de lancement d'une entreprise qui se perçoit. L'alliance familiale avec les Borromée participe à la constitution de la compagnie Salviati pour le XVe siècle. Après la constitution des banques et des agences de Florence et de Pise – le port de Florence –, les Salviati investissent le nord-ouest de l'Europe en s'installant successivement à Londres et à Bruges. Le mariage entre Bernardo et Lisabetta Borromée offre la possibilité d'une construction progressive d'un lien entre l'Angleterre et ses laines de qualité et la Toscane. Ce sont les Borromée installés à Bruges et à Londres qui permettent aux Salviati d'entrer sur ce marché et de s'y installer en leur nom propre en 1445 (Scherman, 2014 : 30-35). L'étroite collaboration avec la compagnie des Borromée présente à Bruges est corroborée par le fait qu'ils se chargent de fournir les meubles et les linges nécessaires à l'emménagement dans la maison de Londres des Salviati ; les liens familiaux sont donc explicitement à l'origine d'une nouvelle entreprise toscane en Angleterre.

Il faut s'arrêter sur un cas d'alliance extrêmement intéressant pour comprendre la constitution d'un réseau d'affaires qui permet de mener une analyse en terme d'emboîtement d'espaces : celle constituée avec les Neroni. Ces derniers apparaissent aussi comme partenaires réguliers des Salviati dans les années 1440, cependant dans une moindre mesure que les Médicis et les Borromée. Il faut souligner que leurs affaires sont concentrées sur le sud de la Méditerranée occidentale, avec l'ouverture d'agences en Espagne et en Italie. Pour le reste, ils sont organisés comme les Salviati avec des ateliers de la laine, de la soie et des *batilori*. La combinaison des agences bancaires et des ateliers de production du textile et de la soie est un phénomène structurant des agences italiennes dans la longue durée (Orlandi, 2011). Cela pourrait expliquer pourquoi le mariage d'Averardo Salviati, un fils d'Alamanno, avec Maddalena Neroni a été stratégique en 1455 : sont ainsi rassemblées deux structures commerciales qui permettent la formation d'un réseau de négoces complémentaires entre nord-ouest de l'Europe et bassin méditerranéen. Les registres des Neroni de Pise sont à ce sujet éclairants pour les années 1450-1455. En effet, beaucoup de produits arrivent de la Méditerranée, alors que peu de draps du Nord et, à ma connaissance, aucune laine d'Angleterre sont comptabilisés[3]. Il est donc pour eux stratégique de s'allier aux Salviati et ainsi fournir leurs ateliers de laine fine d'Angleterre. Pour les Salviati, l'alliance leur permet de s'insérer plus facilement dans la péninsule Ibérique, ou plutôt de s'y réinsérer après l'épisode Galvano, frère d'Alamanno, envoyé en Catalogne et ayant abandonné le monde de la marchandise pour épouser l'habit monacal.

L'installation à Londres et à Bruges ne peut se penser et s'analyser sans prendre en considération l'ensemble des espaces commerciaux sur lesquels les compagnies italiennes établissaient leur calcul et raisonnements économiques afin de faire transiter les hommes, les marchandises et les monnaies. Le cas met en évidence la nécessité d'examiner une organisation européenne des échanges en les combinant avec l'examen des structures et alliances familiales. Les espaces économiques sont appropriés par la compagnie Salviati et tout est mis en œuvre pour mener à une réussite commerciale et financière. Toutefois, au-delà de la recherche de profit, il faut se poser la question des stratégies marchandes, dont l'écheveau construit la place et son aire de rayonnement. L'ouverture d'une agence londonienne témoigne de la volonté d'émancipation des Salviati par rapport aux autres familles florentines établies sur la place avec lesquelles ils étaient en affaire les années précédentes.

Les Salviati ne peuvent d'ailleurs s'intégrer et s'installer dans la ville de Londres qu'en s'appuyant sur un réseau déjà présent sur place, mais aussi sur un dense maillage établi par eux auparavant. Les éléments recueillis dans leurs comptabilités avant leur arrivée officielle démontrent le positionnement déjà envisagé vers l'Europe du Nord-Ouest dans les stratégies et surtout les pratiques de l'entreprise. Toutes les compagnies florentines qui sont présentes dans les comptabilités londoniennes des Salviati sont depuis longtemps leurs partenaires financiers, commerciaux, mais aussi, familiaux. Les mêmes canaux vont être utilisés par les Salviati de Londres une fois l'agence ouverte en novembre 1445. Les pratiques et les alliances sont réellement pensées pour s'intégrer au marché anglais.

Par exemple, les della Casa de Rome n'apparaissent à aucun moment lors des premières années d'activités de l'agence de Londres. Comme les Cambini de Rome, autre grande famille florentine, il faut attendre 1448 pour que les deux agences entretiennent des relations financières (Tognetti, 1999). Or, avec les della Casa les liens vont devenir forts par la suite, notamment par l'accueil dans la maison londonienne d'un membre de cette

---

3 Archivio Salviati, Prima serie, Registres 16, 19, 21.

famille pendant plusieurs années. C'est une façon d'inscrire des liens commerciaux dans la durée puisque les Salviati ne disposent pas d'agence à Rome et que les della Casa n'ont pas ouvert d'agence dans le nord-ouest de l'Europe. À l'image de l'alliance matrimoniale et commerciale avec les Neroni, les liens entre les deux familles permettent à chacune d'elle de profiter des structures mises en place par l'autre et d'utiliser au mieux les réseaux par l'emboîtement des espaces économiques européens. De la sorte, toutes deux s'insèrent plus en profondeur dans le dense système économique italien à travers l'Europe.

Les archives Salviati conservent le registre d'un voyage commercial effectué en 1459 entre Pise et les Flandres, en passant par l'Angleterre. Il permet d'examiner en détail le système mis en place par la famille pour ses affaires avec le Nord-Ouest de l'Europe. Grâce aux informations contenues dans le registre ressort un condensé du système mis en place pour organiser les transactions des compagnies marchandes florentines. À l'aller, à Pise ont été chargés des draps et des fromages de Sardaigne ; fromages fournis par les Neroni et investis collectivement par tous les marchands ayant financé le voyage. Et, ce qui est encore plus important dans la perspective d'une compréhension de l'installation et de l'intégration en terre étrangère d'une agence florentine, les acteurs impliqués dans l'affaire en 1459 sont déjà ceux recensés lors des premières approches effectuées en direction du Nord-Ouest par les Salviati, que ce soit dans les années 1420, 1430 ou 1440. Une stabilité extraordinaire caractérise les relations entre les familles florentines et les acteurs du commerce européen. Tous les protagonistes réunis autour du voyage de la galée des Flandres de 1459 sont des partenaires des Salviati en relation avec l'Europe du Nord-Ouest depuis de nombreuses années ; il en est ainsi des Pazzi cités plus haut. Cette famille a investi de nombreuses places marchandes en Europe (Bruges, Avignon, Genève, Valence puis Lyon et Rome) mais n'a pas d'agence à Londres au moment du voyage vers les Flandres. Or, les Pazzi participaient directement au commerce en tant que commissionnaires pour les Salviati avant qu'ils ne s'installent à Londres. Les deux structures familiales s'appuient donc l'une sur l'autre pour mener à bien leurs commerces.

Le dispositif Salviati dans le Nord-Ouest se met lentement en place, notamment entre Londres et Bruges, cette dernière constituant la place financière la plus importante de l'espace du Nord-Ouest européen. C'est pourquoi, en général, les entreprises italiennes présentes administraient deux agences que l'on pourrait qualifier de jumelles des deux côtés de la Manche. Ainsi, la compagnie Ubertino dei Bardi de Londres peut compter sur la compagnie d'Ubertino dei Bardi de Bruges, de même pour les Médicis et d'autres encore (Guidi Bruscoli, 2012). Or, les Salviati, peut-être par manque de personnel, n'ont pas mis en place le même dispositif. À leur arrivée à Londres, ils ne peuvent compter sur une agence partenaire de l'autre côté de la mer. Toutefois, ils vont construire un lien direct peu de temps après, mais avec une famille alliée, celle des da Rabatta, avec laquelle aucun lien de parenté n'est avéré. De la même façon, ils profitent de leurs liens avec les Salviati pour mailler le territoire commercial et financier européen. Les da Rabatta, à l'image des della Casa, comblent les « trous » de leur réseau en s'alliant en affaires avec les Salviati. Michele da Rabatta, frère de Piero, est en apprentissage chez les Spinelli, autre famille florentine, banquiers en cour de Rome. Par la suite, il se retrouve comme agent pour cette banque à Bruges en logeant chez son frère Piero. Ce sont différents réseaux familiaux qui s'accumulent pour capter des affaires et placer des membres d'une famille aux endroits stratégiques afin de saisir le maximum d'opportunités offertes par l'espace européen.

La compagnie Piero da Rabatta de Bruges devient, à partir de 1447, une compagnie Salviati, sous un autre nom. Il est certain que les Salviati de Londres y détiennent une participation financière. Dans un premier temps, ils sont les financiers de l'agence Piero da Rabatta de Bruges qui conserve ce nom jusqu'en 1463, année où les Salviati y participent directement et où elle prend le nom de Giovanni Salviati e Piero da Rabatta e compagnia de Bruges.

Un autre exemple d'adéquation entre les alliances matrimoniales et les affaires est illustré par les relations avec la famille Bardi, très célèbre notamment par la faillite retentissante de la compagnie au XIVe siècle. Les Bardi sont des partenaires fondamentaux des Salviati dans la construction des relations avec le Nord-Ouest et dans la poursuite de l'agence londonienne, une fois officialisé le départ des Salviati. Comme on l'a vu précédemment, le fils d'Alamanno envoyé à Londres, Jacopo est marié avec une membre de la famille Bardi. À Londres, un certain Giovanni dei Bardi est formé au début des années 1450 et il prendra la gestion de l'agence avec Nicolò da Rabatta, le frère de Piero et Michele, lors du retour des Salviati à Florence dans les années 1450. Par la suite, Giovanni dei Bardi ouvrira sa propre agence. Dernier exemple similaire, les liens avec les Frescobaldi de Londres. Les Salviati sont souvent en relation commerciale avec cette agence, une fois la leur fermée. Or, un Frescobaldi a été formé par les Salviati et ils font aussi partie de la parenté puisqu'une fille d'Alamanno, Albiera, est mariée avec Lionardo Frescobaldi.

Ces quelques remarques démontrent la place fondamentale de la famille et de la parenté dans le fonctionnement des entreprises et de l'économie de la fin du Moyen Âge. Les entreprises sont familiales, mais elles s'appuient sur un dense réseau mis en place progressivement à l'échelle d'une cité-État. Le réseau familial d'agences repose sur une toile beaucoup plus large et de dimensions européennes. Cette organisation est nécessaire pour faire fonctionner l'entreprise familiale et se placer sur les différents marchés. Ce positionnement a pour but de maintenir à la fois une situation économique dominante mais aussi un rang politique de premier plan dans son territoire d'origine.

Ces familles de l'élite marchande, qu'elles soient originaires de Venise, Florence ou encore Gênes, fournissent en matières premières et en différents produits les territoires italiens et font fonctionner, en quelque sorte, les économies régionales et les centres urbains. Ceux qui utilisent les matières premières et produits dans le cadre de leurs activités, ces travailleurs, terme générique qui englobe une diversité de situations, utilisent eux aussi la famille dans le cadre de leurs activités économiques. Dans le monde du travail, des stratégies d'entreprises fondées sur la famille et la parenté sont également perceptibles grâce à une analyse des carrières et des parcours laborieux. Si les personnages sont anonymes, il n'en demeure pas moins que leur examen apporte des éclairages indispensables à la compréhension du fonctionnement des marchés du travail et des entreprises.

La famille et le travail dans un centre urbain : Trévise au XVe siècle

Le travail des membres d'un foyer familial diffère en fonction de la nature des activités pratiquées, mais aussi et surtout de leur intensité, ainsi que de la taille de l'entreprise. Le constat est avéré depuis longtemps : dans les classes laborieuses, toute la famille travaille[4]. Le chef de famille, éclairé par les sources avec plus d'éclat, n'est pas l'unique personne rapportant les ressources nécessaires à la continuité de l'activité et aux dépenses indispensables au fonctionnement du foyer. Lorsque l'activité du chef de famille est réduite et que les besoins de main-d'œuvre sont peu importants, il est impératif pour les membres d'une famille nucléaire d'aller trouver des ressources ailleurs, aussi bien les femmes que les enfants en âge de travailler.

4 Voir le numéro de la revue *Cheiron* paru en 2006 sur le rôle économique de la famille (numéro double, 45-46).

Il est ainsi très fréquent que l'activité de l'épouse apparaisse une fois son mari décédé. C'est de cette façon que le travail des femmes peut être perçu. On voit ainsi souvent qu'elles n'étaient pas simplement assignées aux tâches domestiques ou à « aider » leur mari. Elles participaient à l'accroissement des ressources du foyer en travaillant à l'extérieur ou en répondant aux commandes venant de l'extérieur, comme les femmes qui s'adonnent au filage de la laine, au métier de tailleur ou de couturière.

Les plus grandes structures productives dans une ville de taille moyenne comme Trévise, comptant environ 10 000 habitants au XVe siècle, se trouvent dans la draperie, la tannerie, la mercerie ou encore l'épicerie. Les familles les plus actives de ces secteurs suivent plus ou moins les mêmes trajectoires et mettent en place une organisation de leur entreprise semblable. De la sorte, l'entreprise familiale grandit en même temps que les enfants, qui prennent les rênes en demeurant sous un même toit, puis elle se divise peu à peu. Les troisième et quatrième générations quittent souvent les secteurs productifs afin d'achever une mobilité sociale envisagée depuis plusieurs générations. L'entreprise familiale est pour toutes « les élites » économiques, à l'échelle de la ville de Trévise, un moyen d'opérer une mutation sociale : on passe, si l'opération est réussie, ce qui n'est pas toujours le cas, du succès d'un opérateur qui se traduit par un fort enrichissement puis, pour la génération suivante, au changement de catégorie sociale permis par le passage aux carrières intellectuelles (notariat notamment) pour arriver à l'abandon de toute activité. Pratiquement toutes les trajectoires des familles ayant connu la plus forte réussite dans les activités économiques se ressemblent ; elles se concluent par l'arrêt des activités. Les membres des familles ayant « réussi » deviennent des notables aux liens faibles avec ce qui a fait leur richesse, c'est-à-dire les activités de production ou commerciales.

Dans un premier temps, ce que Boris Bove (2004) a appelé « le magnétisme de l'argent » pour Paris se vérifie aussi à Trévise, les grandes familles restent plus longtemps unies avant de se partager l'héritage. Ce n'est pas le cas dans les strates moins élevées de la population. On pourrait parler pour elles d'un labeur familial et non d'une entreprise familiale. Bien sûr, l'image d'un maître accompagné de sa femme et de ses enfants travaillant dans son atelier avec quelques compagnons n'est pas fausse, mais elle masque une pluralité de situations et nie les multiples stratégies mises en place dans le but de maintenir les activités dans une économie urbaine.

Les stratégies familiales des « mal connus » de l'histoire sont aussi réfléchies que celles des grandes familles de l'élite. Bien évidemment les sommes en jeu et les enjeux économiques ne sont pas les mêmes, mais l'ensemble des pratiques familiales concourent à la formation des marchés du travail. Dans tous les cas, cela démontre les réflexions que les acteurs portent et les actions qu'ils effectuent pour participer et s'insérer à ces marchés du travail.

Le thème du travail, y compris dans les économies anciennes, peut être vu par le prisme du marché, ou plutôt des marchés. Des offres et des demandes sont face à face et les participants y répondent en construisant les moyens de l'intégrer. L'importance de la famille se note lorsque ceux qui en sont dépourvus mettent en place des mécanismes de substitution, démontrant ainsi qu'elle forme un des piliers du fonctionnement des économies. La nature ne permettant pas à certains couples de concevoir une progéniture, celle-ci est substituée par l'engagement d'une main-d'œuvre, qui à terme est capable de poursuivre l'entreprise en prenant la place du maître vieillissant, à l'image des fils ayant appris la même activité que celle du père.

Dans d'autres cas, l'élaboration d'alliances qui permettent un accroissement des compétences dans la sphère familiale montre l'intérêt bien compris de chaque maisonnée. Les alliances permettent d'envoyer des rejetons apprendre un métier, métier qu'ils pourront faire par la suite rentrer dans le stock de compétences de la famille d'origine. Si les organisations familiales sont différentes, il reste un point central pour l'ensemble des acteurs : l'utilisation de la famille, aussi bien la plus proche que celle construite par des alliances matrimoniales pour s'insérer dans les secteurs économiques. Toutes les entreprises sont centrées sur les compositions familiales et les alliances mises en place. Pour schématiser, les petits producteurs qui n'ont pas grand-chose à léguer disposeront d'une structure plus ouverte sur l'extérieur, une ouverture obligatoire afin d'apporter les ressources indispensables à la poursuite du foyer, alors que les maisons des plus grandes familles de la ville seront plus fermées sur elles-mêmes, n'éprouvant aucun besoin d'envoyer les enfants et épouses trouver des ressources ailleurs.

Toutes les stratégies mises en œuvre diffèrent selon les positions. Comme mentionné plus haut, les sociétés de la fin du Moyen Âge ne sont pas figées, un renouvellement continu des structures et des acteurs se note. Un des objectifs des familles qui connaissent le plus de succès dans les secteurs économiques est d'effectuer une mobilité sociale ascendante ; cette mobilité n'est possible que pour les générations suivantes et elle doit être pensée de façon collective et non individuelle. Pour ces familles, les mobilités se vivent de manière groupée créant une véritable entreprise familiale d'ascension sociale. Au bout de la troisième génération, si le processus a réussi, les activités économiques ne sont plus qu'un lointain souvenir. À Trévise, certaines activités sont plus à même de permettre ce type de parcours, elles sont donc nécessairement largement ouvertes aux personnes extérieures n'ayant pas de liens de parenté avec les acteurs de ces activités comme la tannerie, la mercerie ou l'épicerie, tandis que d'autres activités comme celles liées au travail du bois ou encore celles liées aux soins des chevaux sont plus fermées – sans qu'une fermeture totale soit possible – avec peu de nouveaux entrants et une tendance à maintenir les compétences au sein de mêmes familles en orientant les fils toujours dans l'activité pratiquée par le père ou en mariant les filles avec des hommes insérés dans le même secteur productif. D'un côté, il y aurait les métiers plus propices à l'enrichissement et par-là facilitant les mobilités sociales ascendantes générationnelles, de l'autre, des métiers plus humbles aux membres plus ancrés dans des pratiques de continuité et de poursuite des activités pratiquées. Il est intéressant de noter, comme pour les grands marchands florentins, la multiplication des cas et, en même temps, la récurrence des pratiques, des stratégies et, finalement, des résultats de l'utilisation de la parenté et du foyer familial dans l'organisation du travail, dans la constitution des entreprises et, tout simplement, dans le fonctionnement des économies des sociétés anciennes.

*

Toutes les interrogations que pose l'organisation économique et sociale des marchés à la fin du Moyen Âge ne peuvent se comprendre sans prendre en considération les aspects familiaux : travail et familles sont imbriqués comme le sont les relations entre familles de grands marchands-banquiers. En effet, que les grands marchands internationaux ou les plus petits opérateurs soient analysés, un constat similaire peut être avancé : la famille est au centre des stratégies économiques et de l'organisation du travail à la fin du Moyen Âge. Elle constitue le pivot de l'organisation des marchés du travail et des structures économiques au XVe siècle. D'ailleurs, ce sont les plus grosses structures, comme les grandes compagnies internationales ou les entreprises ayant le plus réussi dans une ville de taille moyenne, qui s'appuient le plus dans leur organisation quotidienne sur les membres de la famille. Dans les plus petites structures, la famille est bien au centre des stratégies, non dans le fonctionnement quotidien de l'entreprise, trop petite pour absorber l'ensemble de la main-d'œuvre familiale, mais dans le fonctionnement quotidien de l'économie de la maison. En parallèle, la parenté, les amis et voisins sont utilisés dans le cadre de l'accroissement des compétences familiales, aptes à assurer des ressources complémentaires au foyer lors du retour de l'apprenti formé en tant que spécialiste au sein de la famille d'origine. La mise en apprentissage des futurs marchands est aussi riche d'enseignements. Si l'ensemble de la communauté italienne fait des affaires ensemble lorsqu'ils se trouvent en territoire étranger, il est intéressant de constater que l'apprentissage des jeunes marchands se fait uniquement au sein d'une même « nation ». Par exemple, tous les jeunes marchands qui passent par les agences Salviati de Bruges et de Londres sont originaires de Florence. Un maintien des savoir-faire au sein d'une même cité est donc pensé au sein des entreprises, qu'elles soient d'envergure internationale ou locale.

Cette prééminence de la famille dans l'organisation des marchés économiques ne préjuge pas de l'absence de mécanismes de marché dans les relations de travail et commerciales. Aucune concurrence pure et parfaite n'existe, mais les lois de l'offre et de la demande sont aussi utiles pour expliquer le fonctionnement des sociétés anciennes. C'est le cas aussi bien pour les structures de la production et du commerce d'une ville moyenne de la Terre Ferme vénitienne que pour les relations économiques et financières construites par les grandes familles de marchands-banquiers. De la sorte, on peut observer à travers les comptabilités ou les correspondances marchandes une concurrence acharnée entre agences bancaires, même liées par des alliances matrimoniales, pour obtenir des segments des différents marchés (marchés des matières premières, marché des bénéfices ecclésiastiques, mais aussi marché du personnel qualifié qui change fréquemment d'une agence à l'autre). Les structures du commerce d'une ville comme les auberges, les épiceries, les fours de boulanger et autres changent de main en fonction de l'évolution des patrimoines et des déplacements des familles. Nombreux sont les exemples d'endettement pour pouvoir se lancer dans une activité autonome et de rachats d'entreprise.

La famille pérennise les structures économiques, mais cela n'entrave pas les mécanismes de marchés segmentés. Cela peut apparaître paradoxal d'avancer cette conclusion, mais les données issues des sources de la pratique mettent clairement en évidence des fonctionnements propres aux marchés des époques anciennes. Les petits acteurs de la production et du commerce comme les grands marchands se meuvent sur plusieurs types de marché pour trouver des opportunités économiques et les lois de l'offre et de la demande participent aussi à la continuité des structures économiques sur les territoires. Tout n'est pas « encastré » dans le social.

Références bibliographiques

ARNOUX Mathieu, 2012. *Le Temps des laboureurs : travail, ordre social et croissance en Europe (XIe-XIVe siècle)*, Paris, Albin Michel.

BERNARDI Philippe, 2009. *Maître, valet et apprenti au Moyen Âge : essai sur une production bien ordonnée*, Toulouse, PUM / CNRS-Université Toulouse-Le Mirail (Méridiennes. Histoire et techniques, 3).

BOLTON Jim, GUIDI BRUSCOLI Francesco, 2007. « The Borromei Bank Research Project », *in* L. ARMSTRONG, I. ELBL, M. ELBL (eds), *Money, Markets and Trade in Late Medieval Europe: Essays in Honour of John H.A. Munro*, Leiden, Boston, Brill, p. 460-490.

BOVE Boris, 2004. *Dominer la ville. Prévôts des marchands et échevins parisiens de 1260 à 1350*, Paris, Comité des Travaux Historiques et Scientifiques (CTHS).

CARACAUSI Andrea, 2008. *Dentro la bottega. Culture del lavoro in una città d'età moderna*, Venezia, Marsilio (Saggi).

CAROCCI Sandro (a cura di), 2010. *La Mobilità sociale nel medioevo: rappresentazioni, canali, protagonisti, metodi d'indagine*, atti del convegno (Roma, 28-31 maggio 2008), Rome, École française de Rome (Coll. de l'École française de Rome, 436).

CROUZET-PAVAN Élisabeth, 2015. *Le Moyen Âge de Venise : des eaux salées au miracle de pierres*, Paris, Albin Michel.

GOLDTHWAITE Richard A., 2009. *The Economy of Renaissance Florence*, Baltimore & London, The Johns Hopkins University Press.

GUERREAU-JALABERT Anita, 1999. « Parenté », *in* J. LE GOFF, J.-C. SCHMITT (dir.), *Dictionnaire raisonné de l'Occident médiéval*, Paris, Fayard, p. 861-876.

GUIDI-BRUSCOLI Francesco, 2012. « John Cabot and his Italian Financiers » *Historical Research*, 85 (229), p. 372-393 [doi.org/10.1111/j.1468-2281.2012.00597.x].

HURTUBISE Pierre, 1985. *Une Famille-témoin. Les Salviati*. Cité du Vatican, Biblioteca Apostolica Vaticana (Studi e Testi, 309).

ORLANDI Angela, 2011. « Al soffio degli Alisei. Mercanti fiorentini tra Siviglia e il Nuovo Mondo », *Archivio Storico italiano*, 169 (3) (629), p. 477-506. [www.jstor.org/stable/26220400]

SCHERMAN Matthieu, 2013. *Familles et travail à Trévise à la fin du Moyen Âge (vers 1434-vers 1509)*, Rome, École française de Rome (BÉFAR, 358).

SCHERMAN Matthieu, 2014. « L'insertion d'une banque à l'étranger : le cas de l'installation des Salviati à Londres dans les années 1440 », Mémoire de deuxième année de l'École française de Rome (Rapporteur Philippe Contamine, membre de l'Académie des Inscriptions et Belles-Lettres).

TOGNETTI Sergio, 1999. *Il Banco Cambini. Affari e mercati di una compagnia mercantile-bancaria nella Firenze del XV secolo,* Firenze, Leo S. Olschki (Biblioteca storica Toscana, 37).

Lits, paniers, balances

Biens meubles et formes de mobilité du travail

Eleonora CANEPARI
Aix-Marseille Université, CNRS, TELEMME[1]

C'est lors d'une nuit de septembre 1581, avant même la date de fin du contrat, que l'un des locataires d'Antonio Formicini quitte son appartement, situé à Sant'Onofrio, *rione* Trastevere, et que l'on perd sa trace pour toujours[2]. Distillateur de profession, il était redevable de plusieurs loyers impayés : le déguerpissement lui évite ainsi le remboursement de la dette. La décision avait été longuement mûrie, si l'on croit au livre de compte de M. Formicini, qui note qu'avant de partir le locataire avait vidé progressivement la boutique de ses outils de travail, à l'exception de quelques vases et bocaux, renfermant des eaux définies « puantes ».

> Le distillateur susdit partit dans la nuit après avoir enlevé petit à petit presque tous ses outils de la boutique. Il y laissa seulement un outil pour dégoutter, et des carafes en verre et des vases, ou cruches, qui contenaient des eaux, qui sentaient très mauvais. Tout est resté en l'état, de 1582 à mars 1583, quand je me suis finalement décidé à sortir tout ce qu'il avait laissé et à relouer la boutique[3].

---

1 Temps, Espaces, Langages, Europe Méridionale, Méditerranée (TELEMME), Aix-Marseille Université, CNRS, MMSH – 5, rue du Château de l'horloge – 13900 Aix-en-Provence.

2 Archivio di Stato di Roma (ASR), *Arciconfraternita della Santissima Annunziata*, vol. 211.

3 *Idem*.

Un an et demi après la « fuite », le propriétaire se débarrasse des vases et des autres outils laissés par le distillateur – et surtout de leur odeur. La boutique est ainsi prête à accueillir d'autres locataires, qui n'ont rien à voir avec l'eau-de-vie : entre mars 1583 et 1586, la boutique est successivement louée à un cocher, à un cardeur napolitain et à Bartolomeo, menuisier[4].

Le geste prémédité du distillateur, qui n'oublie pas d'emporter ses outils principaux avec lui, introduit le thème de cet article, centré sur les biens meubles et la mobilité du travail dans la ville de Rome au XVIIe siècle. Par rapport aux biens immeubles, les biens meubles ont reçu moins d'attention de la part des historiens, la propriété des premiers ayant été considérée comme un gage d'appartenance locale et, pour les étrangers, un signe d'intégration accomplie dans la ville d'arrivée. Les droits de propriété ont récemment fait l'objet de travaux qui se sont interrogés sur leur relation aux formes d'appartenances locales (Cerutti, 2012 ; Bargaoui, Cerutti & Grangaud, dir., 2015). Renata Ago a posé la question de la relation entre propriété des biens meubles, identité sociale et appartenance à une communauté, mettant l'accent sur le rôle joué par ceux-ci dans la construction de la réputation et l'autoreprésentation des individus issus des couches moyennes-hautes (artistes, avocats, notaires, etc.) (Ago, 2014). S'opposant à la notion de « patrimoine » comme un ensemble de biens exclusivement immeubles, Ago avance l'hypothèse que « même les biens mobiliers peuvent constituer une ressource capable de conférer une réputation » (Ago, 2011 : 89). La transmission de ces biens permet en effet « d'articuler ses identifications, en accentuant éventuellement l'identité individuelle par rapport à celle de lignage » (Ago, 2014), celle-ci étant étroitement liée aux biens inaliénables tels que les immeubles (Bellavitis, 2008 ; Chauvard, Bellavitis & Lanaro, dir., 2012).

Faisant écho à ce questionnement, mon article déplace le focus sur les artisans et les couches populaires de la société urbaine, et s'intéresse aux formes de propriété d'un type spécifique de bien meuble : les outils de travail. On sait que la plupart des immeubles des villes modernes étaient entre les mains d'aristocrates et d'institutions religieuses et que, souvent, les artisans n'étaient pas propriétaires, mais plutôt locataires ou même

---

4 *Idem.*

sous-locataires de la boutique dans laquelle ils travaillaient[5] – et ce, sans compter les très nombreux travailleurs itinérants (Fontaine, 1993 ; Maitte, 2009). Si la propriété immobilière, et les droits qui lui étaient liés, n'était pas accessible à tout le monde (Barbot, 2013 ; Chauvard, 2014), posséder certains biens meubles[6] s'avérait néanmoins un atout dans les stratégies de survie des hommes et des femmes, leur permettant de démarrer ou relever une activité, mais aussi de disposer d'un capital une fois les outils vendus. Pensons aux lits pour les aubergistes (souvent des femmes), aux métiers à tisser des tisserands, aux paniers et balances des marchands de produits alimentaires, etc. Dans tous ces cas, il s'agit de formes de travail facilement accessibles, qui ne nécessitaient pas d'investissements coûteux, ni d'une formation professionnelle spécifique, ce qui s'associait souvent à la mobilité professionnelle (Geremek, 1976 ; Canepari, 2015).

Interroger les modes d'appropriation des outils de travail, leur relation à l'espace de la boutique ainsi que les circuits d'échange de ces biens nous permet d'enquêter sur des formes de travail caractérisées par la mobilité non seulement des individus (aussi bien du point de vue géographique que professionnel), mais aussi des activités exercées au sein de la même boutique au fil des années. À la stabilité des murs – la boutique en tant que bâtiment – s'oppose en effet la mobilité des individus, des biens et des usages des espaces, ce que l'on abordera grâce à une entrée par les lieux, centrées sur les boutiques et les activités qui s'y succèdent. Ensuite, on s'intéressera à la contiguïté d'usages entre lieux de travail et lieux d'habitation, ainsi qu'au rôle joué par les outils de travail ; enfin, les formes de circulation des biens meubles seront examinées, notamment le prêt et la location.

Des usages mouvants. La boutique dans l'analyse longitudinale

Revenons brièvement à Antonio Formicini et à ses locataires. Comme on l'a vu, la boutique quittée par le distillateur avait été par la suite donnée en location à des individus exerçant des activités diverses, qui relèvent de secteurs productifs et de modes de production différents. Ainsi, en l'espace

5 Sur les différentes formes de propriété d'un immeuble, voir Barbot, 2008 ; Faron & Hubert, dir., 1995 ; Ago & Delille, 2003. Sur la propriété immobilière chez les artisans, voir Roche, 1981 ; Sarti, 2002.

6 Sur la distinction entre biens meubles et immeubles, voir Ago, 2011 et 2015.

de quelques années, la boutique change plusieurs fois de destination d'usage, ce que l'on observe par ailleurs pour d'autres immeubles de M. Formicini[7]. Entre 1572-1592, une autre boutique située à Sant'Onofrio est louée respectivement à un tondeur, un fabricant de manteaux, un cordonnier, un autre fabricant de manteaux, un fabricant de verres, un tailleur et un apothicaire. Au cours de la même période, dans une autre boutique de M. Formicini se succèdent un cardeur de laine « *provenzale* », un homme dont le métier n'est pas précisé, un vendeur de pain et un apothicaire. Un autre immeuble de Formicini, situé à San Simeone, *rione* Ponte, entre 1572 et 1587 fait fonction d'auberge, puis de simple habitation et ensuite de boutique de chapelier. Tous ces locataires résident et travaillent dans les boutiques pour des durées variables, comprises entre quelques mois et six ans.

Les immeubles d'Antonio Formicini ne font pas figure d'exception : le changement de destination d'usage est en effet une pratique très courante, et, en dépit de la « fixité » du bâti de la boutique, le *turn-over* des activités qui y sont exercées est très élevé.

C'est ce que l'on peut observer lorsqu'on adopte une approche longitudinale (Pinol, 1996). Pour ce faire, on a eu recours aux états des âmes[8], source qui présente un double avantage. D'une part, leur sérialité : pour un grand nombre de paroisses, les registres disponibles couvrent des périodes décennales, avec très peu de lacunes. D'autre part, dans certains cas, la source localise précisément chaque maison et boutique et rend ainsi possible une analyse longitudinale des activités exercées et des habitants qui s'y succèdent. Pour ce faire, la démarche consiste à adopter l'immeuble (ou l'appartement) comme point d'observation pendant plusieurs années de suite, et à observer le changement à partir d'un lieu – dans ce cas, la boutique. L'analyse a été menée sur les états des âmes de la paroisse de Santa Maria ad Martyres entre 1625 et 1635[9]. Le territoire de la paroisse

---

7 ASR, *Arciconfraternita della Santissima Annunziata*, vol. 211.

8 Les *status animarum* recensaient la population des paroisses chaque année avant Pâques, afin de dresser la liste de ceux qui pouvaient recevoir la communion pascale. Bien que de façon non standardisée, les curés enregistraient dans ces livres plusieurs informations sur la population de leurs paroisses, notamment le nom du chef de famille, ceux des autres membres composant la famille et les rapports de parenté des co-résidents avec le chef de famille, le métier, l'âge et l'origine géographique. Sur les états des âmes à Rome, voir Sbrana, Traina & Sonnino, 1977.

9 Archivio storico del Vicariato di Roma (ASVR), *Parrocchia di Santa Maria ad Martyres*, Stati d'anime, 1625-1635.

comprenait la place Campo de' fiori, où se tenait le plus important marché alimentaire de la ville : pour cette raison, on y observe une densité exceptionnelle de boutiques et d'ateliers, ce qui en a déterminé le choix comme terrain de l'analyse.

Comme dans d'autres paroisses romaines, les habitants de Santa Maria ad Martyres sont très mobiles. Comme on le verra par la suite, entre 1625 et 1630, presque 60% des habitants ont quitté la paroisse[10]. Le cadre est donc celui d'une mobilité résidentielle très élevée, qui s'observe, par ailleurs, dans l'ensemble de la ville. À San Crisogono, une paroisse du *rione* Trastevere, 46% des habitants de 1630 (422 sur 921) ne sont plus recensés en 1631[11].

Dans ce contexte de mobilité résidentielle intense, le cadre économique est, lui aussi, très changeant. À Santa Maria ad Martyres, on observe que, sur 94 boutiques « recensées » en 1625, plus d'un tiers n'existe plus – ou a changé de destination d'usage – en 1630, et en 1635 cette proportion s'élève à 50%.

	Boutiques qui changent d'activité ou qui disparaissent	Boutiques qui gardent la même activité		
		Même titulaire	Autre titulaire (présent dans le foyer en 1625)	Autre titulaire (externe)
1630	29	37	10	18
1635	50	25	7	12

Tableau 1. Santa Maria ad Martyres. Les boutiques recensées en 1625 : situation 5 et 10 ans plus tard (total : 94).

Source : ASVR, *Parrocchia di Santa Maria ad Martyres*, Stati d'anime, 1625, 1630, 1635.

Les résultats de cette analyse sont confortés par ceux qui émergent de l'élaboration des données relatives au quartier de la piazza Pasquino, qui ont fait l'objet d'un important travail de récolte et de classement à partir des états des âmes et des cadastres (Franchi & Sartori, 2001). Les fiches longitudinales ainsi établies peuvent être utilisées pour étudier les changements d'activité au sein des boutiques. Pour la période 1599-1725, l'analyse a été menée sur 59 boutiques, et sur 20 pour les années 1648-1750 : les résultats sont présentés dans le tableau 2 et montrent que le cas

10 Le taux de mortalité à Rome à cette époque s'élève à 35-40 ‰.

11 ASVR, *Parrocchia di San Crisogono*, Stati d'anime, 1630 et 1631.

de figure le plus rare est celui des boutiques qui gardent la même destination d'usage tout au long de la période.

Nombre de boutiques	Nombre de changements d'activité
1599-1725	
4	-
5	1
20	2
18	3
12	4
1648-1750	
1	-
3	1
5	2
7	3
4	4

Tableau 2. Quartier de la piazza Pasquino. Nombre de changements d'activités des boutiques (1599-1725) (d'après Franchi & Sartori, 2001).

Aussi bien à Santa Maria ad Martyres qu'à piazza Pasquino, les changements d'usage ne concernent que rarement des activités proches, comme dans le cas d'une boutique où se succèdent un chapelier, un cordonnier et un raccommodeur (premier échantillon) ou d'une autre où l'on recense les activités de barbier, parfumeur et perruquier (second échantillon)[12]. Dans la plupart des cas, le changement se produit entre activités qui n'ont rien à voir les unes avec les autres. Par exemple, une boutique de tailleur – où en 1623 vivent et travaillent Cristiano de Giovanni et Paolo de Paoli, avec la femme et le fils de ce dernier, ainsi que quatre salariés – est recensée l'année suivante comme « four », destination qui sera gardée pendant deux siècles, jusqu'à la démolition de la boutique. De la même façon, une boutique de luthier devient un magasin de fleuriste en 1675, puis, en 1725, une boutique de tourneur et enfin une taverne. D'autres exemples sont présentés dans le tableau 3.

12 Activités dont la contiguïté a été étudiée par Sandra Cavallo (2007).

Adresse de la boutique	**1599**	**1623**	**1648**	**1674**	**1703**	**1725**
Via di San Pantaleo 56	Cordonnier	Aubergiste	Laitonnier	Fabricant d'épées	Fabricant d'épées	Papetier
Via di San Pantaleo 61	Libraire	Copiste	Tanneur	Tanneur	Fabricant de drapeaux	Fabricant de drapeaux
Via di San Pantaleo 65	-	Chaussetier	Apothicaire	Parfumeur	Chemisier	Vendeur de tableaux
Vicolo de' Leutari 12	Luthier	Tailleur	Peintre	Tailleur	-	Luthier
Vicolo de' Leutari 22	Tailleur	Luthier	Imprimeur	Copiste	Doreur	Doreur
Via del Governo Vecchio 76	Luthier	Parfumeur	Doreur	-	Horloger	Café
Via del Governo Vecchio 80	Verrier	Parfumeur	Parfumeur	Papetier	Mercier	Cordonnier
Piazza della Cancelleria 55	Cordonnier	Copiste	-	Luthier	Barbier	Barbier
Piazza della Cancelleria 59	Cordonnier	Cordonnier	-	Découpeur	Menuisier	Bouteiller

Tableau 3. Exemples de changements d'activité dans le quartier de la piazza Pasquino (d'après Franchi & Sartori, 2001).

Les boutiques connaissent donc un *turn-over* élevé, qui concerne en premier lieu les activités exercées, mais aussi les habitants. Comme déjà signalé, dans les boutiques de Santa Maria ad Martyres qui continuent d'exister entre 1625 et 1635 (65 en 1630 et 44 en 1635), sur les 335 habitants de 1625 il n'en reste que 40% cinq ans après, et à peine 67 d'entre eux résident encore dans la paroisse en 1635. Cette mobilité a un fort impact sur les modalités de gestion des boutiques au cours des années : le passage de la titularité de la boutique, en effet, se fait plus souvent à l'extérieur qu'à l'intérieur du ménage.

Le nouveau titulaire achetait souvent les outils de travail déjà présents sur place, qui restaient dans la boutique. Dans le cas d'un changement d'activité, les outils étaient emportés par l'ancien locataire, et le nouvel arrivant s'installait dans les locaux après avoir acheté ailleurs les outils propres à son métier. Aucun travail d'aménagement des espaces n'était effectué, la boutique ou l'atelier se prêtant à une variété d'activités[13]. Les états des âmes définissent souvent les boutiques comme « maisons à usage de boutique » (« *case a uso di bottega* »), ce qui signifie qu'une partie au moins des espaces n'étaient que des maisons/appartements dans lesquelles le locataire apportait ses outils, et utilisait les locaux comme lieux de travail, et, souvent, aussi d'habitation. Ainsi, comme le distillateur de Sant'Onofrio le savait très bien, les outils de travail font toute la différence, puisqu'ils changent l'usage de la maison et en font un lieu de travail : les usages mouvants sont en effet liés à la circulation des outils et reposent sur la contiguïté entre maison et boutique, entre lieu de travail et lieu d'habitation.

« Une chambre, avec quatre vieilles formes de cordonnier ». Outils de travail et lieux d'habitation

La « contiguïté » entre maison et boutique était bien connue par les acteurs. Selon les occasions et les nécessités, en effet, l'activité professionnelle pouvait être revendiquée ou, au contraire, être réduite à la possession de quelques outils de travail dans son lieu d'habitation. Selon cette argumentation, mobilisée en particulier afin d'obtenir des exonérations fiscales, la possession de biens meubles dans un lieu d'habitation se distingue de l'exercice d'une véritable activité artisanale, non seulement à cause de l'exiguïté des profits et des marchandises vendues, mais aussi par

---

13 Certaines activités faisaient exception : il s'agit notamment des auberges et des fours.

la nature domestique du travail (Sarti, ed., 2015 ; Bellavitis, Martini & Sarti, dir., 2016).

Le premier registre de *Memoriali* du fonds de la *Presidenza delle strade* nous livre un ensemble de demandes d'exonération fiscale, qui s'appuient pour la plupart sur l'ambiguïté entre maison et boutique/atelier. À Rome, cette magistrature, qui succède aux *Maestri di strade*, avait juridiction sur le secteur du bâti et sur les rues de la ville : elle octroyait les permis de construire et gérait les impôts pour la réparation des rues. Ce fonds conserve des documents à partir de 1463, dont une série de mémoires (*Memoriali*) envoyés aux magistrats (les Maîtres, le Président et le *Camerlengo*) par les habitants de la ville, afin d'obtenir des licences pour construire ou pour démolir. Les volumes sont disponibles de façon systématique à partir de 1750, lorsque la série commence, mais il existe un unique volume qui date de 1651, et qui réunit exclusivement des demandes d'exonération de la *tassa del giulio* (« taxe de juillet »), un impôt que les titulaires de boutiques et ateliers ouverts sur rue étaient tenus de payer[14].

Un premier argument vise à séparer la possession de l'outil de travail du statut d'artisan. La pauvreté et l'exiguïté des profits sont mises en avant par les postulants afin de démontrer que leur boutique n'en est pas véritablement une, mais un lieu dans lequel on ne vend que très peu de marchandises (ce qui génère, par conséquent, de faibles revenus), grâce à des outils de travail très simples. Giovanni de Gasparo dit ne pas tenir une véritable boutique, mais posséder seulement « quatre paniers de fruits », et Biagio de Belardino « s'aide en revendant des fruits avec trois ou quatre paniers chez lui ». Exemplaire est à ce propos la déclaration de la veuve Lucrezia, qui demande à être exonérée, et dont la sœur « tisse de temps en temps quelques tissus » : elle appuie sa demande sur le fait qu'elles ne sont « ni des artisanes ni des boutiquières ».

Si la stratégie de base consiste à distinguer la simple possession de l'outil de travail (et des objets en vente) de l'activité d'une véritable boutique, celle-ci s'accompagne souvent d'arguments s'appuyant sur les caractéristiques architecturales du local de travail et sur sa relation à l'espace urbain environnant. Tout d'abord, le lieu où l'on travaille est décrit, plutôt que comme une boutique, comme un simple banc, un comptoir, une vitrine, une porte, etc. Afin d'obtenir l'exonération, Giulio Quadri, serviteur

[14] ASR, *Presidenza delle strade*, Memoriali, vol. 199. Toutes les citations de ce paragraphe ont la même référence d'archives.

du marquis Santacroce, explique que sa femme « garde dans la porte quelques filets d'oiseleur, pour les vendre et pour les réparer, toutefois, il ne s'agit pas d'une boutique, mais plutôt d'une porte carrée, sans balcon ». La porte est aussi l'élément controversé dans le cas de Mauro Merlino et sa femme Faustina, qui habitent « dans une chambre qui a la porte comme celle des boutiques, mais ils ne vendent rien, et la femme se limite à raccommoder quelques paires de chaussettes qu'on lui apporte ». Selon la même logique, Ersilia demande à être exonérée puisqu'elle ne dispose que d'un étalage de chaussettes, « qu'elle expose pour subvenir aux besoins de la famille », et Giacomo Ghezzi, aiguiseur, « tient un peu de banc » sur la place San Carlo, « qui n'empêche en rien le passage ».

Dans les mots des requérants, une autre caractéristique propre à la boutique est son intégration à un extérieur spécifiquement urbain, à savoir la rue. D'une part, c'est la matérialité de cet environnement qui est évoquée dans les demandes – la rue en effet doit être pavée : en l'absence d'une couverture en pierre ou autre matériau, ses boutiques ne sont pas censées payer l'impôt. C'est l'argument mobilisé par Luigi, qui tient une taverne « au pied de la place Saint-Pierre, à côté du passage vers Castel Sant'Angelo, dans un lieu qui n'a jamais payé. Ici il n'y a pas de chaussée ni de pavés, ainsi la taverne est libre de cette corvée ».

Toutefois, la plupart des requérants font référence à une autre caractéristique spécifique de la ville, à savoir la densité des contacts. Pour être considérée en tant que telle, la boutique ne doit pas être isolée, l'échange avec les clients et le public étant une qualité fondamentale, nécessaire au bon fonctionnement des négoces. Ainsi Girolama Ceccarella, qui gagne sa vie grâce à « deux métiers à tisser, qu'elle tient dans une chambre située à la Lungara », demande à être exonérée « car elle ne tient pas de boutique ouverte, mais seulement les deux métiers à tisser susdits, qu'elle garde dans une chambre ». Domenico de Fabri souligne également l'isolement de son lieu d'activité, puisqu'« il travaille avec deux métiers à tisser dans une chambre au rez-de-chaussée sur la piazza di Monte di fiore, où jamais personne ne passe, puisqu'il n'y a pas de sortie ». Selon la logique utilisée par Domenico, la localisation de son lieu de travail dans un endroit isolé justifie la demande d'exonération, puisque son activité n'a pas de contact direct avec la rue.

La chambre fermée, considérée comme l'opposé de la boutique, est le lieu d'activité du « chambrelan »[15], l'artisan ouvrier qui travaille à domicile, dans une seule pièce. Le travail « en chambre » permet de rester mobile au sein de la ville[16], en exploitant les possibilités de travail offertes par le marché urbain sans disposer de formation professionnelle, ni d'un local spécifiquement aménagé pour l'exercice de l'activité. Le fait que le lieu de travail – dans ce cas une simple chambre au rez-de-chaussée –, soit aussi le lieu d'habitation, est un argument mobilisé dans plusieurs demandes. Celles-ci soulignent la fonction essentiellement résidentielle du local que les requérants occupent, et où ils gagnent leur vie, sans pour autant qu'elles soient des boutiques. Vivre dans une boutique ou dans un atelier n'était certainement pas une exception, au contraire ; ce qui importe de souligner dans ces documents est que la connotation professionnelle est minorée et presque niée, le travail étant réduit à une dimension secondaire et marginale par rapport à la fonction du lieu. Ainsi, dans les mots des requérants ces lieux sont décrits comme des habitations (« chez moi », « dans le salon », « dans une chambre ») dans lesquels, à cause de la nécessité de gagner sa vie, on garde des outils de travail.

Ce sont notamment les tisserand.es qui mettent l'accent sur la dimension résidentielle de leur lieu de travail. La veuve Giovanna argumente qu'elle a eu nécessité de garder trois métiers à tisser « dans une boutique où elle habite ». Maria, mariée avec Carlo, un Bourguignon, déclare devoir payer un *giulio* tous les trois mois « pour un métier à tisser qu'elle a dans la chambre où elle habite au vicolo del Lancellotto, sous prétexte que ce serait une boutique ». De cette différence entre habitation et boutique se prévaut Stefano Lattanzi, qui admet être un artisan « ayant habité pendant dix ans de suite à la Lungara, et ayant eu continuellement un métier à tisser chez lui, sans pourtant avoir ouvert une boutique ». Les aubergistes utilisent la même logique pour accentuer la dimension domestique de leur travail, fondé, d'après ces témoignages, sur la

---

15 Les « chambrelans » sont « des Apprentifs, Compagnons, ou Garçons, ou même Gens sans Aucune de ces qualités, qui travaillent secrettement, dans des lieux cachés & détournés, aux ouvrages de quelque métier qu'ils ont appris sous les Maîtres de la campagne, ou sous d'autres Chamberlans comme eux », Jacques Savary des Bruslons et Philémon-Louis Savary, *Dictionnaire universel de commerce*, 1748.

16 D'après une étude menée sur la mobilité résidentielle à Nantes, la fuite « devant les contrôles des autorités corporatives est facteur de mobilité locative, notamment de proximité » (Danet, 2016 : 169).

possession de quelques lits, gardés dans leurs habitations. La veuve Giustina Brana se dit « sans l'aide de personne, autre que deux lits à louer chez elle », là où son fils, entre temps, « apprend à travailler comme cordonnier ». Une autre veuve, Savina, « possède cinq lits dans un salon, n'ayant rien d'autre pour vivre que le peu qu'elle tire de ces lits, étant une pauvre vieille de 80 ans ».

Si le métier d'aubergiste et celui de tisserand étaient en effet des activités à forte connotation domestique, la dimension résidentielle était également mise en avant par ceux qui exerçaient des activités de vente et de production artisanale. Marina Fiancardi, originaire de Sienne, est une fabricante de colliers qui présente son activité de cette façon : « puisqu'elle n'a pas de quoi subvenir à ses besoins, elle vit dans une petite chambre au rez-de-chaussée dans la rue de Campo Marzio, où elle fabrique des colliers ». À cette demande d'exonération fiscale fait écho celle d'Agostino de Vichi, Génois, cloutier, qui « vit de ce peu de travail de clous qu'il fait à la journée, habitant dans une chambre au rez-de-chaussée où il exerce cet art ». La dissociation entre boutique et simple possession de l'objet de travail, observée précédemment, revient dans plusieurs de ces demandes, comme celle de Francesco Pio, qui « se trouve habiter dans une chambre à usage de boutique avec quatre vieilles formes de cordonnier ». Santa et Biagio, « pauvres ouvriers de campagne », habitent au rez-de-chaussée « et ici ils tiennent des bagatelles à vendre, qui sont des choses de peu de valeur », tout comme Menica et sa fille qui, pour gagner leur vie, « se trouvent à vendre du pain chez elles, avec d'autres petites choses ».

Tous ces arguments signalent la nature « non artisanale » du travail : dans le discours des acteurs, ni la pratique d'une activité, ni la possession d'outils de travail ne font d'eux de véritables artisans. Ces déclarations qui, comme on l'a vu, répondent à un objectif bien précis, esquissent des formes de travail sédentaire (qui ne peut s'assimiler au colportage), qui ne correspondent pas pour autant, selon les acteurs, au travail en boutique. Les tisserands, les aubergistes et les détaillants de produits alimentaires sont bien représentés parmi les requérants, ce qui correspond à certaines caractéristiques de ces métiers. Les études qui se sont intéressées au travail dans le textile ont mis en évidence que l'espace fermé de la maison pouvait coexister avec une dimension professionnelle qui n'était pas celle de la boutique, mais plutôt celle du travail à domicile, avec ses formes spécifiques d'organisation de la production (Allegra, 1987 ; Caracausi, 2004 ; Maitte, 2001 ; Poni, 2009). La même contiguïté entre maison et lieu de travail s'observe chez les aubergistes : les « *locandiere* », en particulier, étaient souvent des femmes qui complétaient leur revenu par la location de quelques lits une fois devenues veuves, une activité qui ne faisait pas d'elles des artisanes *stricto sensu* (Chojnacka, 2001 ; McEwan & Sharpe, eds, 2011). Enfin, en ce qui concerne la vente de produits alimentaires, celle-ci était une activité facilement accessible, qui avait souvent trait au colportage, et dans laquelle les liens entre la boutique et la rue s'avéraient très étroits (Canepari, 2015). Ainsi, ces métiers pouvaient être exercés selon des formes qui ne correspondaient pas aux rôles établis par les corporations, ces travailleurs n'étant ni maîtres ni apprentis. Parmi eux, un grand nombre de servants de boutique, « factotums » qui n'étaient pas des apprentis, mais aussi des hommes et des femmes qui géraient des boutiques sans avoir obtenu la maîtrise – et parfois, sans même avoir acheté les outils de travail.

Prêts, ventes, gages.
Circulation et appropriation des outils de travail

Tous les biens dans la société d'Ancien Régime faisaient l'objet de circuits commerciaux : les outils de travail ne faisaient pas exception, et circulaient à travers plusieurs formes d'échange (Fontaine, 2013 ; Fontaine, ed., 2008 ; Ago, 1998 ; Canepari, Montenach & Pernin, dir., 2017). J'en aborderai quatre : le prêt, la vente, le gage et la transmission. Se pencher sur la circulation des outils permet à la fois d'éclairer certains aspects de l'exercice du métier, précédemment évoqués, tels que ceux qui relèvent de la dissociation entre maître et boutique, mais aussi de comprendre la valeur que les outils avaient en tant que ressources et capital potentiel.

Le prêt d'outils de travail est une pratique dont témoignent les statuts de plusieurs corporations, qui l'interdisent afin d'éviter l'ouverture de boutiques sans maîtres. La pratique du prêt d'outils, que les corporations redoutaient car les privant d'une cotisation (celle qui était due par tout nouveau maître), relève de ces formes de travail « intermédiaires » évoquées précédemment, et en particulier de ce que l'on pourrait définir comme une dissociation entre maître et boutique. On observe en effet que de nombreuses boutiques n'étaient pas gérées par un maître, mais plutôt par quelqu'un qui avait loué les outils de travail, avec ou sans souscription d'une « société pour l'exercice de l'art » (« *societas super esercitium artis*). Ce contrat stipulait la création d'un partenariat entre deux associés, qui étaient censés travailler ensemble dans la boutique, de manière égalitaire, mais qui, en réalité, fournissaient respectivement le capital et la main-d'œuvre (Ago, 1998). Ainsi, le maître se limitait à fournir l'argent nécessaire, ou à prêter les outils, sans travailler réellement dans la boutique, qui fonctionnait donc sans la présence d'un maître. Pour ce dernier, il s'agissait d'une forme d'investissement économique, tandis que pour le partenaire cette pratique lui permettait de travailler dans une boutique en tant que gérant, sans en avoir officiellement le droit. Ce faisant, celui qui apportait le capital – le maître – parvenait à contourner l'une des règles établies par les corporations, à savoir l'interdiction d'être titulaire de deux boutiques. En effet, plusieurs corporations s'opposaient à ces pratiques, ce dont témoignent les statuts des chapeliers, des cordonniers, des tailleurs, des chaussetiers, des batteurs d'or et des fabricants de lin, de chanvre et de cordes (*linaroli, canepari e funari*)[17].

En faisant explicitement référence au prêt d'outils, certains de ces statuts établissent un lien direct entre les outils et les formes de travail « autres » par rapport aux rôles de maîtres et apprentis. Au chapitre 32, le statut des batteurs d'or interdit catégoriquement la pratique du prêt dans le cadre de la réglementation des doubles activités des maîtres.

> Aucun membre de cet art ne pourra bénéficier du titre de maître s'il ne tient pas une boutique ouverte à Rome ; si dans une boutique il y a deux maîtres, un seul aura le titre de maître, et nous interdisons expressément de louer dans la boutique des fers, des outils et d'autres objets de cet art à des ouvriers ou à toute autre personne qui voudra travailler à son compte, afin d'empêcher les fraudes, sous peine de la perte des objets loués, et du paiement de 10 écus[18].

Le texte décrit une situation professionnelle hors des règlements : celle des *lavoranti* (ouvriers) qui tiennent la boutique à la place du maître, en

---

17 Archivio storico capitolino (dorénavant ASC), *Camera capitolina*, cred. XI, t. 76, « Statuti dell'università dei fabricatori de' cappelli di Roma », 1675, cap. 28 ; ASC, *Camera capitolina*, cred. XI, t. 51, « Statuto dell'Università dei calzolari di Roma », 1613, cap. 10 ; ASC, *Camera capitolina*, cred. XI, t. 33, « Statuti dell'università dei sartori di Roma », 1624, cap. 37 ; ASC, *Camera capitolina*, cred. XI, t. 75, « Statuto dell'università et arte de' calzettari di Roma », 1735, cap. 20 ; ASC, *Camera capitolina*, cred. XI, t. 114, « Statuti dell'università dei battilori di Roma », 1633, cap. 32 ; ASC, *Camera capitolina*, cred. XI, t. 39, « Statuti dell'università dei linaroli, canepari e funari di Roma », 1565, cap. 13.

18 ASC, *Camera capitolina*, cred. XI, t. 114, « Statuti dell'università dei battilori di Roma », 1633, cap. 32.

prenant en location les outils de travail. Le même souci – empêcher la dissociation entre maître et boutique – est évident dans le statut des fabricants de lin, de chanvre et de cordes, qui établit une double interdiction : d'une part, le prêt aux ouvriers de la corporation est interdit (« aucun membre de notre art ne devra prêter à aucun ouvrier de notre art les outils nécessaires à cet art ») ; d'autre part, on empêche le prêt à toute personne externe à la corporation[19]. Le texte précise qu'il s'agit d'objets « par lesquels ils puissent travailler ». Interdire le prêt et la location d'outils a donc l'objectif de maintenir les étrangers à la corporation, ainsi que ceux qui ne sont pas titulaires d'une maîtrise, dans l'incapacité d'exercer le métier à leur propre compte.

Le prêt et la location des outils – deux pratiques exclusivement informelles – ne laissent pas seulement des traces dans des sources normatives qui ont pour objectif d'interdire ces pratiques, car un grand nombre d'actes notariés témoignent également de la vente d'outils. Chez le notaire, les ventes d'outils, meubles et objets de la boutique s'accompagnaient souvent d'un inventaire, au cours duquel les experts de la corporation estimaient le capital de la boutique, composé d'argent, marchandises invendues et d'outils de travail (Barbot, Chauvard & Mocarelli, dir., 2010 ; Barbot, 2015). Cette forme de circulation relève également, dans plusieurs cas, d'une dissociation entre la boutique et la pratique de l'activité, ainsi, n'était-on pas titulaire de la boutique (*padrone*), mais de l'activité. Selon Renata Ago, ces actes notariés étaient en réalité des ventes d'activité plutôt que d'outils (Ago, 1998). Pour tenir une boutique à son compte, en effet, la première étape consistait à se procurer les outils et à acheter les *iura inquilinatus* (droits de location) qui étaient acquis lors de la cession des outils. En novembre 1627, Giovanni Agostino Milanetti vend à Pietro Pertica ses outils de cordonnier (« *omnia bona, rastella, calciamenta, etc.* ») pour 37 écus, et lui cède aussi les *iura inquilinatus* : « le susdit Johannes cède au susdit Pietro acheteur tous les droits et les droits de location »[20]. Ce faisant, les boutiques changeaient rapidement de gestionnaires – et souvent de type d'activité – sans aucune implication du propriétaire, qui se limitait à donner son consentement,

---

19 ASC, *Camera capitolina*, cred. XI, t. 39, « Statuti dell'università dei linaroli, canepari e funari di Roma », 1565, cap. 13.

20 « Dicuts Johannes cessit dicto Pietro emptori omnia iura et iura inquilinatus ». ASR, *Trenta notai capitolini*, uff. 25, 10 novembre 1627.

parfois bien après la date de l'acte. En un seul jour, par exemple, la boutique du feu Tomasso Ciciliani passe entre les mains de sa fille Anna, qui en hérite « toutes les choses et biens » (*« Omnia bona et massaritia »*) et qui le vend à une autre femme, Francesca Giovannone, pour 281,95 écus. Le jour même, Francesca cède la boutique à sa sœur, pour qu'elle la gère à sa place : encore une fois, la boutique est tenue par quelqu'un qui n'est pas un maître. Parmi les conditions stipulées par l'acte, il y a le montant du capital qui doit rester inchangé ; le capital s'élevant à 293,95 écus, les 12 écus supplémentaires correspondent à la valeur des outils[21]. Il est aisé de comprendre, grâce à cet exemple, l'importance de la possession des outils – ou du moins du fait de pouvoir en disposer – pour ceux qui entreprenaient une activité[22].

Les outils représentaient ainsi un véritable capital potentiel, une ressource à utiliser non seulement lorsqu'on souhaitait changer de métier et/ou de ville, mais aussi lorsqu'on était dans l'impossibilité de rembourser un crédit ou de faire face à certaines dépenses. Dans ces cas, les outils faisaient l'objet d'une saisie, sous condition de pouvoir en récupérer la possession une fois la somme payée. C'est ce qui se produisait régulièrement lorsque les officiers allaient encaisser la « *tassa del giulio* », mentionnée précédemment. Un volume du fonds de la *Presidenza delle strade* est en effet consacré aux saisies d'outils, donnés en gage par les artisans qui n'avaient pas les moyens de payer l'impôt[23] ; le tableau 4 dénombre les outils saisis en 1717, année d'ouverture du volume, et 1718.

Comme on peut l'observer dans le tableau 4, tout outil de travail pouvait être utilisé comme gage : des plus classiques – marteaux, ciseaux, haches, tenailles, etc. – jusqu'à ceux qui ne relevaient pas d'une technique d'usage spécifique, mais qui étaient tout de même nécessaires à l'exercice de certains métiers – c'est le cas de la sacoche du *cicoriaro*[24] ou de la table de l'aubergiste. D'autres objets, notamment les vêtements, sont utilisés comme gage, toutefois, ils ne relèvent pas toujours de l'activité professionnelle : si

---

21 ASR, *Trenta notai capitolini*, uff. 5, 22 janvier 1636.

22 Les ventes d'outils entre immigrés ayant les mêmes origines géographiques garantissaient le maintien de la boutique au sein du réseau communautaire dont les membres avaient tendance à utiliser des espaces déjà connus et pratiqués par la communauté. Dans ces cas, démarrer une activité signifiait prendre le relais d'un collègue et « compaesano » dans la gestion de la boutique : Canepari, 2016.

23 ASR, *Presidenza delle strade*, Atti, Vie urbane, vol. 80.

24 Cueilleur et vendeur de chicorée.

dans les cas du cordonnier Ambrogio Brigali et du tailleur Lorenzo Pace la possession respectivement d'une paire de chaussures pour homme et d'une chemise est sûrement liée à leur métier, la bague en or avec pierre donnée par Angelo Massimi ne peut être mise en relation directe avec son métier de vendeur de foin, tout comme le matelas donné en gage par Barbara Fiorucci, fabricante de fiasques – bien que celui-ci puisse être l'indice d'une double activité d'aubergiste exercée par la femme.

Nom	**Métier**	**Somme due (en *baiocchi*)**	**Gage**
Luca Palmieri	Chapelier	30	Deux brosses « de son art »
Antonio Vannetti	Brodeur	35	*Ferraiolo*[25] rouge
Antonio Tituozzi	Chapelier	50	*Ferraiolo* rouge
Luigi Biser	Tailleur	20	Deux ciseaux
Francesco Almerigi	Chapelier	85	Deux brosses « à usage de chapelier »
NN	Maraîcher	20	Une petite balance
Giuseppe Baldinotti	Tavernier	35	Une « table d'aubergiste »
Giuseppe Affricano	Charcutier	30	Une bague en or avec une pierre turquoise
Adriano Villanova	Cordonnier	30	Des tenailles de cordonnier
Angelo N	Maraîcher	160	Une balance
Pietro Antonio Cottelli	Découpeur	10	Une raboteuse en fer
Cristoforo de Vivi	Fabricant de chaises	20	Une hache
Barbara Fiorucci	Fabricante de fiasques	2 :70	Un matelas
Domenico Baldi	Cueilleur et vendeur de chicorée	50	Un « coffre rempli de chicorée », un baquet, un petit banc et une sacoche de *cicoriaro*
NN	Barbier	42	Deux bassins en bois

25 Le *ferraiolo* était un manteau pour homme ; il était long, sans manches, et avec un col, et il était porté surtout par les paysans et les pêcheurs.

NN	Barbier	30	Un bol en étain, un petit tableau de Saint Pierre apôtre avec son cadre noir
Luigi Bazarque	Tailleur	10	Des ciseaux
Francesco Cocchi	Menuisier	10	Une hache
Eligio Donati	Brocanteur	5	Trois bagues en or avec pierres
Angelo Massimi	Vendeur de foin	-	Une bague en or avec pierres
Giacomo Ambrosi	Maraîcher	1 :20	Une petite balance
Giuseppe Caldani	Charron	40	Une massue en fer
Michel Angelo Rugiadi	Tailleur	40	Des ciseaux
Domenico Marchetti	Forgeron	70	Une massue et un marteau
Ambrogio Brigali	Cordonnier	10	Une paire de chaussures d'hommes
Carlo Carlotti	Menuisier	20	Deux raboteuses et un fer
Lorenzo Pace	Tailleur	20	Une chemise d'homme et une toile
Giovanni Battista Migliani	Menuisier	25	Une raboteuse en fer
NN	*Arte bianca*[26]	60	Une bague en or avec pierre
NN	Rubanier	60	Des rubans en soie
Carlo Vannucci	Fabricant de boîtes	40	Une fourchette en argent
Francesco di Pietro	Cordonnier	20	Deux couteaux à usage de cordonnier, un marteau, une alêne et trois burins
Giovanni Durante	Tailleur	20	Des ciseaux
Giovanni Battista Ranci	Forgeron	32	Deux limes et deux marteaux
Stefano Salvi	Cadreur	40	Une chemise, trois serviettes
Luca Palmieri	Chapelier	30	Deux chapeaux

[26] Dans les boutiques d'*arte bianca* on vendait « des choses nécessaires à l'utilisation courante par le Peuple, tels que légumes, pâtes, vases de terre, ficelle, soie, papier, et ainsi de suite » (ASC, *Camera capitolina*, cred. XI, t. 108, « Statuti ed ordinazioni dell'università dell'artebianche », cap. 1). [Ma traduction]

Giovanni Francesco Feccoli	Menuisier	40	Deux chandeliers en laiton
Caterina Massa	Tisserande	2 :40	Douze serviettes
Isach Caspi, « juif »	-	60	Un justaucorps en tissu « avec ses boutons en laiton » et un pantalon
Teresa Righi	Bonnetière	70	Deux têtes en bois à usage de bonnetière
Francesco N	Maraîcher	80	Un petit chaudron
Benedetto Servitiati	Barbier	30	Une tête en bois avec son torse à usage de barbier
Antonio Mescia	Tailleur	30	Une chemise et un pantalon noir
Giovanni Mò	Cordonnier	20	Un morceau de cuir déjà coupé
Orlando Landini	Brocanteur	30	Un arquebuse de chasse
Agostino Gratiani	Maraîcher	20	Une balance
Pietro Canaveri	Découpeur	30	Un marteau, deux couteaux, un compas
Antonio Mazi	Maraîcher	1 :90	Une poêle pour les marrons chauds, une autre pour frire et une balance
NN	Fabricant de collier	15	Une robe longue de soie vieille et un fer rond
Francesco Puliti	Fabricant de brides	60	Une bride à usage de muletier
Giuseppe Agazzi	Tourneur	10	Deux fers à usage de tourneur
Ignazio Ester	Horloger	50	Une boîte d'horloge en argent
NN	Maraîcher	60	Une vieille balance

Tableau 4. Les saisies effectuées par les officiers de la *Presidenza delle strade* en 1717 et 1718
Source : ASR, *Presidenza delle strade*, Atti, Vie Urbane, vol. 80.

Nécessaires au travail en boutique ou en atelier, la plupart des outils saisis étaient rachetés dans les mois qui suivaient, contre paiement de l'impôt initialement exigé et d'une amende en sus. Plus rarement, les gages étaient vendus par la magistrature à des tiers, sous forme de vente aux enchères. Lors des saisies de 1717-1720, ce type de circulation concerna environ 35% des objets donnés en gage (tableau 5).

Comme le montre le tableau, dans les deux ventes aux enchères réalisées entre 1717 et 1720 on repère un nombre limité d'acheteurs qui effectuent plusieurs achats. Parmi eux, on observe la présence de plusieurs juifs, actifs – on le sait – dans la (re)vente des biens d'occasion (Groppi, 2014). En ce qui concerne les objets achetés, à l'exception d'une bague, deux vêtements et deux paires de chaussures, il s'agit en majorité d'outils de travail technique, artisanal, tandis que les objets saisis, comme on l'a vu, étaient bien plus variés (meubles, paniers, sacs, bijoux, etc.). Ainsi, bien que tous les objets alimentassent des circuits d'échange d'occasion, on peut formuler l'hypothèse que l'achat d'outils de travail « technique », dans une perspective de revente, était particulièrement rentable car, comme on l'a vu, de la disponibilité de ceux-ci dépendait la possibilité d'exercer un métier.

Date de la vente aux enchères	**Date de la saisie**	**Gage**	**Acheteur**
21 juillet 1718	Juillet 1717	Deux brosses de chapelier	Giuseppe Marzocco
	Août 1717	Deux brosses de chapelier	David Spizzichino
	Septembre 1717	Des tenailles de cordonnier	Giuseppe Marzocco
	Décembre 1717	Trois bagues en or avec pierres	Domenico Flaminii
	Décembre 1717	Une hache	Marsilio Lutii
	Mars 1718	Deux raboteuses et un fer	David Spizzichino
	Mars 1718	Des ciseaux, deux marteaux et une foreuse	Matteo Ducci
	Avril 1718	Des ciseaux de tailleur	David Spizzichino
	Avril 1718	Un *ferraiolo* rouge	Nicolao Cembrani
	Avril 1718	Deux marteaux et une râpe	Giuseppe Marzocco
	Avril 1718	Cinq rasoirs	Giovanni Giorgi
	Avril 1718	Deux limes et deux petits étaux	Bonanno de Veroli
	Avril 1718	Deux fûts	Stefano Zannetti

18 mars 1720	Juin 1718	Une bague en or	Bonanno de Veroli
	Août 1718	Deux limes et deux marteaux	Michele Marangone
	Décembre 1718	Une robe longue noire et un fer à aplatir	Nicola Cembrani
	Janvier 1719	Une hache et une scie	Nicola Cembrani
	Janvier 1719	Un fer	Giacobbo Dipinto
	Janvier 1719	Un marteau et une enclume	Bonanno de Veroli
	Avril 1719	Une poêle pour frire	Marsilio Lutii
	Mai 1719	Une paire de chaussures en maroquin	Rocco Garzoli
	Février 1719	Six raboteuses	Giacobbo Dipinto
	Février 1719	Une massue en fer et un fer pour faire des clous	Giacobbo Dipinto
	Février 1719	Une paire de chaussures d'homme	Giuseppe Mattei
	Février 1719	Une paire de chaussures d'homme	Matteo Ducci
	Février 1719	Une massue en fer	Filippo Grappelli
	Février 1719	Une massue en fer	Michele Marangone
	Février 1719	Une raboteuse et une hache	Filippo Grappelli
	Février 1719	Une balance	Filippo Grappelli
	Février 1719	Un étau en fer	Bonanno de Veroli

Tableau 5. Les ventes aux enchères de la Presidenza delle strade (1717-1720).

Source : ASR, Presidenza delle strade, Atti, Vie Urbane, vol. 80.

Si les formes de circulation d'outils de travail allaient du prêt à la vente aux enchères, la transmission était un cas de figure beaucoup plus rare[27]. Ceci n'est pas surprenant : comme on l'a vu, les outils de travail étaient au cœur de plusieurs circuits d'échange, ils représentaient une ressource que l'on pouvait mobiliser en cas de besoin et restaient souvent dans la boutique, alors que les titulaires de l'activité se succédaient. De fait, les références

[27] Sur les règles et les pratiques de transmission en Italie, voir Bellavitis, 2008 ; Delille, 1985 ; sur la transmission des biens meubles, voir Ago, 2006.

aux outils de travail dans les testaments sont extrêmement peu nombreuses, ceux-ci ne faisant pas partie, à quelques exceptions près, de l'ensemble des biens transmis aux héritiers. Parmi les exceptions, on peut mentionner le testament d'un tisserand de lin, Giovanni Orlandini. L'homme, père de deux filles, Marta et Caterina, laisse à la première son atelier et les outils de travail qui s'y trouvent, à la condition que, si l'autre fille souhaite apprendre l'art de tisser, un métier à tisser lui soit fourni. Marta devra non seulement rendre le métier à tisser disponible, mais aussi en assurer l'entretien[28]. Un autre testament, qui contient une mention d'outils de travail, est celui d'un maçon de Côme, Paolo Selva, qui laisse à son neveu Pietro « tous ses outils de maçon » et un logement pour la période suivant son décès : un lit et six mois de loyer payés[29]. Ce faisant, il pense assurer l'avenir professionnel immédiat de son neveu qui était aussi son apprenti. En revanche, Alberto Veraldi, un maçon romain, ne mentionne ses outils – « tels que l'échelle et les outils de maçon » – que pour signifier sa volonté qu'ils soient vendus[30]. Pietro Morelleschi, fabricant de clés, exprime la même volonté et confie à son neveu Giovanni Antonio la cession de son atelier et la vente des outils (« toute la quincaillerie, choses et biens »)[31]. Ce faisant, Pietro mobilise le capital que les outils représentent et le « transforme » en un autre, plus facilement accessible à ses deux héritières universelles – les nièces Francesca et Camilla –, à savoir une rente étalée sur plusieurs années : Giovanni Antonio devra en effet leur verser 25 écus par an, tirés de la cession de l'atelier et de la vente des outils. Ainsi, les marteaux et les tenailles se transforment en argent liquide et payent la tranquillité de l'oncle des deux jeunes filles, en assurant leur avenir proche.

*

En guise de conclusion, deux points principaux méritent d'être soulignés. Le premier tient à ce que les objets et les biens meubles nous disent du travail en boutique. La circulation des outils s'inscrit dans un cadre de mobilité non seulement des individus, mais aussi des activités exercées au sein des boutiques. Si la dimension matérielle et architecturale évolue sur

---

28 ASR, *Trenta notai capitolini*, uff. 13 – Testamenti, vol. 906, 5 septembre 1620.

29 *Ibid.*, vol. 911, 17 juillet 1649.

30 *Ibid.*, vol. 904, 27 août 1610.

31 *Ibid.*, vol. 908, 7 août 1626 : « omnibus ferramentiis, rebus et bonis ».

des temps plus longs, les changements de titulaire et surtout d'activité se succèdent à grande vitesse, sans que des aménagements structurels ne soient nécessaires. Pour des hommes et des femmes qui n'étaient que très rarement les propriétaires de l'immeuble-boutique, céder l'activité signifiait notamment vendre les outils (et transférer les droits de location) – dont la valeur correspondait par ailleurs au capital de la boutique. La mobilité des usages de la boutique est ainsi liée à la circulation des outils, et repose sur la contiguïté entre maison et lieu de travail. Si les boutiques sont des « Case a uso di bottega » (maisons à usage de boutique), on comprend bien la centralité des outils dans la définition de la fonction de cet espace. Et d'autre part, les acteurs distinguent soigneusement entre ce qui peut être considéré comme une boutique et ce qui n'est qu'une habitation – souvent une chambre – où l'on garde des outils pour travailler. Les statuts des corporations font écho à ces pratiques, en interdisant le prêt des outils et la dissociation entre maître et boutique.

Ainsi, en déplaçant l'attention de la boutique aux outils et en les suivant dans leurs différentes formes de circulation, on rencontre un ensemble de situations qui s'inscrivent dans le cadre de la mobilité du travail et qui se situent souvent hors les règles corporatives. La mobilité concerne non seulement l'usage des espaces et la circulation des outils, mais aussi les formes de travail « mobile ». Celles-ci relèvent de la mobilité professionnelle tout en étant sédentaires et inscrites dans le cadre spatial de la boutique et ne correspondent pas aux rôles définis et encadrés par les normes corporatives. Il s'agit d'une « zone grise », pour ainsi dire, dans laquelle on tient une boutique sans en avoir le titre, on travaille avec des outils loués, on vend « des bagatelles » qu'on garde dans le coin de sa chambre, on est artisan mais on va gagner sa journée dans les boutiques d'autrui. Un monde dans lequel la possession des outils de travail représente un atout qui contribue à « charpenter »[32] des présences en ville qui ne sont pas ancrées par la propriété de biens immeubles, mais qui, surtout, permet de survivre grâce à la mobilité. Entre payer son loyer et quitter son appartement avec ses outils de travail (ainsi que les « privilèges » du voisinage), le distillateur locataire de M. Formicini n'a pas de doutes : il fait les valises, embarque ses bocaux et recommence ailleurs.

---

32 Au-delà du jeu de mots, je reprends ici le verbe utilisé par Renata Ago (2014).

Références bibliographiques

AGO Renata, 1998. *Economia barocca. Mercato e istituzioni nella Roma del Seicento*, Roma, Donzelli editore (Saggi. Storia e scienze sociali).

AGO Renata, 2006. *Il Gusto delle cose. Una storia degli oggetti nella Roma del Seicento*, Roma, Donzelli editore (Saggi. Storia e scienze sociali).

AGO Renata, 2011. « L'eredità mobile », *in* P. LANARO (a cura di), *Microstoria. A venticinque anni da L'eredità immateriale*, Milano, Franco Angeli (Temi di storia), p. 89-106.

AGO Renata, 2014. *Tanti modi per promuoversi: artisti, dottori, letterati nella Roma del Seicento* [En ligne] [https://www.academia.edu/15721248/].

AGO Renata, 2015 « Les biens meubles. Une propriété qui ne crée pas d'appartenance ? », *in* S. BARGAOUI, S. CERUTTI, I. GRANGAUD (dir.), *Appartenance locale et propriété au nord et au sud de la Méditerranée* [http://books.openedition.org/iremam/3396], Aix-en-Provence, Institut de recherches et d'études sur les mondes arabes et musulmans (IREMAM) [doi.org/10.4000/books.iremam.3419].

AGO Renata, DELILLE Gérard, 2003. « Premessa », *Quaderni storici*, 38 (113/2), p. 299-304 [www.jstor.org/stable/43779383].

ALLEGRA Luciano, 1987. *La Città verticale. Usurai, mercanti e tessitori nella Chieri del Cinquecento*, Milano, Franco Angeli (Dipartimento di storia dell'Università di Torino, 2).

BARBOT Michela, 2008. *Le architetture della vita quotidiana. Pratiche abitative e scambi immobiliari nella Milano d'età moderna*, Venezia, Marsilio (Saggi).

BARBOT Michela, 2013. « La résidence comme appartenance. Les catégories spatiales et juridiques de l'inclusion sociale dans les villes italiennes sous l'Ancien Régime », *Histoire urbaine*, 36 (1), p. 29-47 [doi.org/10.3917/rhu.036.0029].

BARBOT Michela, 2015. « The Justness of Aestimatio and the Justice of Transactions: Defining Real Estate Values in Early Modern Milan », *in* B. DE MUNCK, D. LYNA (eds), *Concepts of Value in European Material Culture, 1500-1900*, London & New York, Routledge (The history of retailing and consumption), p. 133-150.

BARBOT Michela, CHAUVARD Jean-François, MOCARELLI Luca (dir.), 2010. « Premessa », *Quaderni storici*, 45 (135/3), p. 643-650 [www.jstor.org/stable/43779707].

BARGAOUI Sami, CERUTTI Simona, GRANGAUD Isabelle (dir.), 2015. *Appartenance locale et propriété au nord et au sud de la Méditerranée*, Aix-en-Provence, IREMAM [En ligne] [http://books.openedition.org/iremam/3396].

BELLAVITIS Anna, 2008. *Famille, genre, transmission à Venise au XVIe siècle*, Rome, École Française de Rome (Coll. de l'École française de Rome, 408).

BELLAVITIS Anna, MARTINI Manuela, SARTI Raffaella (dir.), 2016. « Familles laborieuses. Rémunération, transmission et apprentissage dans les ateliers familiaux de la fin du Moyen Âge à l'époque contemporaine en Europe », *Mélanges de l'École française de Rome. Italie et Méditerranée modernes et contemporaines (MEFRIM)*, 128 (1) [http://digital.casalini.it/4142448].

CANEPARI Eleonora, 2015. « Le commerce de détail dans les parcours de mobilité professionnelle (Rome, XVIIe-XVIIIe siècle) », *in* C.M. BELFANTI (ed.), *Retail trade. Supply and Demand in the Formal and Informal Economy from the 13th to the 18th century / Il commercio al minuto: domanda e offerta tra economia formale e informale, secc. XIII-XVIII*, Firenze, Firenze University Press (Atti delle « Settimane di studi » e altri Convegni, 46), p. 465-480.

CANEPARI Eleonora, 2016. « De la *natio* à la vallée. Échelles de l'appartenance dans l'espace urbain (Rome, XVIe-XVIIe siècle) », *Diasporas*, 28, p. 19-36 [doi.org/10.4000/diasporas.523].

CANEPARI Eleonora, MONTENACH Anne, PERNIN Isabelle (dir.), 2017. « Aux marges du marché. Circuits d'échanges alternatifs dans les économies préindustrielles », *Rives méditerranéennes*, 54 [https://journals.openedition.org/rives/5154].

CARACAUSI Andrea, 2004. *Nastri, nastrini, cordelle. L'industria serica nel padovano secc. XVIe-XIXe*, Padova, CLEUP.

CAVALLO Sandra, 2007. *Artisans of the Body in Early Modern Italy: Identities, Families, and Masculinities*, Manchester and New York, Manchester University Press (Gender in history).

CERUTTI Simona, 2012. *Étrangers. Étude d'une condition d'incertitude dans une société d'Ancien Régime*, Montrouge, Bayard.

CHAUVARD Jean-François, 2014. « Accès au marché immobilier et appartenance locale à Venise (Fin du Moyen Âge – temps modernes) », *in* S. BARGAOUI, S. CERUTTI, I. GRANGAUD (dir.), *Appartenance locale et propriété au nord et au sud de la Méditerranée* [http://books.openedition.org/iremam/3396], Aix-en-Provence, Institut de recherches et d'études sur les mondes arabes et musulmans (IREMAM) [https://books.openedition.org/iremam/3466].

CHAUVARD Jean-François, BELLAVITIS Anna, LANARO Paola (dir.), 2012. « Fidéicommis. Procédés juridiques et pratiques sociales (Italie-Europe, Bas Moyen Âge-XVIIIe siècle) », *Mélanges de l'École française de Rome. Italie et Méditerranée modernes et contemporaines (MEFRIM)*, 124 (2), p. 321-728.

CHOJNACKA Monica, 2001. *Working Women of Early Modern Venice*, Baltimore, The Johns Hopkins University Press.

DANET Vincent, 2016. « Il “second peuple” di Nantes tra quattro mura (1719-1734). Instabilità residenziale e micro-mobilità », *Quaderni storici*, 151, p. 165-196 [doi: 10.1408/84145]

DELILLE Gérard, 1985. *Famille et propriété dans le Royaume de Naples (XVIe-XIXe siècle)*, Rome, École française de Rome (Bibliothèque des écoles françaises d'Athènes et de Rome, 259) [doi: 10.3406/befar.1985.1237]

FARON Olivier, HUBERT Étienne (dir.), 1995. *Le Sol et l'immeuble. Les formes dissociées de propriété immobilière dans les villes de France et d'Italie (XIIe-XIXe siècle)*, actes de la table ronde (Lyon, 14-15-mai 1993), Rome, École française de Rome, Lyon, Presses universitaires de Lyon (Coll. d'histoire et d'archéologie médiévales, 2 / Coll. de l'École française de Rome, 206).

FONTAINE Laurence, 1993. *Histoire du colportage en Europe, XVe-XIXe siècle*, Paris, Albin Michel (L'évolution de l'humanité).

FONTAINE Laurence (ed.), 2008. *Alternative Exchanges. Second-Hand Circulations from the Sixteenth Century to the Present*, New York/Oxford, Berghahn Books (International studies in social history, 10).

FONTAINE Laurence, 2013. *Le Marché. Histoire et usages d'une conquête sociale*, Paris, Gallimard (NRF essais).

FRANCHI Saverio, SARTORI Orietta, 2001. *Le Botteghe d'arte e la topografia storico-urbanistica di una zona di Roma dalla fine del XVI secolo ad oggi. Edifici, botteghe, artigiani nella zona di piazza Pasquino sede storica di liutai e librai*, Roma, Fratelli Palombi Editori.

GEREMEK Bronisław, 1976. *Les Marginaux parisiens aux XIVe et XVe siècles*, trad. du polonais par Daniel Beauvois, Paris, Flammarion (L'Histoire vivante, 4).

GROPPI Angela (a cura di) 2014. *Gli abitanti del ghetto di Roma. La Descriptio Hebreorum del 1733*, Roma, Viella.

MAITTE Corine, 2001. *La Trame incertaine. Le monde textile de Prato, XVIIIe-XIXe siècle*, Villeneuve d'Ascq, Presses universitaires du Septentrion (Histoire et civilisations).

MAITTE Corine, 2009. *Les Chemins de verre. Les migrations des verriers d'Altare et de Venise, XVIe-XIXe siècle*, Rennes, Presses universitaires de Rennes (Histoire).

MCEWAN Joanne, SHARPE Pamela (eds), 2011. *Accommodating Poverty. The Housing and Living Arrangements of the English Poor, c. 1600-1850*, Basingstoke and New York, Palgrave Macmillan.

PINOL Jean-Luc, 1996. « Mesurer les mobilités urbaines. Strasbourg, 1870-1940. Trajectoires individuelles et espace urbain », *Enquête*, 4, p. 93-106. [doi.org/10.4000/enquete.753]

PONI Carlo, 2009. *La Seta in Italia : una grande industria prima della rivoluzione industriale*, Bologna, il Mulino (Collezione di testi e di studi. Storiografia).

ROCHE Daniel, 1981. *Le Peuple de Paris : essai sur la culture populaire au XVIIIe siècle*, Paris, Aubier-Montaigne (Coll. historique).

SARTI Raffaella, 2002. *Europe at Home. Family and Material Culture 1500-1800*, New Haven-London, Yale University Press.

SARTI Raffaella (ed.), 2015. « Men at Home, Domesticities, Authority, Emotions and Work », *Gender & History*, 27 (3), p. iv-x, 521-886.

SBRANA Carla, TRAINA Rosa, SONNINO Eugenio, 1977. *Gli "Stati delle anime" a Roma dalle origini al secolo XVII: fonti per lo studio della popolazione di Roma, origini, consistenza, contenuti, con appendice sulle altre registrazioni parrocchiali*, Roma, Goliardica editrice.

La révolution libérale et les métiers

Les *faquines* du port de Barcelone au XIXe siècle*

Juanjo ROMERO MARÍN
Université de Barcelone[1]

Ne comparez pas notre travail avec celui des artisans en général, car celui-ci n'est ni aussi monotone, ni aussi pesant, et ne se réalise pas dans des conditions aussi peu hygiéniques et aussi répugnantes que le nôtre. L'ouvrier artisan, en général, partage son travail avec son maître. Entre eux, il existe un rapport d'égalité, voire parfois d'amitié. En outre, son travail, peut-être plus difficile à exécuter que le nôtre, a l'avantage d'être varié et de s'attirer l'approbation des autres. En revanche, les conditions dans lesquelles nous réalisons notre travail sont totalement opposées : nous sommes entassés dans des hangars où règne une discipline sévère, tel un troupeau d'esclaves menés à la baguette par le seigneur.

Fragment du *Manifeste de la Sociedad de Hiladores de Barcelona* (Société de Filateurs de Barcelone).

Jusqu'au XIXe siècle, les artisans – considérés comme l'ensemble des artisans urbains – s'étaient organisés et, sur le plan juridique, avaient été

* Cet article s'inscrit dans le cadre du projet HAR2017-84030-P, du Bureau national d'enquêtes du ministère de l'Economie, de l'Industrie et de la Compétitivité (Espagne), intitulé « Mondes du travail en transition (1750-1930) : qualification, mobilité et inégalités ».

1 Grupo de Investigación « Trabajo, Instituciones y Género » (Labour, Institutions and Gender). Facultad Geografía e Historia, Universidad de Barcelona, Montalegre, 6 – 08011 Barcelona – Spain

définis en fonction de leur affiliation à des corps de métier. Par conséquent, ils n'avaient pas eu besoin de construire une conscience spécifique ni d'entreprendre aucun type de lutte pour défendre leur spécificité : la condition d'artisan était clairement définie et réglementée. En outre, il s'agissait d'un univers ouvert : il suffisait de réaliser son apprentissage et de suivre les directives établies dans les règlements des corporations pour entrer dans un corps de métier[2]. En dehors des artisans, il n'existait aucun autre groupe professionnel manufacturier et urbain avec lequel les artisans puissent comparer leurs expériences et, par conséquent, construire une culture différenciée. Cependant, à partir des années 1830, les usines se multiplièrent à Barcelone. Les corporations professionnelles furent menacées, dans un premier temps, puis interdites, obligeant alors les anciens artisans à lutter pour se faire une place dans la société moderne naissante.

Cet article vise à inclure les artisans dans les études consacrées au monde du travail à l'époque de la modernisation, à travers la reconnaissance et l'analyse de leurs particularités du point de vue de la culture du travail. Pour ce faire, nous étudierons le cas des *faquines de capçana* ou *macips de ribera* (portefaix, mi-charretiers), l'un des collectifs professionnels traditionnels qui réussirent à s'en sortir le mieux pendant la période libérale du XIXe siècle. Il s'agissait de travailleurs archétypiques de l'Ancien Régime car leur statut professionnel ne dépendait pas de leur compétence technique, mais de privilèges accordés par l'État. Ce dernier point nous servira à remettre en question l'hypothèse selon laquelle seuls les collectifs

---

2 Il est vrai que certains auteurs, tels que Josef Ehmer (1984) et récemment Sheilagh Ogilvie (2011), ont insisté sur le caractère fermé du monde corporatif. Cependant, dans le cas de la Barcelone de l'époque analysée, il est difficile de justifier un tel point de vue. En l'occurrence, quand on analyse l'origine professionnelle des apprentis, on peut observer une certaine ouverture. Pour la période 1814-1836, nous disposons de livres de registre de certains corps de métier, notamment des maçons, des forgerons-serruriers, des boulangers et des métiers de la soie en ville. Ces livres recueillent un total de 915 annotations d'apprentis qui faisaient clairement référence à la profession de leur famille. Cela dit, seuls 25% de ces enfants étaient des fils d'artisans du même métier, 15% provenaient d'autres métiers urbains et la plupart d'entre eux, soit 35,6%, descendaient de paysans. Arxiu Històric Municipal de Barcelona (archives historiques municipales de Barcelone désignées ci-après AHMB), fonds des corporations-corps de métier, section Corporation particulière, livre 38/38, livre 89/25 et livre 6/26. Entre 1849 et 1857, la moitié des maîtres de Barcelone étaient des officiers ou des apprentis de leurs métiers respectifs. En 1860, trente ans après l'interdiction des guildes, 38,7% des maîtres provenaient de lignages artisanaux, soit seulement quatre points de moins que la proportion de 1838. Romero, 2004 : 107, 283.

professionnels les plus « qualifiés » – c'est-à-dire requérant des compétences techniques importantes – auraient surmonté les années difficiles de déréglementation des métiers traditionnels. Les pages suivantes sont articulées autour de deux grandes sections : la première aborde quelques aspects méthodologiques et contextuels afin de situer la perspective dans laquelle cette étude s'inscrit ; la seconde sera centrée sur la lutte des *faquines* pour leur survie dans le nouveau contexte libéral, en analysant les clés de leur succès et la spécificité de leur modèle professionnel très lié à celui d'autres dockers européens.

L'artisanat : un terrain inconfortable

Il faut reconnaître que l'historiographie espagnole a prêté peu d'attention à l'artisanat contemporain, et encore moins du point de vue social[3]. En revanche, l'approche de la sociologie a été très différente, bien plus attentive aux aspects taxonomiques et épistémologiques. Bien que l'analyse envisagée par cette discipline comporte des limitations chronologiques qui lui sont propres, elle apporte des définitions intéressantes sur ce collectif professionnel particulier (Fernández Stainko, 1996 ; Girard, 1975 ; et Palenzuela Chamorro, 1995). Toutes ces circonstances mettent en évidence les difficultés méthodologiques de l'approche de l'artisanat en tant que sujet historique – ce qui, en soi, est surprenant, si l'on considère que d'autres historiographies, notamment celles qui ont le plus influé sur celle de l'Espagne, ont intégré sans problèmes majeurs les artisans dans le cadre plus vaste des études sur le travail et la classe ouvrière. Dans le cas du Royaume-Uni, par exemple, les recherches de Geoffrey Crossick (1978) et les réflexions de Gareth Stedman Jones (1975) ont permis d'inscrire ces travailleurs au sein du mouvement ouvrier. Cela est dû principalement au fait que, dans l'univers académique britannique, le concept de travail a plus de poids que celui de classe ouvrière, un phénomène lié d'une certaine manière à la longue tradition de la *Fabian Society* et au travail original de Frederich Engels sur le premier prolétariat anglais – dans lequel il soulevait la question de la continuité entre un artisanat en décadence et l'émergence des ouvriers industriels (Engels, 1845 ; et Webb, 1894). Dans le cas de la France, le processus d'inclusion de l'artisanat dans le monde de la classe ouvrière est plus rapide. D'un côté, la persistance jusqu'au XXe siècle de vastes pans de

[3] À l'exception des auteurs suivants : Díez, 1990 ; Huguet, 1990 ; Nieto, 1996 ; et Peiró, 2002.

travail traditionnel dans le secteur manufacturier et, de l'autre, les convulsions sociales qui marquent l'histoire de la France à partir de 1789, dans lesquelles l'artisanat – d'abord les sans-culottes, puis les canuts – adopta un rôle de premier plan, a rendu impossible la construction d'une histoire du mouvement ouvrier français sans intégrer les artisans (Noiriel, 1986 ; Sewell, 1992a et 1992b ; et Williams, 1989).

Dans le cas de l'Espagne, le manque d'intérêt envers l'artisanat contemporain est dû à plusieurs raisons, qui ne sont pas toujours d'ordre scientifique[4]. En premier lieu, il faut reconnaître que l'histoire sociale espagnole s'est développée dans un état d'urgence. Jusqu'à la fin de la dictature, les études sociales, notamment celles portant sur les mouvements sociaux, ont été tenues à l'écart de l'univers académique. En conséquence, depuis 1975, l'histoire sociale s'est employée principalement à construire les cadres théoriques et méthodologiques de base dont elle manquait. C'est alors que sont apparus les premiers travaux dédiés au mouvement ouvrier, à la construction de l'État ou à la bourgeoisie. Cependant, elle a subi rapidement l'influence des historiographies étrangères, au point que de nouvelles questions (paysannerie, genre, réalités locales, etc.) et méthodes (histoire orale, quantitative, culturelle, tournant linguistique) ont suscité l'intérêt des chercheurs avant que l'agenda de base de l'histoire sociale n'ait été mené à terme. Dans ce contexte, d'urgence d'abord, puis de dispersion, les artisans ne sont pas parvenus à trouver leur place dans l'histoire espagnole et, en conséquence, sont toujours considérés à partir de la conception de la vieille idéologie libérale, à savoir comme un groupe réactionnaire, inadapté à la société moderne et appelé à disparaître.

L'une des raisons qui explique aussi le manque d'intérêt envers ce collectif est liée à l'évolution particulière des courants historiographiques après 1975. Depuis lors, les courants de type déterministe ou téléologique se sont imposés dans les espaces académiques[5]. Ces écoles, que ce soit dans leur version libérale, sociale-démocrate ou communiste, reposent sur une vision évolutionniste des mouvements sociaux qui va de la révolution bourgeoise (inexistante, achevée ou inachevée selon la tendance) à

---

4 La situation change depuis peu. Le congrès de l'Association espagnole d'histoire économique de 2014 a consacré une de ses tables rondes au débat international actuel sur les corps de métier, qui a donné lieu à la publication d'un dossier sur la question dans la revue *Áreas* de 2015, p. 34.

5 À propos de cette vision hégémonique, voir le texte qui fait référence au « front-populisme » historiographique, (Ucelay da Cal, 1990 : 61). Concernant l'application déterministe à l'artisanat, voir Soto Carmona, 1994.

l'« épanouissement » du mouvement ouvrier autour de l'Association internationale des travailleurs, désignée aussi comme la Première Internationale. De ce point de vue, on considère tout écart ou anomalie comme une entrave, une réminiscence du passé ou, avec un peu de chance, comme un précédent ou une composante de cet épanouissement. De ce fait, les quelques éléments du monde artisanal – comme par exemple les confréries – qui ont fait l'objet d'une étude se voient réduits à des précédents *infantiles* ou corporatifs d'éléments qui, par la suite, seront appliqués à la classe ouvrière, débarrassée dorénavant de tout archaïsme. Quoi qu'il en soit, tant l'état d'urgence méthodologique que le déterminisme dominant agissent dans le même sens, en refusant de considérer l'artisanat comme un sujet d'étude historique pour l'époque contemporaine, et en le situant dans un vide social entre les deux groupes antagoniques de la modernité (bourgeoisie et prolétariat).

Néanmoins, de nouvelles conceptions comme la « culture du travail » ou les « parcours de vie », de nature plus limitée, mais plus holistique, et dépourvues de sens téléologique, permettent d'approcher de plus près la réalité de ces groupes professionnels spécifiques sans renoncer à les inscrire dans une vision plus globale. Ainsi, cela conduit à intégrer le monde du travail artisanal barcelonais dans le cadre plus large du travail urbain au début de l'industrialisation, en acceptant la diversité d'expériences et de parcours, tel que l'entendait le manifeste ouvrier de 1856 qui ouvre cet article.

De même, il convient de rappeler le contexte dans lequel la lutte de ces travailleurs portuaires s'inscrivait, à savoir l'établissement de l'État libéral en Espagne. Depuis la fin du XVIIIe siècle, l'idéologie libérale avait gagné du terrain dans le pays, plus particulièrement au sein de ses élites. Le dernier tiers de ce siècle a vu naître un processus de démantèlement progressif des anciens privilèges corporatifs dont jouissaient les corps de métier, entre autres celui des *faquines*[6]. À partir du XIXe siècle, la situation est devenue plus précaire. Après le retrait des troupes napoléoniennes en 1814, la monarchie absolue a été rétablie. Les corporations de métiers engagèrent alors un processus de reconstruction – qui se concrétisa par la réélaboration de leurs ordonnances (statuts de chaque métier) – avec l'appui de la Couronne. Dans le cas concret de Barcelone, le secteur commercial en plein essor a été représenté par le Conseil du commerce devenu en peu de temps

---

[6] Archives historiques municipales de Barcelone (AHMB), fonds des corporations-corps de métier, section Conseil du commerce, caisse 19, dossier 1.

l'institution chargée de la promotion économique et l'organisme arbitral dans les conflits commerciaux. Ce Conseil lança une longue campagne pour exiger le démantèlement des monopoles corporatifs. Ainsi, malgré la prédominance des politiques d'État de l'Ancien Régime, sur le plan local, à Barcelone, une nouvelle et puissante institution tenta de mettre en œuvre des politiques de nature libérale et, partant, anticorporatives.

Même si tout semblait indiquer que les corps de métier allaient garder leur pouvoir au niveau de l'État espagnol, un changement politique inattendu provoqua leur première interdiction. En effet, en 1820, un coup d'État militaire instaure un régime libéral radical, le triennat libéral (1820-1823). La première mesure prise par le gouvernement fut de restaurer la constitution espagnole de 1812, appelée aussi Constitution de Cadix – inspirée de la Constitution du 24 juin 1793 élaborée sous l'impulsion des Jacobins – qui, entre autres, abolissait tout type de monopole économique et d'association professionnelle. Autrement dit, les corporations de métiers devenaient illégales. Le triennat prit fin avec l'invasion des troupes de la Sainte-Alliance, dirigées par l'armée française (les *Cent Mille Fils de Saint Louis*, comme la désignaient les Espagnols, alors que ce corps expéditionnaire en comportait en réalité quatre-vingt-quinze mille) ; le monarque absolu fut restauré et les libéraux radicaux emprisonnés, exécutés ou poussés à l'exil. Cependant, conscient de cette nouvelle donne, le roi s'entoura dans son gouvernement de quelques libéraux modérés qu'il chargea de conduire la politique économique. Ainsi, de 1823 à 1833, date de la mort du roi, le Conseil des finances lança de timides mesures de libéralisation qui touchèrent les corps de métier. Cette politique était pour le moins ambiguë : d'une part, elle tentait de moderniser l'économie, mais d'autre part, elle entendait maintenir les vieilles institutions comme les corps de métier car elles offraient une garantie de stabilité sociale et politique. La monarchie défendit le modèle corporatif, tout en cédant la gestion économique locale au Conseil du commerce, ennemi déclaré de tout monopole. À la mort du roi, les libéraux prirent le pouvoir et, en 1834, ils abolirent la plupart des corps de métier. En 1836, une nouvelle loi ne laissa subsister que les corporations de boulangers ; toutes les autres associations artisanales furent totalement interdites, et leurs fonctions limitées à celles d'aide mutuelle ou à celles propres aux confréries ou aux fraternités.

Au début de la décennie de 1840, une nouvelle loi sur les sociétés de secours mutuels entra en vigueur, favorisant ainsi la survie d'une grande partie des anciens corps de métier, de façon précaire et avec des fonctions sérieusement réduites : leurs associations étaient maintenues, mais ils perdaient tout monopole ou privilège. En 1855, après un nouveau coup d'État, les libéraux progressistes s'emparèrent du pouvoir et, pendant deux ans (la « biennale progressiste »), la loi qui régissait les associations ouvrières s'assouplit, ce qui permit la constitution de nombreuses *Sociedades de Oficio* (sociétés de métiers) par les membres des anciennes corporations. Cette expérience ne dura pas longtemps et il fallut attendre la deuxième moitié de la décennie de 1860, avec l'arrivée des républicains sur la scène politique et gouvernementale, pour que la constitution d'associations de travailleurs soit enfin permise. Dans ce contexte d'ouverture et de répression qui caractérisa le premier libéralisme espagnol, de nombreux artisans de l'époque des corporations parvinrent à maintenir leurs associations de manière précaire : tantôt sous forme de confréries, tantôt comme des sociétés d'assistance mutuelle ou des syndicats de métiers. Ainsi, en 1870, à l'occasion du premier congrès ouvrier et organisé à Barcelone sous les auspices de la Première Internationale, une grande partie de l'ancien monde des métiers traditionnels participa à ses séances. Mais pas les *faquines* qui, comme nous allons le voir, optèrent pour un modèle associatif spécifique, certes fondé sur la défense du travail, mais en empruntant une voie particulière.

La culture du travail artisanal

Pour pouvoir comprendre la persistance de l'organisation des *faquines*, il faut d'abord saisir la spécificité de ces derniers, notamment en rapport avec une culture du travail qui leur est propre. Les ouvriers d'usine, comme nous l'avons vu dans la citation mise en exergue au début de cet article, n'étaient pas les seuls à se rendre compte que les artisans étaient des travailleurs comme eux. Aussi bien Ildefonso Cerdá – le créateur de l'*Eixample*, la vaste extension urbaine planifiée de Barcelone – que Laureano Figuerola – ancien ministre des Finances – considéraient les artisans comme partie intégrante de cette classe ouvrière qui alimentait la croissance urbaine. Et ils observaient qu'à l'instar des autres ouvriers, ceux-ci possédaient leurs propres traits matériels et culturels. Cerdá, par exemple, consacra quelques pages à la description des coutumes des travailleurs, dans lesquelles il mit particulièrement l'accent sur le fait que les jeunes artisans, bien qu'ils partagent leur travail et leurs loisirs avec les ouvriers d'usine, avaient leurs propres modèles de comportement et de divertissement (Cerdá, 1859, vol. II : 564, 566 et 567). Figuerola, d'un point de vue totalement différent, envisagea des différences matérielles entre les uns et les autres, fondées sur l'espérance de vie et les modèles de nuptialité ou de résidence (Figuerola Ballester, 1968 [1848] : 111).

Cependant, l'existence de modèles professionnels et culturels différents au sein des classes ouvrières ne doit pas être considérée comme la preuve de l'existence d'un particularisme ou d'une « aristocratie ouvrière » non solidaire et opportuniste, du moins dans cette période initiale de développement du secteur manufacturier. L'existence de groupes différenciés dans le monde ouvrier a donné lieu à d'intenses débats théoriques, mais à très peu d'enquêtes empiriques. Il convient de rappeler que le concept d'« aristocratie ouvrière » a été créé par l'historiographie déterministe pour pouvoir expliquer une *anomalie* historique, à savoir la distinction d'une partie de la classe ouvrière incarnant le rôle prométhéen que cette orientation historiographique lui avait assigné (qui n'était autre que celui de l'avant-garde conscientisante et révolutionnaire de la classe ouvrière) (Breuilly, 1994 : 32). Indépendamment du rejet ou de l'acceptation de cette vision, il devient évident qu'un tel qualificatif n'est pas applicable à l'artisanat car il fait référence uniquement aux ouvriers d'usine, enfants de la « révolution industrielle », et en aucun cas aux artisans traditionnels attachés aux ouvrages réalisés de leur propre main. Mais, l'existence de modèles et de cultures professionnels différenciés ne justifie pas le fait qu'un collectif professionnel soit mis à l'écart de la classe ouvrière, comme dans le cas de l'artisanat ; en tout état de cause, personne n'a écarté des travailleurs dotés de cultures spécifiques, fermées et clairement définies – parfois pseudo-corporatives – comme les mineurs ou les cheminots.

C'est pourquoi, dans le cadre de cet article, nous avons préféré aborder la question de l'artisanat sous l'angle de la « culture du travail », car cela nous permet non seulement de reconnaître l'appartenance des artisans au monde du travail, mais aussi de prendre en compte leur spécificité sans tomber dans des jugements *a priori*. Mais avant d'approfondir cette question, il faut expliquer ce qu'on entend par « culture du travail » :

> [Il s'agit d'un] ensemble de connaissances théoriques et pratiques, de comportements, de perceptions, d'attitudes et de valeurs que les individus acquièrent et construisent à partir de leur intégration dans les processus de travail et/ou de l'intériorisation de l'idéologie sur le travail, qui module leurs interactions sociales au-delà de leur pratique professionnelle concrète et qui oriente leur vision du monde spécifique en tant que membres d'un collectif déterminé (Palenzuela Chamorro, 1995 : 13).

L'intérêt de cette définition réside dans le fait qu'elle accorde au travail un rôle central dans la construction de significations et d'actions sociales dépassant le cadre professionnel sans pour autant entrer en contradiction avec des catégories plus vastes et historiques comme la classe – cette dernière étant envisagée en rapport avec la place qu'elle occupe dans les rapports de production. En suivant et en approfondissant ce raisonnement qui considère le travail comme un axe autour duquel s'articulent des expériences et des consciences, on peut déduire qu'à des postes de travail caractérisés par des conditions différentes, par exemple dans le cas des ouvriers d'usine ou dans celui des artisans, on trouverait des cultures professionnelles – au sens considéré ci-dessus, d'interactions sociales et de « vision du monde » – différentes :

> Cependant, la probabilité que l'artisan ne voie dans son travail qu'un simple moyen de gagner sa vie – autrement dit, la probabilité qu'il adopte une approche instrumentale face au travail – est bien plus faible que dans le cas de l'ouvrier salarié. De temps en temps, l'artisan doit faire face à de nouveaux aspects de son propre travail […] le produit qu'il obtient revêt à ses yeux un sens différent (et complémentaire) du sens du bénéfice […] L'ouvrage terminé a souvent une valeur pour l'artisan : cela explique et renforce l'image qu'il a de lui-même en tant que travailleur et, par conséquent, aussi en tant qu'homme. (Girard, 1975 : 19).

En définitive, l'analyse du point de vue de la « culture du travail » permet d'inscrire les artisans dans le monde des classes ouvrières, en soulignant la diversité des expériences de travail vécues au cours du premier élan modernisateur de l'époque contemporaine. Mais elle nous permettra surtout de comprendre que les artisans répondent aussi à cette modernisation, bien que ce soit par des voies très différentes de celles empruntées par les ouvriers d'usine[7].

Il est couramment admis que la spécificité de la culture du travail des artisans tient à une qualification technique plus importante. Mais, comme nous le verrons – d'où le choix des *faquines* pour cette étude –, la qualification technique (qualification au sens courant) n'est pas nécessairement ce qui définit les artisans. Aussi convient-il de définir la notion de qualification avec précision ; en l'occurrence, nous prendrons appui sur Manuel Alcaide (1984 : 12) pour qui la qualification est fondée

---

7 Manuel Arranz (2001 : 74) décrit cette transformation culturelle parmi les artisans barcelonais, un collectif dans lequel le prestige et la maîtrise professionnelle jouent un rôle clé.

sur l'autonomie du travailleur à son poste de travail, et non sur la compétence ou sur la difficulté des travaux réalisés.

Par conséquent, ce qui définit la qualification dépend moins (du moins directement) de la compétence technique que de la marge de manœuvre de l'ouvrier face aux tâches qu'il doit réaliser, ce qui nous renvoie à la question de la gratification du travail. En définitive, et pour revenir sur un terrain plus familier pour l'historiographie, ce qui caractérise la qualification, c'est le degré de contrôle sur son travail par l'ouvrier, ce qui inclut, entre autres, des éléments extra-économiques. Si pour les ouvriers en général, le travail a un sens principalement instrumental, en tant que moyen de subsistance, pour les ouvriers qualifiés, le travail peut avoir un sens en soi. La carrière professionnelle, telle qu'elle était établie dans la Barcelone artisanale, incluait des capacités extra-professionnelles qui visaient un seul objectif : l'obtention de l'indépendance professionnelle. En considérant cette dimension essentielle de la culture professionnelle artisanale, on comprendra plus facilement les évaluations et les attitudes, en apparence paradoxales, des artisans et, concrètement, des *faquines*.

Quoi qu'il en soit, une plus grande qualification ou un plus grand contrôle de la profession n'empêche pas que les artisans soient des travailleurs, ou que leur rapport aux produits de leur travail soit aussi un rapport de type capitaliste[8]. Gareth Stedman Jones a identifié depuis longtemps différentes formes d'appropriation du travail au cours de la période d'industrialisation. Dans les deux cas, que ce soient les artisans ou les ouvriers d'usine, l'appropriation/expropriation du travail a lieu. Toutefois, la nature de cette aliénation est différente. Dans le cas des ouvriers de métier (et de nombreux maîtres), l'expropriation du produit de leur travail a lieu. Et pourtant, l'ouvrier de métier – *a fortiori* dans le cas des petits maîtres prolétarisés – continue d'exercer un contrôle étendu sur la forme et les rythmes du travail. Au contraire, dans le cas des ouvriers d'usine, le travailleur est déjà été dépossédé de la nature même de son travail ; il n'exerce plus aucun contrôle sur la production (Jones, 1975 : 49). Cette différence s'est le plus nettement manifestée, du moins en ce qui concerne les artisans, dans la propriété des outils – un aspect qui se reflète aussi dans les salaires plus élevés des ouvriers artisans que des ouvriers

8 Pour une analyse de divers modèles de rapports de production caractérisés par l'exploitation du travail et la création de biens, mais avec des restrictions comme, par exemple, des marchés professionnels contrôlés ou des limitations de la propriété des moyens de production applicables dans leur ensemble au monde du travail artisanal, voir Roemer (1989 : 31 et 46).

d'usine. Le cas le plus connu à Barcelone est celui des charpentiers de marine, qui construisaient des bateaux et des navires et touchaient les salaires les plus élevés de la ville car leur revenu incluait une *assurance contre la perte* d'outils (Cerdá, 1968 [1867], vol. II : 589).

Ce plus grand contrôle sur le travail par les artisans – il faut rappeler qu'il n'est pas toujours lié à la compétence technique – concerne aussi le recrutement de leur propre main-d'œuvre. À l'époque des corporations, aussi bien les maîtres que les ouvriers artisans à travers leurs organisations respectives, régulent le marché du travail par le biais de l'apprentissage. Plus tard, après l'interdiction des corporations, cette pratique est maintenue dans la plupart des professions comme la base de la reproduction des métiers car les ouvriers artisans comme les maîtres s'intéressaient à leur préservation. Cela est dû non seulement au fait qu'une partie des garçons étaient des fils de maîtres, mais aussi à ce que cette pratique représente un modèle idéal de transmission et de reproduction des connaissances productives (Epstein, 1998 : 690-691).

Ce contrôle du travail limite le concept en soi de propriété des moyens de production. Évidemment, les maîtres étaient les propriétaires des ateliers ou des charrettes – mais pas forcément des outils – et des produits qu'ils vendaient, mais leur propriété n'était pas absolue. Le contrôle de l'atelier ou, comme nous le verrons dans le cas des *faquines*, de l'équipe de travail ou de la charrette, faisait partie du consensus de la communauté de métiers et l'autorité du maître dépendait davantage de son grade professionnel que de sa propriété.

Malgré tout, il faut insister sur le fait que le sens de la qualification varie énormément d'un métier à l'autre et selon les contextes (Lis & Soly, 1992 : 17), ce qui conduit à considérer que la qualification est surtout une construction sociale (Hafter, 1995 : 44). Le cas de Barcelone à l'époque de l'industrialisation nous offre de magnifiques exemples à ce sujet, notamment celui des *faquines de capçana*, un métier consacré au transport de marchandises sur les quais du port (et non au déchargement de navires) et à la distribution de celles-ci dans toute la ville. Ce collectif professionnel a été l'un de ceux qui ont réussi à résister aux attaques des libéraux – en 1909, ils contrôlaient encore les tâches citées ci-dessus – et à maintenir l'ancienne structure professionnelle créée au XVIIIe siècle. Et pourtant, leur succès n'était pas dû à leur organisation corporative – au sens traditionnel –, ni à leur affiliation au mouvement ouvrier en plein essor, et encore moins à la qualification purement technique de leurs tâches, mais à la construction d'une culture de métier qui est née d'un premier combat face à l'offensive libérale.

La lutte contre la libéralisation du métier

La maturité de l'association des *faquines* fut mise à l'épreuve au cours des années 1830, période au cours de laquelle les corps de métier furent interdits, ainsi que tous types de monopole sur le travail ou la distribution de produits. Conscients du danger qui les menaçait, non seulement en ce qui concerne le contrôle qu'ils exerçaient sur la main d'œuvre dans le secteur, mais aussi sur leur propre travail, ils s'aperçurent bien vite que leur survie ne dépendait pas d'une qualification technique – qu'ils ne possédaient pas. C'est pourquoi les *faquines* optèrent pour une résistance farouche contre le démantèlement de leur communauté de métiers, dans laquelle ils n'hésitèrent pas à employer toutes les armes à leur portée, y compris la menace et la violence.

Déjà en 1819, bien avant que les libéraux ne prennent le contrôle de l'État, le Conseil supérieur des finances, suivant les recommandations du Conseil du commerce de Barcelone, avait interdit de manière unilatérale le roulement des tours de travail des *faquines* et des autres métiers liés au transport portuaire et urbain. Il s'agissait d'un enjeu de première importance pour le grand port de commerce que constituait Barcelone. Dans la pratique, cette mesure aurait impliqué la dissolution des trois métiers du transport, car c'était précisément ce système de roulement qui leur garantissait du travail et la non-ingérence de travailleurs étrangers dans la profession. Évidemment, ces corps de métier – *faquines,* charretiers et muletiers – n'étaient pas prêts à se résigner. Au contraire, ils engagèrent une lutte légale dans toutes les instances possibles et, au début des années 1830, ils réussirent *de jure* à récupérer le roulement des tours de travail (que, *de facto,* ils n'avaient pas perdu). Au cours de cette conjoncture défavorable, les membres de ces trois métiers portuaires prirent conscience des difficultés qui s'annonçaient pour maintenir leur modèle d'organisation professionnelle. Conscients notamment de leur manque de qualification technique – renvoyant à une compétence spécifique qui les aurait rendus irremplaçables –, les *faquines* défendaient leur métier en se fondant sur la qualité et la responsabilité des services qu'ils rendaient.

Cette responsabilité sur le produit, ou plutôt sur leur savoir-faire professionnel, dans le cas des *faquines,* était inséparable de leur conception de la dignité professionnelle. Durant la période sombre où leur modèle d'organisation professionnelle fut attaqué, ils ne manquèrent aucune occasion de rappeler à leur détracteur, le Conseil du commerce, que l'abolition du système de roulement des tours de travail mettrait fin à la *conduite irréprochable* dont ils avaient fait preuve jusque-là, ce qui ressemblait à une menace[9]. La défense de leur profession allait bien plus loin : ce qui n'était au départ qu'une simple résistance au démantèlement du système de travail par roulement, allait bientôt prendre la forme d'un plaidoyer en faveur du maintien de leur association. Selon les *faquines,* la tranquillité et le travail bien fait dans les industries dépendaient du fait que les responsables du travail soient *connus sous le numéro d'immatriculation* de leurs métiers respectifs ; ce qui revenait à dire que le travail bien fait et responsable pouvait uniquement être garanti par des associations de métiers puissantes[10]. Un discours aux teintes corporatives se cachait derrière ces paroles[11]. Mais dans cette lutte pour la reconnaissance de leur dignité professionnelle, ils n'hésitèrent pas à faire appel à des groupes prestigieux, aux yeux des libéraux eux-mêmes, comme les courtiers (agents de commerce et de change), desquels ils obtinrent un mémoire montrant l'importance de l'honnêteté garantie par l'organisation professionnelle[12]. Ainsi, cette intervention d'un groupe directement lié à l'économie marchande émergente de la ville, comptant parmi ses membres des libéraux déclarés, permit aux *faquines* de se dissocier de l'Ancien Régime. Dans leur recherche d'arguments pour justifier le maintien de leur métier

---

9 AHMB, fonds des corporations-corps de métier, section Conseil du commerce, caisse 27, dossier 3.

10 AHMB, fonds des corporations-corps de métier, section Conseil du commerce, caisse 39, dossier s/n.

11 Cela dit, il faut considérer que le corporatisme, en tant qu'idéologie, ne prend pas forme avant le début du XXe siècle et qu'en tout état de cause, si la proposition défendue par les *faquines* devait être taxée de corporatisme, elle doit être envisagée du point de vue du travail, autrement dit en référence à la gestion du travail par les travailleurs eux-mêmes. Le corporatisme en tant que tel est un phénomène relativement récent. Le prêtre français Félicité Robert de Lamennais (1782-1854) est le premier à proposer une politique de ce genre et ses traductions n'arrivent à Barcelone qu'après sa mort. Concrètement, ses *Œuvres politiques (Obras políticas)* sont publiées à Madrid en 1854. Auparavant, en 1832 et 1841, ses œuvres *Pensées (Pensamientos)* et *Du passé et de l'avenir du peuple (Pasado y porvenir del pueblo)* sont éditées à Valencia et à Madrid respectivement. À Barcelone, ses travaux, concrètement *Essai sur l'indifférence en matière de religion (Ensayo sobre la indiferencia en materias de religión),* paraissent en 1865.

12 AHMB, fonds des corporations-corps de métier, section Conseil du commerce, caisse 39, dossier s/n.

et, à la fois, pallier leur manque de qualification technique, ils soulevaient des questions porteuses d'une forte charge sociale – vaguement inspirées du langage de Rousseau –, défiant de manière habile les conceptions libérales elles-mêmes, autrement dit dépassant la vision étroite du métier comme capital humain[13]. C'est en 1820, alors même qu'ils étaient aux prises avec une lutte féroce contre les premières tentatives de privatisation du triennat, qu'ils lancèrent leur idée la plus intéressante. À cette date, ils informèrent les autorités locales, et par extension nationales, qu'eux, les *faquines*, ne pouvaient pas démanteler leur corporation, comme le gouvernement l'exigeait. Tout d'abord, ils affirmaient que leur travail et leur association n'était pas le fruit d'une concession de l'État, mais qu'ils étaient régis par un *contrat* original et réciproque entre le *peuple* et la corporation, en vertu duquel l'autorité de l'État n'était qu'une simple *dépositaire des écritures publiques*[14] (un discours très éloigné de ce qui est considéré plus tard comme une idéologie corporative ou organique). Ce *contrat*, nom sous lequel les *faquines* le désignaient, les obligeait à *rendre leurs services de manière responsable* – et ce, quel que soit le client. Au moyen de cette argumentation élaborée, ils situaient le corps de métier dans le domaine du droit naturel – sur un pied d'égalité, par exemple, avec le droit à la propriété – et, par conséquent, niaient à l'État ou à toute autre autorité d'ordre politique la légitimité pour déclarer l'abolition du système de roulement des tours de travail ou de tout autre aspect régi par les ordonnances de la corporation. L'habileté de l'argument, à travers lequel la terminologie rousseauiste de *contrat* prit une tournure paradoxale – et qui met aussi en évidence la subtilité de ces portefaix – permet de deviner l'importance que revêtait la notion de métier aux yeux des artisans : celle d'une figure de droit naturel[15].

---

13 L'organe officiel de la bourgeoisie industrielle barcelonaise mettait sur le même plan métier et capital, dans le but de rallier les artisans à sa cause : « Celui qui maîtrise un art libéral ou mécanique, ainsi que le professeur d'une faculté ou science sont de véritables capitalistes [...] Les salaires qu'ils retirent de [leur] compétence ou de [leur] savoir sont de véritables rendements du capital, dans lesquels, pour pouvoir les acquérir, ils ont dû investir » (*El Vapor*, 12 octobre 1833, p. 1).

14 AHMB, fonds des corporations-corps de métier, section Corporations municipales, caisse A-1.

15 À cet égard, il est très intéressant de relever les observations de John Rule sur le travail au cours des années de l'essor industriel. Selon cet auteur, l'artisanat en général a adopté une vision patrimoniale des métiers, autrement dit au lieu de concevoir la profession comme une propriété individuelle, il l'a considérée comme une propriété collective liée à la famille (Rule, 1987 : 111).

Le fait est que les *faquines*, par cette stratégie, réussirent à paralyser le processus de réforme. Ainsi, en 1830, les agents du Conseil du commerce, concrètement de la Commission des corps de métier, irrités, constatèrent dans un rapport à leurs supérieurs que « Les abus et les humiliations ont continué avec la même animosité qu'auparavant [...] »[16]. Les *abus* cités dans le rapport faisaient référence aux retenues et aux saisies des charrettes des commerçants qui prétendaient emporter des marchandises du port. En effet, à partir de la fin des années 1820, durant les derniers soubresauts de l'Ancien Régime, le Conseil du commerce (une institution qui regroupait la plupart des marchands de la ville et qui, de manière obligatoire, représentait aussi les corps de métier) avait entrepris une claire politique de soutien aux commerçants et de harcèlement à l'égard des corporations du transport. Après les années de laisser-faire qui avaient caractérisé le triennat libéral (1820-1823), les grands commerçants de la ville avaient pris l'habitude d'affréter des charrettes à leur propre compte pour collecter les marchandises du port – une pratique à laquelle, comme il fallait s'y attendre, les *faquines*, charretiers et muletiers s'opposaient. Le Conseil du commerce, un organisme arbitral auquel on faisait appel avant de recourir aux tribunaux ordinaires, statuait toujours en faveur des commerçants et contre les corps de métier impliqués. Cependant, il ne disposait pas des moyens nécessaires pour faire respecter ses décisions, contrairement aux corps de métier du transport. En effet, ceux-ci disposaient de leurs *caps de colla* (chefs d'équipe, c'est-à-dire les notables de la profession) sur le lieu du travail et, même si leurs agissements n'étaient pas toujours en conformité avec la loi, c'étaient eux qui imposaient en premier lieu la décision des travailleurs, et qui bloquaient et saisissaient les charrettes des commerçants. Autrement dit, les *faquines* étaient capables d'appliquer une politique efficace de contrôle informel du travail contre les décisions des autorités.

Un an avant que le Conseil du commerce ne publie le rapport précité, les trois corporations du transport avaient mis en œuvre une stratégie encore plus offensive – qui fut peut-être à l'origine du rapport. Face aux pressions exercées contre leurs métiers, les *faquines*, charretiers et muletiers avaient entamé une série de contacts dans le but d'unifier les trois corps de métier. Ainsi, en juillet 1832, les trois corps de métier rédigèrent

---

[16] AHMB, fonds des corporations-corps de métier, section Conseil du commerce, caisse 39, dossier s/n.

des normes conjointes dénommées *Ordenanzas de los Gremios de Faquines de Capsana, Carreteros y Tragineros* [sic] *de Mar* (Ordonnances des corporations de portefaix-débardeurs, de charretiers et de muletiers opérant dans les ports), qui sont adressées au Conseil des finances. Or, les charretiers et les muletiers ne tardèrent pas à entrer dans la dynamique de la *rationalité capitaliste*. En effet, les perspectives de bonnes affaires liées au chargement des produits associés aux nouvelles industries – dans le cadre de la croissance urbaine en général – firent succomber les muletiers et les charretiers aux promesses de la prospérité économique. C'est ainsi qu'apparut au sein de ces deux corps de métier – notamment des muletiers – un ensemble d'individus qui s'opposaient au maintien du système de roulement des tours de travail, alléguant qu'il constituait un obstacle au développement de leur travail, et attirant par-là même les plaintes de leurs compagnons de travail. Il s'agissait de maîtres qui ne travaillaient plus directement avec leurs charrettes, mais qui avaient embauché des salariés qui le faisaient pour eux, ou qui utilisaient des assistants non affiliés pour le chargement et le déchargement de leurs charrettes. Ces maîtres charretiers allaient alors bientôt apparaître dans les registres fonciers en tant que propriétaires de magasins, autrement dit dans le commerce en gros du secteur du transport[17]. Ainsi, en 1832-1833, aussi bien les charretiers que les muletiers, qui transportaient du charbon et des grains, avaient abandonné le système de roulement en tant que mécanisme de régulation et un grand nombre d'entre eux offraient des tarifs de travail plus bas que ceux régis par leurs corporations en voie de disparition[18].

En revanche, les *faquines* ne voulaient pas céder sur la question du roulement des tours de travail, ni sur leur monopole sur les quais de chargement. Aussi, dès que les autres métiers se retirèrent de la lutte, les *faquines* continuèrent à se battre seuls. Le contrôle direct qu'ils exerçaient sur les lieux des opérations, au port, était le premier atout car il leur permettait de faire front aux porteurs des commerçants – et à partir de 1832, à leurs ex-compagnons de travail, les charretiers et les muletiers – sans attendre des décisions de justice. La collaboration « désintéressée » qu'ils avaient toujours offerte aux Douanes royales était la deuxième arme qu'ils possédaient. Grâce à l'envoi quotidien d'une équipe de travailleurs aux douanes pour se charger des mouvements de marchandises au sein de leurs

---

17 Voir AHMB, contribution extraordinaire de 1838, section Contributions.

18 AHMB, fonds des corporations-corps de métier, section Conseil du commerce, caisse 20, dossier s/n et caisse 28, dossier 2.

installations, ils reçurent le soutien inconditionnel des hauts fonctionnaires de cette institution. Lorsque l'équipe qui y travaillait sortait les fardeaux sur les quais des douanes, elle prenait bien soin de les remettre directement aux *faquines*, et non à la première charrette qui attendait sur place[19] ; il s'agissait là tout simplement d'un acte informel de contrôle du travail en faveur des siens. Par ailleurs, les *faquines* n'excluaient pas le recours à la violence pour faire valoir leurs opinions et montrer *comment* et *qui* devait mener les opérations de déchargement et de transport. Les retenues et les saisies de charrettes des commerçants citées ci-dessus étaient le mécanisme le plus habituel de protestation, mais ce n'était pas le seul. En 1835, les *faquines* allèrent ainsi jusqu'à menacer la mairie – organisme successeur, à partir de 1834, du Conseil du commerce en matière d'arbitrage des corps de métier – en fomentant une véritable émeute.

> [...] La première section de Son Excellence la Mairie se trouvant réunie dans cet hôtel de ville, occupée à vaquer à ses occupations particulières, les notables de la corporation des *Faquines de Capsana* se sont présentés, lui faisant part verbalement des décisions de celle-ci et transcrites à V.H., selon lesquelles cette corporation se trouve dans un tel désordre que ses représentants sont dans l'impossibilité de contenir demain une espèce de soulèvement que certains individus entendent organiser [...], une question qui pourrait peut-être servir de prétexte pour troubler l'ordre public[20].

À cette occasion, les *faquines* profitèrent du climat d'insécurité qui régnait dans la ville au milieu de cette année-là – l'été ont lieu les émeutes – pour inquiéter l'autorité locale à leur avantage. Un autre cas de violence, cette fois en 1845, montre à quel point la corporation, devenue désormais une confrérie, continuait de contrôler les opérations de déchargement sur la plage longtemps après l'abolition légale de tout privilège corporatif. Cette année-là, le puissant commerçant et homme d'affaires Ortembach avait affrété une frégate suédoise pour apporter du bois en ville. Quand cette frégate arrive, le port était saturé de navires en train de charger et de décharger des marchandises, d'où le manque de barges pour le déchargement. Le négociant décida alors de louer les barges et les hommes nécessaires pour décharger sa frégate. Mais il ne parvint pas à ses fins car

---

19 Les charretiers et les muletiers ne se lassaient pas de dénoncer ces actions devant le Conseil du commerce. AHMB, fonds des corporations-corps de métier, section Conseil du commerce, caisse 39, dossier s/n.

20 AHMB, fonds des corporations-corps de métier, section Conseil du commerce, caisse 42, dossier 18.

les *faquines* s'y opposèrent et l'empêchèrent de mener cette opération à terme en utilisant, sans aucun problème, la violence contre les « mercenaires » engagés par le commerçant[21]. Finalement, Ortembach ne put pas décharger la frégate et, pendant les jours de mouillage de celle-ci dans la ville, il dut payer les salaires et la manutention de tout son équipage. Mais toute cette politique mise en œuvre par les *faquines* autour de leur métier était fondée – il convient d'insister sur ce point – sur une forte discipline professionnelle que, contrairement aux pratiques en usage dans les nouvelles usines de la ville, les artisans s'imposaient à eux-mêmes avec un objectif clair : construire le « métier » après avoir perdu la couverture que la loi et l'institution corporative leur offraient.

La timide ouverture du processus législatif de 1841, relative aux sociétés de secours mutuels, permit aux *faquines*, ainsi qu'à d'autres métiers, de remettre à flot leur association – la confrérie – de manière légale. Sous ce parapluie, ils pouvaient maintenir leurs pratiques de contrôle du travail. Les statuts de la nouvelle société de secours demeurèrent inchangés jusqu'en 1866, date à laquelle, suite aux réformes menées dans le port de la ville, les *faquines* refondèrent leur association. Dans les nouveaux statuts, ils réaffirmèrent le système de roulement des tours de travail et la fermeture de l'organisation à des étrangers, ce qui n'était pas autorisé par la loi. Autrement dit, malgré les différentes modifications juridiques appliquées durant toute cette période, les *faquines* conservèrent toujours leur mode de travail traditionnel, qui leur garantissait le contrôle de la profession. En ce sens, il est très significatif qu'en 1855[22], lors de la formation du Conseil central de la classe ouvrière de Barcelone, ou en 1870 à l'occasion du premier congrès ouvrier de la ville, les *faquines* ne participèrent à aucune de ces deux initiatives, montrant clairement que leur problématique en tant que travailleurs était différente de celle des ouvriers, notamment parce qu'ils avaient réussi à maintenir pendant des décennies un contrôle étroit sur leur travail[23]. Le succès de l'association des *faquines* rendait inutile son

---

21 Archives historiques de protocoles de Barcelone (ci-après désignées AHPB), Dardé J., 1845, folios 6 et 9.

22 De même, aucun *faquín* n'a signé la pétition de la classe ouvrière aux Cortes de la même année, où plus de 11 000 travailleurs barcelonais demandaient au parlement national le droit d'association. Archives historiques de la Chambre des députés, dossier 106/3.

23 À cet égard, il convient de signaler que les premières sociétés pleinement ouvrières tenteront, mais en vain, de bloquer l'accès à leurs métiers aux étrangers, comme l'avaient fait les *faquines*, dans le but de contrôler le marché du travail. La Société de

articulation avec les autres sociétés ouvrières de la ville car ils pouvaient garantir le contrôle de leur profession de manière indépendante.

Le long chemin des *faquines* vers la construction du métier

Malgré le caractère discutable de la compétence technique exigée pour être *faquín*, la durée d'apprentissage de ce métier était de quatre ans, comme pour les autres professions et l'association professionnelle des *faquines*, d'abord en tant que corps de métier, puis confrérie ou société mutuelle, fut l'une de celles de la ville qui dura le plus longtemps. À l'époque de la libéralisation des industries et des services, en 1834, la lutte de ces travailleurs pour garder le contrôle de leur monde professionnel reposa principalement sur la mise en œuvre de politiques endogamiques, la fermeture du métier, la résistance politique et légale et le discours pseudocorporatif, mais jamais sur la défense de la qualification technique (bien qu'ils aient largement recouru à des arguments liés à la responsabilité dans le travail). Il est intéressant de souligner qu'on peut trouver ce type de culture dans d'autres contextes portuaires très différents, comme à Osaka (Morishita, 2012), à Marseille (Sewell, 1988) ou à Istanbul (Srugo, 2011). Michel Pigenet est peut-être l'auteur qui offre la meilleure définition de cette culture du travail portuaire *globale*. Selon lui, cet univers professionnel se caractérise par une forte solidarité du fait de ses conditions spécifiques de travail – des petits groupes dans des environnements dangereux –, des valeurs partagées, notamment l'égalitarisme, des codes très masculinisés, la méfiance envers les étrangers, un fort composant d'aide mutuelle et, finalement, un haut niveau d'endogamie et de transmission familiale dans le métier (Pigenet, 2012 : 151-152). Nous avons observé certaines de ces caractéristiques du comportement des *faquines* dans leur lutte contre les processus de libéralisation de leur secteur.

Le succès des *faquines* est d'autant plus frappant si on le compare avec des métiers similaires, tels ceux de leurs homologues qui transportaient aussi des marchandises dans des charrettes à l'intérieur et

---

secours mutuels des tisseurs (Sociedad de Socorros Mutuos de Tejedores), considérée comme le premier syndicat de travailleurs de Barcelone, incluait dans ses ordonnances une clause qui prétendait interdire le travail dans les usines à des personnes non associées (Reventós Bordoy, 1987 [1925] : 41), l'organisation des chauffeurs créée en 1846 tente de faire de même (Ordenanzas del Montepío de mayordomos, maquinistas, fogoneros y peones).

à l'extérieur du port. Les charretiers comme les muletiers étaient aussi employés dans le transport urbain des marchandises déchargées sur les quais. La différence entre les uns et les autres était d'ordre technique : les charrettes utilisées pour le transport de biens aussi divers que le blé, les fûts ou le charbon n'étaient pas les mêmes et cela aussi impliquait des différences quant aux animaux de trait nécessaires pour les déplacer. Face à l'avalanche de fret de charbon, liés à l'industrialisation pour certains, et de grain en provenance de Russie pour d'autres, les charretiers et les muletiers spécialisés dans le transport de ces marchandises décidèrent vers 1833 de mettre fin aux mécanismes d'autorégulation qui les maintenaient unis, y compris le système de roulement des tours de travail. La tentation était grande : dans le port, le déchargement de tonnes et de tonnes de céréales et de combustibles solides n'arrêtait pas et le système de roulement semblait ne servir à rien car le travail était abondant. Autrement dit, contrairement aux *faquines*, les charretiers et les muletiers attirés par le chant des sirènes de l'abondance, acceptèrent la déréglementation de leur système de travail. En revanche, les *faquines* préférèrent opter pour la stratégie contraire, à savoir l'intensification de l'autorégulation, et ce malgré l'interdiction des corps de métier.

La corporation des *faquines* fournissait non seulement à ses affiliés les ressources nécessaires pour réaliser leurs tâches (des barges pour déplacer les marchandises sur les quais, ou des pâturages pour alimenter les animaux de trait de leurs charrettes), mais réglementait aussi le bien le plus précieux qu'ils possédaient, à savoir le travail. En effet, comme tous les autres métiers rattachés au port, les *faquines* réalisaient leurs journées de travail selon un ordre strict établi par l'association : le roulement des tours de travail[24]. Chaque jour, les responsables du corps de métier et, à partir de 1834, de la confrérie, appelaient les affiliés pour venir travailler en suivant scrupuleusement cette liste. Tant que le dernier membre de la liste n'avait pas réalisé une journée de travail, ils n'appelaient pas le premier. Ce mécanisme de régulation était particulièrement vital dans un secteur comme celui des emplois portuaires, à caractère saisonnier (le port de la ville était impraticable en hiver) et susceptible d'accueillir du personnel

24 La gestion du travail semble être un trait commun avec d'autres travailleurs portuaires au-delà de Barcelone. À Marseille, on utilisait le système connu sous le nom de « La Muse », à travers lequel le corps de métier gérait une bourse de l'emploi (Sewell, 1988 : 611).

occasionnel (*casual labor*), de même que pour leurs homologues dans d'autres pays (Chisholm, 1990 : 38 et 51 ; Sewell, 1988 : 609). La nature temporaire de ce type d'emplois obligeait aussi les *faquines* à gagner leur vie dans d'autres activités pendant certaines périodes de l'année, ce qui rend encore plus surprenant le fait qu'ils aient réussi à préserver leur cohésion et une culture de travail particulière[25].

La cohésion des *faquines* tenait aussi à leur politique endogamique. Selon les règlements de leur corporation, ils n'admettaient l'entrée que d'un seul maître par an, sauf dans le cas des fils de maîtres. Autrement dit, le nombre de membres de la profession augmentait grâce à l'inscription des parents des maîtres déjà existants, ce qui limitait l'accès aux étrangers. Certes, on pourrait alléguer que ces ordonnances ne devaient pas nécessairement être respectées ou qu'elles n'avaient plus de raison d'être après 1834, suite à l'interdiction des corporations. Or, les données disponibles jusqu'à ce jour semblent confirmer que ces réglementations ont été respectées bien au-delà de l'époque des corporations. Sur un total de 257 *faquines*, dont les noms de famille sont enregistrés entre 1814 et 1866, on note seulement 175 premiers noms différents. Autrement dit, le même nom de famille – lien de parenté – qu'un autre compagnon se retrouve dans un rapport de 0,68 au sein des *faquines*[26]. En outre, le deuxième nom de famille de 19 *faquines* coïncidait avec le premier nom de famille d'autres collègues. Il n'a été possible de déterminer le métier des pères que dans 88 cas, ce qui conduit à identifier 46 fils de *faquines* sur ces 88 cas. En outre, sur la seule période 1830-1842, 34 *faquines* accèdent au métier grâce à leur mariage avec des filles de maîtres[27]. En résumé, sur ces 257 travailleurs portuaires, seuls 29 n'avaient aucun lien familial avec les membres du métier. Cela semble indiquer que, en ce qui concerne l'accès à la profession, les vieilles ordonnances corporatives étaient scrupuleusement respectées. À cette cohésion fondée sur les liens de parenté, ou précisément du fait de ce rapport familial, il faudrait aussi ajouter la proximité

[25] Les maîtrises des *faquines* entre 1830 et 1842 sont enregistrées auprès des notaires B. Xammar et, plus tard, R. Odena (AHPB), aussi bien celles de familles que celles des *faquines* candidats, le cas échéant.

[26] Dans le cas des charretiers qui opéraient dans le port, le rapport était de 0,75 (sur un échantillon de 124 cas entre les années 1814 et 1857) ; et dans le cas des muletiers, il était de 0,92 (sur un échantillon de 46 noms de 1814 à 1851).

[27] Les sources d'où ces données sont extraites sont les manuels des notaires R. Odena et B. Xammar, ainsi que le registre municipal des décès de la ville de Barcelone des années 1834-1845.

géographique, un phénomène croissant au fil du siècle. En utilisant le même échantillon que ci-dessus, on observe que 37 *faquines* sur 66 dont la résidence a pu être déterminée vivaient dans le quartier barcelonais actuel de Gracia (à l'époque, c'était un village voisinant Barcelone, devenu en 1897, un quartier de la ville) et il est possible qu'une grande partie des autres y aient aussi résidé[28]. À cette époque, cette petite population était composée principalement de paysans, de transporteurs et d'une pléthore de *bòviles* (couvreurs), ce qui expliquerait aussi l'apparition d'un grand nombre de *faquines* briquetiers, comme activité complémentaire au cours des périodes creuses de l'année[29].

La discipline sévère qui régissait l'organisation de la confrérie-corporation et des équipes de travail constituait un autre élément de cette culture professionnelle spécifique des *faquines* et était bien plus stricte que celle appliquée par les autres métiers liés aux chargements et aux déchargements de marchandises portuaires. À l'évidence, elle reposait sur l'organisation hiérarchique du corps de métier et de ses équipes de travail ; en revanche, elle n'était pas directement liée à des gains de productivité ou à des élévations des taux d'exploitation du travail. Il s'agit là d'un aspect intéressant à prendre en compte pour comprendre la construction du métier autour de cet « *honneur de l'artisan* » en tant que trait distinctif : la rigueur disciplinaire imposée au sein de ce collectif par ses propres membres ne visait pas à augmenter l'exploitation de ces derniers, mais à créer un profond sentiment d'amour-propre et, vis-à-vis de l'extérieur, à faire preuve d'une honnêteté irréprochable. En 1817, à l'époque où les corporations étaient encore en vigueur, les notables (représentants de l'association de métiers choisis par leurs collègues qui, souvent, étaient aussi désignés sous le nom de « consuls ») de la corporation des *faquines* avaient interdit l'entrée d'un candidat, alléguant qu'il avait fait de la prison, ce qui, selon eux, pouvait porter atteinte à la dignité et à l'image de marque de la corporation et de ses membres[30]. Cette discipline très stricte n'était pas liée uniquement à la création d'une image publique digne, mais avait aussi pour objectif de renforcer l'amour-propre et la cohésion du groupe ;

---

28 D'après un rapport municipal, la plupart des faquines vivaient « extra-muros ». AHMB, fonds des corporations-corps de métier, section Corporations municipales, caisse A-1 ; et Teresa Solà, 1983.

29 Voir note 28.

30 AHMB, fonds des corporations-corps de métier, section Conseil du commerce, caisse 39, dossier s/n.

c'est pourquoi elle était beaucoup plus sévère lors de la réalisation des tâches. L'« unité productive » des *faquines* était la *colla*, une équipe constituée de six ou huit hommes chargés de réaliser les opérations de chargement et de déchargement des barges, y compris dans les installations douanières, et dans les cas de distribution urbaine, de livrer les marchandises à leurs destinataires. Les corporations étaient peut-être interdites, mais pas les équipes de travail. Ces *collas*, qui n'avaient pas besoin de compétences techniques particulières, mais qui devaient être parfaitement organisées, étaient coordonnées par un « chef d'équipe » (« *cap de colla* »), normalement un maître reconnu ou encore le *faquín* qui possédait la plus grande expérience. La désobéissance aux ordres de ce chef pouvait entraîner l'imposition d'amendes ou de sanctions. Cependant, si l'infraction d'un travailleur portait atteinte à l'un des principes de base du métier, comme la désobéissance à un supérieur ou le non-respect du roulement des tours de travail, les sanctions étaient bien plus dures. En 1834, un *faquín* est ainsi sanctionné pour avoir désobéi à son *cap de colla*, qui lui avait donné l'ordre de monter livrer une marchandise à un quatrième étage. La punition infligée par son chef d'équipe avait été son assignation à résidence surveillée par l'inspecteur de la confrérie (appelé parfois *veedor* pour désigner la fonction corporative d'une personne chargée des tâches d'inspection professionnelle et de contrôle de qualité)[31]. Rater son tour de travail – le système de roulement des tours de travail étant le plus grand atout de ce métier et pour lequel ils avaient bataillé ferme – entraînait aussi des sanctions pour le travailleur concerné, sauf que dans ce cas, c'étaient les notables de la profession qui étaient chargés de les imposer, au lieu du *cap de colla*[32].

La question de la dignité professionnelle n'était pas de moindre importance. L'une des principales préoccupations des commerçants, petits et grands, liées aux exportations et importations à travers le port était la qualité du service. On pourrait la résumer en deux aspects essentiels : le traitement réservé aux marchandises (bon nombre d'entre elles étaient

---

[31] AHMB, fonds des corporations-corps de métier, section Conseil du commerce, caisse 42, dossier 18.

[32] En 1824, un *faquín* ne s'était pas présenté à son tour de travail. Les notables de la profession l'ont alors assigné à résidence. Quand celui-ci a ignoré la sanction, les notables n'ont pas hésité à s'en remettre à la justice ordinaire qui, à l'époque, protégeait encore les corps de métier, qui étaient alors des institutions de droit public. AHMB, fonds des corporations-corps de métier, section Conseil du commerce, caisse 39, dossier s/n.

fragiles ou délicates), et la réduction des pertes ou soustractions (Sewell, 1988 : 620-622), ce que Pigenet nomme la « sécurité dans le commerce » (2012 : 148). En ce sens, comme nous l'avons vu en abordant la question de la lutte pour le maintien de la corporation, les commerçants de la ville reconnaissaient la qualité et l'honnêteté des services rendus par les *faquines,* au même titre que les fonctionnaires des Douanes royales. La construction de l'honnêteté professionnelle était un aspect fondamental dans le maintien de l'association ; d'où son rapport étroit avec la discipline professionnelle stricte que les *faquines* s'imposaient à eux-mêmes.

Malgré tout, ce dur régime disciplinaire était accompagné d'une série de pratiques communautaires ou collectives qui favorisaient et bénéficiaient à tous les membres du métier, renforçant la cohésion autour de l'association et les poussant même à réaliser des services gratuits. Tous les matins, les notables de la corporation, en fonction des besoins du moment, assignaient des *collas* en suivant l'ordre établi sur la liste. L'une de ces équipes était destinée aux Douanes royales, où elle se chargeait de déplacer les marchandises à l'intérieur des installations, de les peser et de les apporter jusqu'aux quais de chargement ou jusqu'aux portes où elles étaient collectées par les charrettes des *faquines,* des charretiers ou des muletiers qui attendaient à cet endroit. La *colla* travaillait pour le compte de la corporation et ne recevait aucun paiement des Douanes royales ; c'était un service rendu par la corporation à l'État, du moins jusqu'en 1909, bien des décennies après la disparition des corporations. Quand, en 1834, la *liberté de l'industrie* fut imposée, les *faquines* surent profiter de ce service *désintéressé* – qui allait leur apporter l'appui des fonctionnaires des Douanes – en faveur des leurs, et au préjudice des charretiers, des muletiers et des commerçants, comme nous l'avons expliqué ci-dessus. Les documents du Conseil du commerce montrent un nombre important des plaintes de la part de ces derniers qui, en affrétant des charrettes pour leur propre compte, étaient entravés et gênés par les *faquines* qui travaillaient sur les quais des Douanes royales. En règle générale, les *faquines* préféraient remettre les marchandises à leurs compagnons, plutôt qu'à d'autres porteurs, et sauter ainsi les files d'attente des charrettes sur les quais[33].

Les tours de travail n'étaient pas le seul avantage offert par la confrérie des *faquines*. D'après les descriptions précédentes, il est évident que les moyens de production de base de ce métier étaient les charrettes et les

33 AHMB, fonds des corporations-corps de métier, section Conseil du commerce, caisse 42, dossier 18.

barges ; les premières servaient à transporter les différents produits dans la ville et les deuxièmes à effectuer les déplacements entre les différents quais du port. La confrérie réduisait les coûts de production de chacun de ses affiliés, non seulement à travers le bail de pâturages pour la manutention des animaux de trait, mais aussi l'achat des péniches et des charrettes utilisées pour les opérations de transbordement et de débardage. Il faut ajouter que cette pratique s'est maintenue bien après l'interdiction des corporations grâce à la confrérie[34]. Naturellement, ces services « rendus » par l'association de métiers contribuaient à sa consolidation en tant que telle et lui garantissaient, à la différence des collègues charretiers et muletiers, une plus grande continuité, ne serait-ce que comme communauté d'intérêts ou *cartel*.

Une autre prestation de la corporation-confrérie était celle connue sous le nom de « fonds d'amélioration », un service typique d'une société de secours mutuels (voire d'une coopérative de travail). Ce fonds était alimenté par les revenus quotidiens de certaines équipes. Les charges et les tarifs perçus pour chaque service étaient établis par la corporation (ou confrérie) et, en tant que tels, ils étaient fixes et inamovibles ; c'était un moyen d'éviter la concurrence entre eux. Cependant, les *faquines* étaient disposés à surcharger leurs charrettes ; autrement dit, dans certaines circonstances, ils acceptaient de charger leurs charrettes au-dessus du poids stipulé par la réglementation pour les transports réguliers. Bien entendu, le tarif de cette surcharge était plus élevé, mais les commerçants acceptaient de le payer car il était toujours plus avantageux pour eux que d'engager les services d'une deuxième charrette. Ainsi, la différence entre le tarif régulier et celui de surcharge n'allait pas dans les poches du *cap de colla* ou du *faquín* à qui appartenait la charrette, mais était encaissée par la corporation-confrérie. Une autre source de revenus de ce « fonds d'amélioration » était l'apport volontaire de salaires par les membres associés. C'est de ce fonds – en plus des mensualités payées par les associés et des amendes – que provenaient les ressources nécessaires pour acheter les barges, louer des pâturages, passer un peu d'argent aux compagnons de métier handicapés[35], voire, dans le cas d'un solde

---

[34] AHMB, fonds des corporations-corps de métier, section Conseil du commerce, caisse 27, dossier 3 (Vives Miret, 1933 : 32 ; Llovet, 1971 : 107).

[35] Un *faquín* handicapé reçoit des ressources de la corporation. Voir son cas dans AHMB, fonds Cadastre VIII-10.

excédentaire – comme ce sera le cas en 1832 –, partager celui-ci entre tous les membres de la corporation[36].

En général, les *faquines*, en tant que modèle professionnel, affichaient donc un niveau élevé d'intégration de tous les membres du métier. La corporation, la confrérie, en somme l'association de métier, devenait l'élément intégrateur du groupe professionnel qui offrait des prestations et qui exigeait des devoirs dépassant largement ceux des autres corporations. Ces services et obligations étaient toujours orientés dans la même direction : la création d'un esprit de groupe fort pour défendre la profession, celle-ci étant entendue comme un patrimoine fermé qui garantissait l'accès à l'indépendance productive de ses membres. Cependant, un régime disciplinaire strict et hiérarchisé, fondé sur l'expérience professionnelle, et un modèle associatif fermé, dans lequel les étrangers n'avaient guère leur place, faisaient contrepoids à ces prestations avantageuses. Cela dit, cette discipline n'était pas destinée à tirer le maximum de bénéfices du travailleur, mais à créer et à garantir la dignité professionnelle, la reconnaissance des individus à travers l'honnêteté de leur travail, ce qui au fond n'était autre que la création d'une qualification sociale. Tout cela était impensable sans un ferme engagement de la part des membres du métier envers leur association pour laquelle il leur arrivait même de travailler gratuitement. Autrement dit, les *faquines*, contrairement aux charretiers et aux muletiers, imposèrent des dimensions extra-économiques en rapport avec leur conception du travail et du groupe professionnel au-delà des conquêtes économiques immédiates. Certes, les *faquines* ne pouvaient pas être classés dans la catégorie des métiers techniquement qualifiés, mais leurs options, leurs évaluations et leurs actions collectives étaient celles qui caractérisaient n'importe quel autre métier qualifié. C'est pourquoi la survie de leur métier ne dépendit pas tant de leur opposition aux nouvelles techniques, d'un plus grand investissement en formation – comme l'avaient fait les serruriers, par exemple –, d'un renforcement des pratiques corporatives – comme dans le cas des tanneurs – ou de leur incorporation au mouvement ouvrier organisé, que d'un engagement collectif résolu pour la défense de leur domaine professionnel.

*

---

36 AHMB, fonds des corporations-corps de métier, section Conseil du commerce, caisse 27, dossier 3.

Les différents collectifs de travailleurs qui formaient la main-d'œuvre des premières usines modernes sont bien connus, contrairement à ceux qui ne s'étaient pas constitués en tant que tels durant cet essor industriel. Les artisans, considérés généralement comme des vestiges du passé préindustriel, ont peu attiré l'attention des chercheurs ou, dans le pire des cas, ont été catalogués dans ce magma informe dénommé « petite bourgeoisie ». Dans la Barcelone du XIXe siècle, l'artisanat faisait partie des classes ouvrières – des classes diverses aussi bien du point de vue de leur origine que de leur composition. Et pourtant, il ne fut jamais analysé comme relevant de celles-ci. Cela tient à la persistance d'un stéréotype ouvrier, celui du jeune homme travaillant dans une usine moderne (moins au début de l'industrialisation, car femmes et enfants constituaient la majeure partie de la main-d'œuvre industrielle et les usines modernes étaient loin d'être hégémoniques) qui a occulté l'existence d'un monde ouvrier artisanal.

Des métiers artisanaux, par tradition et origine, comme celui des *faquines* montrent l'existence d'autres cultures professionnelles qui, bien qu'elles soient nées loin des murs des usines et ne se soient pas intégrées dans le mouvement ouvrier organisé, ne cessèrent de constituer une réponse imaginative, dans le monde du travail, au tourbillon dérégulateur des gouvernements libéraux. De toute évidence, les *faquines* ne créèrent aucun syndicat, au sens moderne du terme, de même qu'ils ne s'intégrèrent pas dans les plateformes ouvrières qui font leur apparition à cette époque. Mais, malgré tout, ils établirent toute la défense de leur profession sur la base de l'association. Leur modèle d'organisation s'était forgé dans leur corporation et, partant, était marqué par un langage et des conceptions propres à l'Ancien Régime. Cependant, si on fait abstraction du langage et qu'on se centre sur les stratégies déployées par ces travailleurs, on constate la pertinence de leur réponse. Conscients que le travail constituait leur unique richesse, toutes les politiques déployées par ces portefaix portuaires avaient pour objectif la monopolisation du travail de manière collective, au point de réaliser des sacrifices matériels immédiats (comme, par exemple, travailler gratuitement aux Douanes royales ou céder une partie de leur salaire à la confrérie). On pourrait taxer leur discours de corporatiste – à cet égard, il faut rappeler qu'ils préconisaient l'« immatriculation » de tous les travailleurs (aujourd'hui, on parlerait de l'obligation d'affiliation à un syndicat), mais aussi la lutte contre les charretiers et les muletiers, quand ceux-ci avaient accepté la déréglementation de leurs professions, ou leur non-intégration dans les fédérations ouvrières. Mais le corporatisme, qui n'était pas encore élaboré comme une théorie politique à cette époque, signifiait bien plus de choses, principalement une conception organique de la société, ce qui était loin d'être en accord avec les rares discours produits par ces travailleurs.

La monopolisation du travail ou de certains domaines professionnels concrets par des collectifs de travailleurs comme les *faquines* doit être mise en rapport non pas avec les discours, presque toujours ambigus et adaptés à leur destinataire, mais avec l'une des caractéristiques spécifiques de ce groupe professionnel : la faiblesse des compétences techniques requises par leur activité. En effet, le succès des *faquines* dans leur lutte contre le démantèlement de leur métier était fondé sur la rapidité avec laquelle ils avaient compris leur condition professionnelle, à savoir la faiblesse de ces compétences techniques. Loin de prétendre justifier une compétence ou expertise techniques qui leur faisait défaut, ils orientèrent tous leurs arguments vers des aspects d'ordre plus social (comme la responsabilité face au travail) ou mirent en œuvre des stratégies visant à délimiter et à renforcer leur propre groupe (et non, par exemple, à améliorer une formation technique dont ils n'avaient pas besoin). Le succès de ces travailleurs fut d'autant plus grand si on les compare avec leurs homologues (les muletiers et les charretiers qui travaillaient au port). Ces derniers, au lieu de suivre l'exemple des *faquines*, se limitèrent à opposer une défense légale de leurs règlements, mais une fois la bataille perdue, ils renoncèrent à poursuivre le combat. Pour les *faquines*, la lutte était multidimensionnelle et incluait le langage, la recherche de soutien auprès de collectifs prestigieux aux yeux des libéraux, la résistance légale et illégale, le renforcement du groupe à travers leur association, les menaces devant l'autorité, les pressions informelles et, au besoin, la violence. Toutes ces actions allaient dans la même direction : garantir le contrôle du travail tel qu'ils l'avaient connu à l'époque des corporations.

Références bibliographiques

ALCAIDE CASTRO Manuel, 1983. *Las Nuevas formas de organización del trabajo: un análisis sobre su viabilidad*, Madrid, Akal.

ARRANZ HERRERO Manuel, 2001. *La Menestralia de Barcelona al segle XVIII. Els gremis de la construcció*, Barcelona, Archives historiques municipales de Barcelone (AHMB) (BCN biblioteca històrica, 7).

BREUILLY John, 1994. *Labour and Liberalism in Nineteenth Century Europe. Essays in Comparative History*, Manchester, Manchester University Press.

CERDÁ SUÑER Ildefonso, 1968 [1867]. *Teoría de la urbanización y aplicación de sus principios y doctrinas a la Reforma y Ensanche de Barcelona*, Madrid, Imprenta Española, Édition fac-similé de l'Institut des études fiscales.

CHISHOLM Jessie, 1990. « Organizing on the Waterfront: The St. John's Longshoremen's Protective Union (LSPU), 1890-1914 », *Labour/Le Travail*, 26, p. 37-59 [http://www.lltjournal.ca/index.php/llt/article/view/4776] (consulté le 11/02/2019).

CROSSICK Geoffrey, 1978. *An Artisan Elite in Victorian Society. Kentish London, 1840-1880*, London, Croom Helm.

DÍEZ RODRÍGUEZ Fernando, 1990. *Viles y mecánicos. Trabajo y sociedad en la Valencia preindustrial*, Valencia, Edicions Alfons el Magnànim.

EHMER Josef, 1984. « The Artisan Family in Nineteenth-Century Austria: Embourgeoisement of the petite bourgeoisie? », *in* G. CROSSICK & H.-G. HAUPT (eds), *Shopkeepers and Master Artisans in Nineteenth-Century Europe*, London, Methuen, p. 195-218.

ENGELS Friedrich, 1845. *Die Lage der arbeitenden Klasse in England*, Leipzig, Wigand.

EPSTEIN Stephan R., 1998. « Crafts Guilds, Apprenticeship and Technological Change in Preindustrial Europe », *The Journal of Economic History*, 58 (3), p. 684-713.

FERNANDEZ Alberto, 1996. « La destrucción de las cualificaciones y la cultura industrial en España », *Revista Internacional de Sociología*, 13, p. 67-97.

FIGUEROLA BALLESTER Laureano, 1968 [1848]. *Estadística de Barcelona en 1849, Barcelona*, Imp. Tomas Gorchs, fac-similé de l'Institut des études fiscales.

GIRARD Giorgo, 1975. *Trabajo, motivaciones y valores sociales*, Madrid, Ediciones de la Revista de Trabajo.

HAFTER Daryl M., 1995. « Women who Wove in the Eighteenth Century Silk Industry of Lyon », *in* D.M. Hafter (ed.), *European Women and Preindustrial Craft*, Bloomington, Bloomington Indiana University Press, p. 42-64.

HUGUET Ramona, 1990. *Els Artesans de Lleida 1680-1808*, Lleida, Pagès editors.

JONES Gareth Stedman, 1975. « England's First Proletariat », *New Left Review*, 90, p. 35-69.

LIS Catherine, SOLY Hugo, 1992. « "An Irresistible Phalanx". Journeymen Associations in Western Europe, 1300-1800 », *International Review of Social History*, 39, p. 11-52 [doi: 10.1017/S0020859000112921].

LLOVET Joaquim, 1971. *Constructors navals de l'ex-província marítima de Mataró, 1816-1875*, Mataró, Caixa d'Estalvis Laietana.

MORISHITA Toru, 2012. « Stevedores and Stevedores' Guilds », *City, Culture and Society*, 3/1, p. 29-33.

NIETO José Antolin, 1996. « Asociación y conflicto laboral en Madrid en el siglo XVIII », *in* V. LÓPEZ Barahona & J.A. Nieto Sánchez (dir.), *El trabajo en la encrucijada. Los artesanos urbanos en la Europa de la Edad Moderna*, Madrid, Libros de la Catarata, p. 248-287.

NOIRIEL Gérard, 1986. *Les Ouvriers dans la société française, XIXe-XXe siècle*, Paris, Le Seuil.

OGILVIE Sheilagh, 2011. *Institutions and European Trade. Merchant Guilds, 1000-1800*, Cambridge, Cambridge University Press.

PALENZUELA CHAMORRO Pablo, 1995. « Las culturas del trabajo: una aproximación antropológica », *Sociología del Trabajo*, 24, p. 3-28.

PEIRÓ ARROYO Antonio, 2002. *Jornaleros y mancebos. Identidad, organización y conflicto de los trabajadores en el Antiguo Régimen*, Barcelona, Editorial Crítica (Critica / Historia del mundo moderno).

PIGENET Michel, 2012. « Labour and Trade Union Cultures: the Idiosyncratic Experience of the European Dockworkers in the 19th to the 21st Centuries », *Transfer: European Review of Labour and Research*, 18/2, p. 143-155 [doi: 10.1177/1024258912439141].

REVENTÓS BORDOY Manuel, 1987 [1925]. *Els Moviments socials a Barcelona en el segle XIX*, Barcelona, Editorial Crítica.

ROEMER John E., 1982. *A General Theory of Exploitation and Class*, Cambridge (Mass.) and London, Harvard University Press.

ROMERO MARÍN Juanjo, 2004. *La Construcción de la cultura de oficio durante la industrialización, Barcelona 1814-1860*, Barcelona, Icaria.

ROMERO MARÍN Juanjo, ELLMERS Detlev, 2007. « Los faquines de capçana y su supervivencia en la era liberal », *Drassana. Revista del Museu Marítim*, 15, p. 104-114.

RULE John, 1987. « The Property of the Skill in the Period of Manufacture », *in* P. Joyce (ed.), *The Historical Meanings of Work*, Cambridge, Cambridge University Press, p. 99-118.

SEWELL William H., 1988. « Uneven Development, the Autonomy of Politics, and the Dockworkers of Nineteenth-Century Marseille », *The American Historical Review*, 93/3, p. 604-637 [doi: 10.2307/1868104].

SEWELL William H., 1992a. *Trabajo y revolución en Francia. El lenguaje del movimiento obrero desde el Antiguo Régimen hasta 1848*, Madrid, Taurus.

SEWELL William H., 1992b. « Los artesanos, los obreros de las fábricas y la formación de la clase obrera francesa, 1789-1848 », *Historia Social*, 12, p. 119-140.

SOLA PARERA Teresa, 1983. « El creixement urbà de Gràcia en les dècades de 1830 a 1860 », mémoire de licence, Universitat de Barcelona, Barcelone.

SOTO CARMONA Álvaro, 1994. « Trabajadores y organización del trabajo: el fin del sistema gremial », *in* M. Pérez Ledesma & J. Donezar (dir.), *Homenaje a Miguel Artola*, Madrid, Alianza Editorial, vol. II, p. 645-703.

SROUGO Shai, 2011. « Professional Characteristics of the Jewish Guild in the Muslim World: Thessaloniki Dockers at the End of the Ottoman Era », *Mediterranean Historical Review*, 26 (2), p. 115-133 [doi: 10.1080/17535654.2011.630780].

UCELAY DA CAL Enric, 1990. « La historiografia dels anys 60 i 70: marxisme, nacionalisme i mercat cultural català », *in* J. NADAL *et al.* (dir.), *La historiografia catalana*, Girona, Cercle d'Estudis Històrics i Socials, p. 53-89.

VIVES I MIRET Joseph, 1933. *Historial del gremi de bastaixos de capçana i macips de ribera de la duana de Barcelona: segles XIII al XX*, Barcelona, [s.n.].

WEBB Beatrice, WEBB Sidney, 1894 [new edition 1920]. *The History of Trade Unionism*, London, Longmans, Green & Co.

WILLIAMS Gwyn A., 1989 [2e éd.]. *Artisans and Sans-culottes: Popular Movements in France and Britain during the French Revolution*, London, Libris.

La rubanerie à Manresa (Barcelone), 1890-1920

Petite entreprise et travail à domicile*

Lluís VIRÓS
Université autonome de Barcelone[1]

À Manresa, autour de 1900, l'organisation de la production dans le secteur de la rubanerie se situe à mi-chemin entre le travail préindustriel, ou corporatif, et le système de l'usine avec lequel il cohabite. Comme l'a soulignée l'introduction de ce dossier, les individus vivent fréquemment, tout au long de la période d'industrialisation, dans des contextes sociaux qui n'ont pas grand-chose en commun avec le prolétariat industriel théorisé par Marx, et sont sans doute plus proches du système de classes plus nuancé que nous décrit Weber. Les personnes liées à la rubanerie sont davantage marquées par la question de la transmission du métier et du patrimoine, indispensable à l'installation d'un atelier, que par une conscience de classe. Cependant, nous verrons que cette conscience a aussi son importance : elle permet de segmenter socialement deux catégories d'ouvriers qui exercent le même métier, ceux qui sont

* Cet article fait partie du projet « Mundos del trabajo en transición (1750-1930) : cualificación, movilidad y desigualdades » (HAR2017-84030-P) du ministère de l'Économie et de la Compétitivité.

Cette étude n'aurait pas été possible sans le travail initial que nous avons mené sur ce sujet dans les années 1990 avec Ramon Vila Despujol. Cette recherche s'est nourrie des discussions tenues dans le cadre de divers séminaires et congrès. L'auteur remercie tout particulièrement Àngels Solà, Cristina Borderías, José Sierra Álvarez et Corinne Maitte pour leurs remarques. Traduction française de Grégory Reimond.

1 Université autonome de Barcelone, Département d'économie et d'histoire économique, Edifice B - Campus UAB – 08193-Cerdanyola del Vallés, Barcelone ; membre du groupe de recherche « Treball, Institucions i Gènere » de l'Université de Barcelone.

propriétaires de leur atelier et ceux qui travaillent avec les moyens de production des autres. Ainsi, la trajectoire des personnes qui travaillent dans le secteur de la rubanerie dépend de la relation entre l'individu, la famille et l'espace géographique dans lequel ils sont nés, c'est-à-dire leur milieu social.

En Catalogne, comme ailleurs en Europe, la rubanerie est d'abord un secteur artisanal ; entre la fin du XIXe et le début du XXe siècle, il conserve une structure fondée sur la petite et la moyenne entreprise (PME) familiale installée dans des ateliers qui se situent dans des villes ou des régions industrielles bien définies. C'est notamment le cas pour Saint-Étienne en France, Côme en Italie, Wuppertal en Allemagne, Comines en Belgique (près de Lille), Bâle en Suisse, Eindhoven en Hollande, ou Coventry en Angleterre[2].

Du point de vue de l'histoire économique, on peut se demander jusqu'à quel point la logique de localisation groupée des centres européens de production de rubans répond à la théorie des districts industriels d'Alfred Marshall, un modèle auquel on a actuellement souvent recours pour définir des cas de concentration industrielle dans l'Europe du Sud, notamment en Italie, en Espagne et en France. Chaque cas est d'emblée différent puisque dans celui de Comines, par exemple, la rubanerie n'a pas de concurrence dans l'économie locale, tandis que Saint-Étienne ou Manresa, qui concentrent les activités industrielles et minières, maintiennent une spécialité dans la rubanerie dans le contexte d'une industrialisation diversifiée. Dans le cas de Saint-Étienne, on produit des rubans de soie tissés dans des fabriques textiles qui utilisent le métier à tisser Jacquard, avec une très forte valeur ajoutée, alors que dans le cas de Manresa, on se spécialise dans les rubans de coton de peu de valeur[3]. Ainsi, bien qu'il ne s'agisse pas d'un district pur dans la mesure où il fait partie d'une concentration industrielle plus large, on peut toutefois considérer que la rubanerie de Manresa adopte certaines caractéristiques de ces districts, comme la structure formée par des PME et l'existence d'une industrie auxiliaire qui favorise la concentration, à travers la fabrication de métiers à

---

2 C'est ce que l'on peut constater, par exemple, dans le cas de Comines (Belgique) : Ravau (1979) ; Pour Saint-Étienne, voir Reynaud (1981). Nous renvoyons également à Faure (1986).

3 Pour une comparaison entre les districts industriels en France et en Espagne, voir Le Bot & Perrin (2011). Sur la théorie du district industriel et son application en Espagne, voir, dans le même volume, le chapitre de J. Catalán.

tisser et de toute une série de pièces de rechange et d'accessoires destinés à ce secteur.

L'analyse de la conflictualité sociale qui marque la ville entre 1900 et 1909 (Vila & Virós, 2001) nous a révélé que cette problématique est, pour le secteur des rubans de coton, l'une des plus importantes et que, par ailleurs, elle dispose d'un rythme propre, différent de celui que l'on trouve dans le reste du secteur textile cotonnier, comme pour le filage et le tissage. D'autre part, ni le patronat ni les salariés ne constituent des groupes homogènes. Ils ont donc des intérêts divergents : les patrons se divisent entre ceux qui dispose du « travail réuni » dans des fabriques et ceux qui le répartissent au sein d'un réseau de petits ateliers domestiques, ce qui ouvre la voie à une nouvelle distinction entre les ouvriers « prolétarisés » et les chefs d'atelier qui disposent d'ouvriers sous leurs ordres et qui travaillent pour un « patron sans usine » contrôlant les commandes. Il s'agit donc d'un secteur fondé sur une structure d'origine corporative qui offre aux chefs d'entreprise, aux artisans et aux ouvriers un cadre de relations différentes.

Cette situation soulève toute une série de questions liées à la structure du sous-secteur de la rubanerie qui seront tour à tour évoquées dans cette communication. Comment s'organise la production et quels sont ses liens avec le marché ? Quels sont les facteurs qui favorisent la permanence d'une structure fondée sur la petite entreprise dans un contexte de mécanisation de la production de ruban ? Est-ce là le résultat d'une tradition historique et de l'usage de l'énergie manuelle ? Répond-elle à une plus grande efficacité et adaptation de ce type d'entreprise face aux fluctuations de la demande, au cours de cette période, et face aux changements continuels qui surviennent en matière d'utilisation de ses produits ? Finalement, quel rôle joue l'introduction des différents types d'énergie mécanique, aussi bien dans la concentration de la production en usines que dans la transformation technique des machines ?

L'une des difficultés que nous avons rencontrée dans ce travail tient au faible intérêt qu'a suscité la fabrication de rubans de coton comme objet d'étude. En dehors de l'historiographie locale, on ne trouve que peu d'informations[4]. Pour cette étude, nous avons utilisé une source fiscale, la Contribution industrielle (*Contribución industrial*), qui a fourni les données

[4] Il faut signaler ici l'article de J. Camprubí (1990 : 177-204) ; les paragraphes que consacre à cette question J. Oliveras (1986), et un autre article de L. Ferrer (1994 : 225-266), qui, le premier, ébauche une évolution sur le long terme du secteur du tissage à Manresa.

qui nous ont permis d'élaborer les graphiques et les tableaux. Quant aux fonds d'archives de caractère politique et social, nous avons utilisé, d'une part, les dossiers de la Junta Local de Reformas Sociales (JLRS) et, d'autre part, la presse locale de l'époque[5]. Pour la JLRS, nous conservons les actes des réunions périodiques, la correspondance, les rapports d'inspection et les amendes liées au non-respect de la législation du travail, les enquêtes sur la population active et les prix des produits de base. L'importance de cette source est indéniable et permet de suivre l'évolution de la conflictualité ouvrière dans la ville de Manresa à cette époque.

En ce qui concerne la presse, nous avons étudié les informations fournies par les deux journaux du moment, *El Pla de Bages* et le *Diario de Avisos de Manresa*. Le premier, rédigé en catalan, de tendance catholique et régionaliste, se fait l'écho des grèves des ouvriers de la rubanerie, même s'il les considère comme des conflits purement économiques et remet en question les prolongements sociaux et politiques qu'ils peuvent avoir. Il est souvent critiqué par les ouvriers qui l'accusent de partialité en faveur des patrons ; il est même parfois arrivé qu'il refuse de publier des écrits de la Société des ouvriers de la rubanerie en prétextant qu'il s'agissait d'éviter des affrontements. Le second, écrit en espagnol et de tendance libéral, accorde une plus grande importance aux conflits sociaux ; il ne cherche pas seulement à entrer dans le détail des causes de la conflictualité, mais fournit aussi des informations transmises par les grévistes eux-mêmes. La presse permet ainsi de compléter les informations qui ne sont pas développées de façon explicite dans la documentation officielle. En outre, on y trouve des statistiques publiées par l'Instituto de Reformas Sociales (IRS)[6].

Le secteur de la rubanerie à Manresa et la transmission du métier

Autour de 1900, Manresa est une agglomération industrielle dominée par un secteur textile cotonnier qui est en pleine phase de transformation vers une nouvelle structure, suite à l'apparition de la grande entreprise et à un processus de diversification marqué par le règne du métal, de l'électricité et d'autres secteurs de la seconde révolution technologique comme la chimie industrielle. Le secteur textile cotonnier donne du travail à un grand nombre d'industries auxiliaires. Par ailleurs, la ville s'est traditionnellement

---

5 La documentation est conservée à l'Arxiu Comarcal del Bages, à Manresa (ACB).

6 Les séries statistiques complètes de l'IRS sont conservées à la bibliothèque-archives du ministère du Travail et de la Sécurité sociale à Madrid.

consacrée à la fabrication de tissus étroits comme les rubans de soie, de coton, les galons mêlant soie et coton, les cordons et la passementerie en général[7]. Il s'agit d'un secteur traditionnel mais qui est alors en pleine mutation, surtout du point de vue énergétique.

Bien que la production de rubans soit une branche peu représentative de l'ensemble de la production cotonnière catalane, il s'agit, à Manresa, d'une activité caractéristique qui s'est développée grâce à la croissance économique du XVIIIe siècle[8]. À cette époque, les galonniers et les fabricants de cordons qui se consacrent au travail de la soie disposent de leur propre corporation ; au XIXe siècle, la fabrication de tissus en soie entre en décadence à Manresa et l'on commence à tisser le coton et la laine. En 1852, la création de l'Association des tisserands de rubans de soie et de coton confirme l'importance de la rubanerie à cette époque[9]. Les chiffres avancés pour le XIXe siècle témoignent d'une augmentation constante de la production jusqu'en 1855, année à partir de laquelle débute une période de décadence qui se poursuit jusqu'à la fin du siècle. S'amorce alors une reprise durable (Ferrer, 1994 : 232)[10]. Il est difficile d'obtenir des chiffres

---

7 Pour une intéressante description du ruban de coton, voir Ronquillo (1853 : 94), où l'auteur établit une différence très nette avec le reste de la rubanerie ; il fait référence à la ville de Manresa – « à côté de Barcelone » – comme l'un des centres de production et rapporte que « les différentes sortes de rubans de coton qui circulent dans le commerce sont uniquement des produits de l'industrie du pays… ». Pour un tableau économique de la ville de Manresa vers 1900, consulter Oliveras (1986).

8 À l'heure actuelle, cette production occupe toujours une place de choix à Manresa. Des chiffres datant de 1971 permettent de se faire une idée : les 25,8% des entreprises produisant des rubans de coton dans l'ensemble de l'Espagne se concentrent à Manresa. Le chiffre atteint 90,4% pour les entreprises de rubans de laine, 80% pour celles qui produisent des rubans de rayonne et 36,6% pour les entreprises de rubans de soie, selon Ferrer (1994 : 232). Pour le XVIIIe siècle, voir Joaquim Sarret (1923) et le travail inédit présenté par Àngels Solà et Lluís Virós, « Los aprendices de veleros de Manresa, 1758-1797 (una nota de investigación) », communication présentée lors des XVIe Jornadas de Historia del Trabajo, Grupo TIG, Université de Barcelone, les 30 et 31 mai 2016.

9 En 1872 est créée la Société des travailleurs de rubans de coton (Sociedad de Trabajadores de Cintas de Algodón) et vingt ans plus tard, en 1891, se constitue la Société des chefs d'atelier rubaniers du coton tissé au métier à la barre (Sociedad de Operarios Cinteros de algodón en telar de remo) selon Joaquim Sarret, *Història de la indústria... op. cit.*, p. 211-213. Le rôle joué par ses deux sociétés sera étudié dans la partie de l'article dédiée à la « conflictualité ».

10 Selon Oliveras (1986 : 77), il faut situer la période de décadence entre 1860 et 1880, année qui marquerait le début d'une reprise, même si en 1890 les niveaux de 1860 ne sont toujours pas atteints.

précis relatifs à la population travaillant dans la production de rubans de coton. Les données connues doivent être extrapolées. Oliveras (1986 : 53) évalue à 2 159 le nombre d'ouvriers employés dans le textile en 1889 (30,6% de la population active totale de Manresa). En 1906, on compte environ 500 rubaniers, selon les données fournies par la Junta local de reformas sociales (JLRS), ce qui représenterait 25% de l'ensemble des ouvriers du textile. Évidemment, ce relevé n'est pas tout à fait exact mais en revanche, il donne une idée du nombre de personnes qui se consacrent à la fabrication de rubans de coton. Par conséquent, il n'est pas surprenant que les journaux de cette époque prête attention aux conflits qui agitent le monde des rubaniers.

On sait peu de choses au sujet de la transmission du métier et du patrimoine chez les rubaniers de Manresa, mais le géographe Josep Oliveras a abordé le sujet indirectement lorsqu'il a analysé la typologie des familles dans le cadre de la structure sociale de la fin du XIXe siècle, notamment sur la base des données du recensement municipal de 1889 (1986 : 54-59). Cet auteur a également réparti les rubaniers entre les *operarios* propriétaires d'un atelier (les chefs d'atelier) et les ouvriers non propriétaires.

En ce qui concerne le premier type de famille, celui des artisans, il décrit une réalité dans laquelle l'espace de vie est partagé avec l'espace de travail. De plus, il est possible qu'un ou plusieurs apprentis partagent le logement avec la famille. Dans ce cas de figure, la transmission du patrimoine matériel, de l'espace « industriel », des machines et des installations, passe de génération en génération aux côtés du patrimoine immatériel, c'est-à-dire l'apprentissage du métier ou du savoir-faire. En général, il s'agit de familles avec peu d'enfants dans lesquelles, sans aucun doute, les femmes et les filles travaillent dans l'entreprise familiale, la rubanerie, bien qu'elles aient l'habitude de déclarer aux agents du recensement qu'elles se consacrent aux tâches domestiques. Dans le cas des derniers artisans de la rubanerie qui ont travaillé dans les années 1990, les femmes faisaient une partie essentielle du travail : préparer les métiers à tisser avant le tissage, enrouler les fils avant le tissage, rassembler et emballer les rubans tissés. Dans le recensement de 1889, certaines jeunes filles ont également déclaré qu'elles travaillaient dans l'entreprise familiale. Ce type d'unité familiale est conforme au modèle d'artisanat traditionnel typique de Manresa, une ville dont la puissante guilde de la soie a connu son développement maximal dans la seconde moitié du XVIIIe siècle. L'historien Llorenç Ferrer a perçu la reconversion massive des anciens ouvriers de la soie vers la rubanerie de coton dans le premier tiers du XIXe siècle, ce qui s'est sans doute accompagné d'une transmission des traditions de comportement propres aux corporations préindustrielles (Ferrer, 1994).

Les familles ouvrières, en revanche, sont plus nombreuses, généralement avec trois ou quatre enfants, et à l'occasion, plusieurs générations peuvent coexister. Le fait que le père soit rubanier ne garantit pas que les fils et les filles gardent le même métier, de sorte que l'on peut penser que la transmission du métier n'avait pas beaucoup d'importance en eux.

La structure de production

La fabrication de rubans est répartie entre quelques usines équipées de métiers à tisser mécaniques et une série d'ateliers, souvent de petites dimensions, qui, au début de la période que nous étudions, disposent de métiers à tisser à la barre – activés manuellement – ; leur mécanisation sera plus tardive[11]. L'existence de ces deux systèmes n'est pas incompatible puisque chacun répond à une logique de rentabilité. Les usines[12] (le « travail regroupé », *el trabajo reunido* dont parle notre documentation) ont l'avantage d'utiliser l'énergie mécanique – la vapeur d'abord, le gaz ou l'électricité plus tard – et peuvent produire plus de rubans plus rapidement et avec une main d'œuvre plus réduite. En revanche, leurs coûts fixes sont plus élevés, il est plus compliqué de les dissimuler au fisc et leur adaptabilité aux fluctuations de la demande est moindre. Quant aux ateliers (le « travail dispersé », *el trabajo distribuido*) qui utilisent des métiers à tisser manuels, leur productivité est plus faible par rapport aux précédents mais ils paient moins d'impôts, à la fois en raison de leur moindre

[11] En 1892, le rubanier manrésien Andreu Pons affirmait : « L'apparence est sans rapport avec la réalité… C'est ce qui arrive pour notre célèbre fabrication de rubans qui implique plusieurs millions de personnes, et pourtant, voyez les usines qui les fabriquent : à quelques exceptions près, personne ne dirait qu'il peut en sortir une telle prospérité. Ceux d'entre nous qui se consacrent à cette fabrication si spéciale de Manresa ont les métiers à tisser éparpillés ici et là et un grand nombre se trouve dans les maisons des travailleurs eux-mêmes » [traduction de Grégory Reimond]. (Oliveras, 1986 : 78).

[12] Selon des chiffres que l'on peut sans doute dater de 1900, il y a à Manresa six usines de rubans. Mais des documents postérieurs, dans lesquels on parle de patrons et non d'établissements, font état de 13 propriétaires de métiers à tisser mécaniques [Arxiu Comarcal del Bages (ACB) : liasse « Reformas Sociales »].

productivité[13] et de la possible dissimulation fiscale[14], et ils permettent une plus grande auto-exploitation du travailleur puisque le contrôle du travail est réalisé par des chefs d'atelier indépendants qui, en ce sens, agissent comme de petits entrepreneurs. Malgré tout, on peut considérer que la stabilité de ces ateliers est très précaire puisqu'ils dépendent de commandes extérieures[15]. Les usines se situent dans les rues en périphérie de la ville, là où il y a le plus de terrains constructibles, tandis que les ateliers sont répartis à travers tout l'espace urbain (Oliveras, 1986 : 154-156 ; Camprubí, 1990). Le travail, aussi bien en usines que dans les ateliers, est rémunéré à la tâche. Pour chaque pièce produite, un travailleur mécanique gagne environ la moitié de ce que touche un travailleur manuel. On considère que l'ouvrier mécanique doit payer au patron un pourcentage du prix de la pièce au titre des dépenses énergétiques et des investissements pour les machines. D'emblée, cette proportion est utile pour comparer la productivité des métiers à tisser manuels et mécaniques (voir plus loin la partie « conflictualité »).

Le travail témoigne donc d'une triple stratification : les patrons, les chefs d'atelier et les ouvriers. Il est nécessaire de distinguer leurs fonctions respectives. Par « patron », il faut comprendre le chef d'entreprise qui, selon qu'il dispose d'un établissement manufacturier, ou qu'il dirige la production domestique d'ateliers dispersés, contrôle effectivement les commandes grâce aux relations établies avec les voyageurs de commerce ou certains magasins de Barcelone. Les intérêts des patrons sont structurellement semblables ; par conséquent, c'est ensemble qu'ils font face aux exigences ouvrières, même si dans certaines circonstances on peut voir les patrons du « travail regroupé » lutter contre les patrons du « travail réparti ». Ces derniers cherchent l'appui des chefs d'atelier qui dépendent de leurs commandes, notamment à l'heure où la mécanisation des métiers à tisser élimine, ou du moins réduit, le travail manuel.

Le chef d'atelier serait le technicien capable de diriger le processus de production de rubans. Cependant, les chefs d'atelier se divisent en deux

---

13 En 1907 par exemple, la Contribution industrielle est de 19 pesetas nettes par métier à tisser mécanique et de 12 pesetas par métier à tisser manuel [ACB : « Contribución Industrial », 1907].

14 Oliveras (1986 : 77) affirme que les ateliers familiaux facilitent la dissimulation fiscale à cause de leur dispersion, du caractère saisonnier du travail ou de la facilité à changer de matière première.

15 Ferrer (« La cintería en Manresa... », art. cit. : 239) tout comme Josep Camprubí (1991a : 244-245) insistent sur la précarité de ce type d'entreprise.

catégories : ceux qui travaillent à leur compte et ceux qui le font pour un tiers, que ce soit dans leurs maisons ou dans les usines. Les premiers, même s'ils dépendent des commandes des chefs d'entreprise, ont une mentalité de patron, d'autant plus qu'ils contrôlent une partie de la production et des travailleurs. Cela explique que les chefs d'atelier défendent les positions des patrons tandis que les autres s'identifient aux positions ouvrières.

Les ouvriers, finalement, forment le groupe aux intérêts les plus homogènes malgré une différenciation évidente entre ceux qui travaillent dans les ateliers de tissage mécaniques et ceux qui utilisent des métiers à tisser manuels. Il faut souligner que, à la différence de ce qui se produit dans d'autres branches du secteur textile, dans lesquels prédomine une main d'œuvre féminine, ce sont principalement des hommes qui travaillent dans la fabrication des rubans[16]. Pour les métiers à tisser à la barre, cela s'explique par la force qu'il faut appliquer pour faire fonctionner la machine, mais pour les usines qui utilisent des métiers à tisser mécaniques, la raison est plus difficile à saisir, d'autant plus qu'on y utilise le travail infantile[17]. Il s'agit sans doute d'un métier assez fortement masculinisé, bien qu'il soit exercé dans des ateliers familiaux où les femmes travaillent activement dans le cadre de leurs activités quotidiennes : aux tâches domestiques s'ajoutent des activités comme le tissage, la préparation du fil ou le pliage des rubans. C'est un cas de travail féminin caché qui n'apparaît généralement pas dans nos sources.

---

[16] Il y avait, quand même, des femmes travaillant aussi dans les ateliers familiaux comme le suggère Oliveras (1986 : 54) en parlant de la structure familiale manrésienne. La documentation statistique recueillie par la « Troisième Section » de l'Instituto de reformas sociales (IRS) nous renseigne sur les grèves de 1905, 1906 et 1907. Pour la première et la dernière, il n'est pas fait mention de femmes parmi les grévistes, les chiffres ne concernent par conséquent que des hommes (350 ouvriers en 1905 et 260 en 1907), tandis que la grève de 1906 est suivie par 400 hommes et 100 femmes. La fiabilité de ces chiffres tient au fait qu'ils sont communiqués par la JLRS avec l'accord des patrons et des ouvriers. Voir le *Boletín del Instituto de Reformas Sociales*, t. XI (mai 1905), p. 830-831 ; t. XXIX (novembre 1906), p. 348-349 ; et t. XL (octobre 1907), p. 298-299.

[17] De nombreux témoignages illustrent la dureté des conditions de travail dans ce métier. On peut citer, par exemple, les articles du chef d'atelier Maurici Puig publiés dans le *Diario de Avisos* (ACB, hémérothèque) des 31 mai, 16 et 20 juin et 7 juillet 1905, dans lesquels il évoque les longues journées d'un travail physique épuisant, faisant explicitement référence à une auto-exploitation nécessaire pour pouvoir subsister.

La mécanisation dans une conjoncture de croissance

Pour contextualiser le changement qui s'opère dans l'utilisation d'une énergie manuelle au profit d'une énergie mécanique en relation avec la dynamique de production, et étant donné les difficultés pour obtenir des chiffres directs de la production de rubans, nous avons fait une étude exhaustive de la Contribution industrielle entre 1890 et 1919. Cet impôt, qui grève les moyens de production – les métiers à tisser – selon le type d'énergie utilisée et qui permet par ailleurs de ne plus les déclarer dès lors qu'ils deviennent improductifs, est particulièrement utile pour suivre la production et pour dater la période précise pendant laquelle se produit la mécanisation. Les résultats de cette recherche sont rassemblés dans le Graphique 1 qui indique le nombre total de métiers à tisser déclarés chaque année et distingue ceux qui sont manuels de ceux qui sont mécaniques (voir Tableau 2).

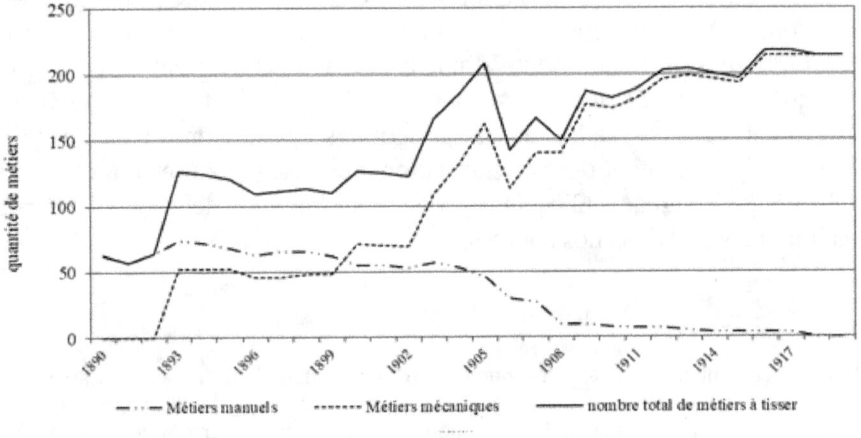

Graphique 1. Mécanisation de la rubanerie à Manresa. Rapport entre métiers à tisser mécaniques et manuels (1890-1919).

Comme on peut le voir sur le tableau suivant, le secteur des rubans connaît une croissance sur le long terme, mais avec de fortes fluctuations qui se concentrent sur des périodes bien précises. Cela nous permet de distinguer quatre étapes qui se différencient tant par la conjoncture de production que par les moments de plus grande mécanisation des fabriques de tissus. Le Tableau 1, où apparaissent les inscriptions et les exclusions de la Contribution, aide à nuancer les résultats du graphique.

Étapes		Exclusion	Inscriptions	Différence
1893-1902	A*	35	43	8
	B*	10	117	107
1903-1905	A	27	6	– 21
	B	67	71	4
1906-1910	A	5	4	– 1
	B	64	108	44
1911-1919	A	4	0	– 4
	B	116	110	– 6

Tableau 1. Inscriptions et exclusions de métiers à tisser (1892-1919).

Source : Élaboration personnelle à partir des livres d'inscriptions et d'exclusions de la « Matrícula Industrial » [AHCM].

* A, métiers à tisser manuels ; B, métiers à tisser mécaniques.

Tout au long de la première étape, on observe une stagnation des métiers à tisser manuels et une croissance notable des métiers mécaniques dont le nombre, pour la première fois, dépasse celui des métiers manuels à la fin de la période. On peut considérer que la mécanisation est entrée dans une phase décisive et irréversible. L'augmentation de la production que laissent entrevoir ces chiffres est plus importante encore qu'il n'y paraît : il faut tenir compte du fait que le métier à tisser mécanique représente un gain de productivité. Par conséquent, le secteur est dans une bonne conjoncture en cette fin de XIXe siècle.

Lors de la deuxième étape, on note une contradiction relative entre les chiffres qui proviennent de la Contribution et ceux des livres d'inscriptions et d'exclusions. Bien que les premiers indiquent une forte croissance de la production, les seconds suggèrent une légère stagnation dans les inscriptions de métiers à tisser mécaniques et une claire réduction du nombre des métiers manuels[18]. Cependant, la disparition presque complète, en chiffres absolus, des métiers à tisser manuels est un phénomène indéniable. À cette époque, les conflits sociaux sont en plein développement dans ce secteur et la presse locale se fait l'écho du lien qui existe entre ces derniers et la mécanisation :

18 Les pages de la Contribution, tout comme les livres d'inscriptions et d'exclusions, sont abondamment raturées en raison de la fréquence avec laquelle on modifie les déclarations de métiers à tisser. Cela rend l'étude de ces sources plus difficile pour cette période. C'est peut-être la cause des divergences que nous avons mentionnées.

> La lutte, la différenciation existante entre le passé et le présent, entre les anciennes machines et les nouvelles, entre la vapeur, la force électrique et la force animale ont été de nouveau démontrées à Manresa.
>
> C'était hier que les ouvriers rompus à l'art de la confection des voiles se voyaient presque et même sans presque, jetés du métier à tisser manuel, pour être remplacés par la vive et gracieuse jeune fille qui travaille la soie avec adresse sur le métier à tisser mécanique.
>
> C'est aujourd'hui que les métiers à tisser de rubans de coton, vulgairement appelés de *rem*, actionnés à la main, et les métiers mécaniques sont mis en face à face, comme tout le monde le sait déjà, et cette circonstance fournit de plus grands rendements aux propriétaires de ces derniers qu'aux premiers, car elle leur fait gagner du personnel et cet espace que l'on appelle le temps…
>
> *Diario de Avisos de Manresa*, 16 novembre 1904.

L'étape qui court de 1906 à 1910 est celle où les déclarations de métiers à tisser sont les plus fluctuantes. La période qui s'étend de 1906 à 1909 correspond à une moindre activité. On peut penser que la crise n'est pas liée à la dynamique propre du secteur mais plutôt à une contraction de la demande. Par conséquent, les conditions de vie des ouvriers et des chefs d'atelier indépendants s'aggravent, tout comme la conflictualité dans le monde du travail. Entre 1909 et 1910, les signes d'une reprise apparaissent mais sans que l'on retrouve pour autant les niveaux de 1905. Entre temps, le métier à tisser manuel a pratiquement disparu.

On peut considérer que la dernière étape est celle de la consolidation du secteur : la reprise de la demande, comme dans le reste du textile catalan, s'explique en partie par les effets de la Première Guerre mondiale sur les économies industrielles[19].

En fin de compte, la mécanisation, si on la compare avec le reste du secteur cotonnier étudié par Maluquer de Motes (1976), survient avec un certain retard, ce qui a favorisé l'utilisation de sources d'énergie qui ont entretenu une dispersion des entreprises très caractéristique de ce secteur.

La Contribution industrielle, comme nous l'avons déjà signalé, permet également de mieux cerner le type d'énergie employée pour actionner les

---

19 L'observation de la création et du développement des entreprises dans la ville de Manresa entre 1900 et 1920 conduit Camprubí (1991a) à considérer que la période 1900-1910 est une « époque de stagnation », tandis que celle qui court de 1910 à 1920 serait une « époque prospère ». Sur l'économie espagnole d'alors, voir l'article de Maluquer de Motes (1987).

machines. Dans le Tableau 2, nous avons fait le choix de respecter les chiffres originaux qui rassemblent en un seul groupe tous les métiers à tisser fonctionnant à l'« énergie mécanique » ; jusqu'en 1915, ceux qui utilisent la vapeur comme source d'énergie sont en effet mentionnés à part. Toutefois, un doute subsiste quant au fait qu'à partir de cette date, voire même dès 1910, les métiers à tisser fonctionnant à l'énergie électrique aussi bien que ceux qui sont actionnés par la vapeur puissent apparaître dans la même rubrique « énergie mécanique ». En revanche, aucun doute n'est permis quant à l'utilisation du gaz comme source d'énergie : on peut suivre son évolution en détail.

Comme on pouvait s'y attendre, la mécanisation se fait en deux étapes : au départ, la vapeur prédomine comme source d'énergie tandis que par la suite, elle est remplacée par l'électricité qui se maintient pendant une période équivalente, de 1906 à 1909.

Une possible explication, tant de la chronologie comme du type d'énergie utilisée, est à rechercher dans la technologie propre des fabriques de rubans. Sa caractéristique principale est de pouvoir tisser jusqu'à plus de quarante pièces en même temps, grâce à un système complexe qui réunit autant de peignes et de navettes que de pièces fabriquées[20].

Année	**Gaz**	**Vapeur**	**Mécanique**
1889	-	-	17*
1890	-	-	-
1891	-	-	-
1892	-	-	-
1893	-	52	-
1894	-	52	-
1895	-	52	-
1896	-	42	4**
1897	-	46	-
1898	-	48	-
1899	-	48	-
1900	15	56	-
1902	14	53	2***
1903	14	91	4
1904	4	86	42

20 Sur la technologie du métier à tisser et les différentes innovations, voir Virós (1997).

1905	6	94	52
1906	3	43	67
1907	2	71	67
1908	2	71	67
1909	2	80	95
1910	2	55	117
1913	-	3	196
1914	-	-	196
1915	-	-	193
1916	-	-	214
1919	-	-	214

Tableau 2. Nombre de métiers à tisser mécaniques selon le type d'énergie utilisée.

Source : Élaboration personnelle à partir de la Contribution industrielle [AHCM].

* Le type d'énergie employée n'est pas précisé mais ils appartiennent à l'entreprise cotonnière Perera y Portabella qui possède également 3 280 fuseaux mécaniques et 91 métiers à tisser mécaniques. Ils peuvent autant fonctionner à l'énergie hydraulique qu'à la vapeur.

** Le type d'énergie employée n'est pas précisé. Il peut s'agir de ceux qui seront consignés l'année suivante comme actionnés grâce à la vapeur.

*** La Contribution précise « actionnés grâce à l'eau ».

Cela permet une utilisation optimale de l'énergie manuelle appliquée au métier à tisser, ce qui explique qu'il ait pu concurrencer le métier mécanique jusque dans la première décennie du XXe siècle. Des ajouts peu nombreux et simples permettent de mécaniser un métier manuel en le transformant en un métier à tisser mécanique (dit « de patacada ») ; cela réduit les coûts que suppose l'accès à l'énergie mécanique et permet de reproduire une structure productive qui a fait ses preuves. Dans la plupart des cas, la machinerie est de fabrication locale, comme l'explique Camprubí (1991a).

Ainsi, lors d'une première phase, l'usage de la vapeur implique la concentration d'une grande partie de la production dans des usines et, dans certains cas, la location de l'énergie de la vapeur à quelques grandes usines de fils et de tissus. Ce type d'énergie suppose donc un investissement initial important pour la construction et l'entretien des usines. À partir des dernières années du siècle, pour les petits entrepreneurs qui ne disposent pas d'un capital suffisant, la solution à ces coûts élevés est à chercher dans l'installation de machines fonctionnant au gaz[21]. Celles-ci ont un bon rendement, elles nécessitent moins d'espace et, comparées aux machines à vapeur, elles posent moins de problèmes d'entretien. Depuis 1859, Manresa dispose d'un réseau d'approvisionnement en gaz, aussi bien pour les entreprises que pour les particuliers. Néanmoins, c'est l'énergie électrique, disponible à Manresa pour les usages industriels depuis les premières années du XXe siècle, qui sera la solution retenue pour mécaniser les petits ateliers. Il ne faut pas oublier que les prix élevés atteints par le charbon au cours de la Première Guerre mondiale provoquent un fort recul de ce type d'énergie au bénéfice de l'électricité, comme l'a bien montré Sudrià (1989). De fait, comme nous l'avons vu, la disparition du métier à tisser manuel s'amorce à partir de 1903 et se confirme entre 1907 et 1916.

Le maintien de la structure du secteur

Bien que cet essai ne couvre qu'une période de trente ans, l'évolution que montre le Graphique 2, dans lequel le nombre de contribuables est mis en relation avec le nombre de métiers à tisser, nous semble suffisamment significative (voir Graphique 2).

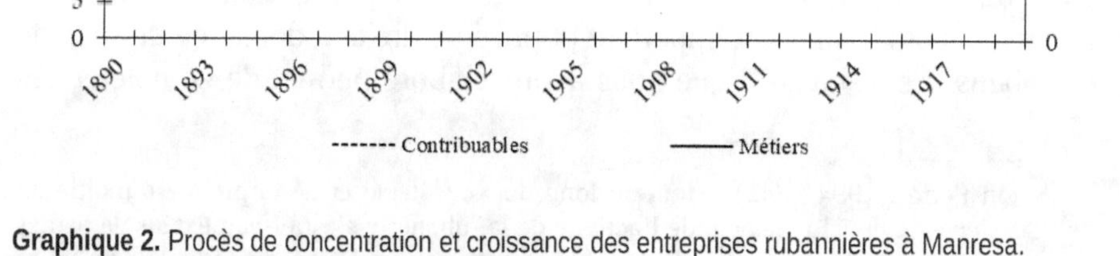

Graphique 2. Procès de concentration et croissance des entreprises rubannières à Manresa. Rapport entre métiers et contribuables (1890-1919)

On voit bien que le nombre de métiers à tisser et celui des contribuables ne présentent aucune différence notable, à l'exception de l'année 1908. Cette

21 Sur l'implantation de l'industrie gazière en Espagne, voir l'article de Sudrià (1983).

évolution en parallèle semble indiquer que la mécanisation n'a pas modifié en profondeur la structure des entreprises. Cependant, quelques précisions nous permettront de nuancer cette affirmation.

Il faut souligner – comme nous l'avons fait dans le cas des métiers à tisser – la croissance du nombre total de contribuables au cours de deux étapes bien différenciées. La première se déroule entre 1890 et 1908. Le nombre de contribuables au début et à la fin de la période envisagée est presque identique, mais on note une forte croissance jusqu'en 1905 puis un recul très net jusqu'en 1908, lequel suppose la perte de près d'un tiers des contribuables. Outre les causes de la crise de 1905 qui sont connues, il faut ajouter une forte conflictualité dans le secteur entre 1907 et 1908, moment qui marque précisément la disparition des métiers à tisser manuels et par-là même celle de bon nombre de petits patrons, une question sur laquelle nous reviendrons. La seconde étape (1908-1919) est celle d'une croissance constante et assez régulière. Malgré tout, il faut attendre plus de dix ans pour retrouver un nombre total de contribuables équivalent à celui de 1905. Cela s'explique par la meilleure productivité des métiers à tisser mécaniques et, bien sûr, par la bonne conjoncture économique que représente la Première Guerre mondiale.

D'autre part, les courbes montrent, à deux reprises, une évolution différente significative. Entre 1904 et 1905, le nombre de métiers est à la hausse, sans que cela corresponde à une augmentation du nombre de contribuables, ce qui indique que les métiers existants n'avaient pas encore atteint la limite de leur capacité de production[22]. Il convient de rappeler, comme on l'a déjà dit, que la production de rubans ne dépend pas d'une demande autonome. Entre 1907 et 1908, la chute du nombre de métiers à tisser qui payent un impôt est loin d'être aussi marquée que celle des contribuables, ce qui nous conduit à penser que la production mécanisée est un élément suffisamment important pour répondre à la demande du marché en rubans. Le Tableau 3 que nous avons élaboré permet de compléter ces

22 Selon Ferrer (1994 : 242), « tout au long du XIXe siècle et de la première moitié du XXe siècle, le développement de l'activité de la rubanerie s'est effectué dans de petites entreprises capables de générer une importante accumulation de capital *mais ne se souciant guère de dépasser une certaine taille*. Le capital accumulé a été affecté à d'autres activités et l'entreprise a conservé sa structure traditionnelle » (c'est nous qui soulignons). Cependant, pour les premières années du XXe siècle, nous croyons que la mécanisation montre que l'accumulation de capital n'était pas très importante et que les PME rubanières ont investi pour s'adapter à une nouvelle conjoncture énergétique et ne pas avoir à fermer.

affirmations : on y compare la taille des entreprises (en fonction du nombre de métiers à tisser) selon qu'elles utilisent des métiers mécaniques ou manuels. Bien sûr, la division est subjective[23], mais nous pensons qu'elle est un assez bon reflet de la réalité.

Année	Métiers à tisser manuels				Métiers à tisser mécaniques			
	A	B	C	D	A	B	C	D
1889	17	5	-	-	-	-	1	-
1890	15	6	1	-	-	-	-	-
1891	15	6	1	-	-	-	-	-
1892	14	7	1	-	-	-	-	-
1893	16	9	-	-	-	1	1	1
1894	20	8	-	-	-	1	1	1
1895	20	7	-	-	-	1	1	1
1896	20	6	-	-	-	2	1	1
1897	21	6	-	-	-	2	1	1
1898	19	7	-	-	-	2	1	1
1899	20	6	-	-	-	2	1	1
1900	16	6	-	-	3	3	2	1
1902	17	5	-	-	6	2	-	1
1903	17	6	-	-	7	1	3	1
1904	15	6	-	-	7	3	1	3
1905	14	5	-	-	7	2	4	3
1906	10	3	-	-	9	2	4	1
1907	9	3	-	-	8	4	6	1
1908	6	-	-	-	8	4	6	1
1909	6	-	-	-	7	6	5	3
1910	5	-	-	-	10	10	4	2
1913	3	-	-	-	10	15	3	2
1914	2	-	-	-	11	13	5	2
1915	2	-	-	-	12	13	5	2
1916	2	-	-	-	14	14	6	2
1919	-	-	-	-	17	14	5	2

Tableau 3. Comparaison entre la taille de l'entreprise et la mécanisation.

Source : Élaboration personnelle à partir de la Contribution industrielle [AHCM].

23 Aucun des travaux relatifs à la production de rubans ne distingue les entreprises selon leur taille. Ils partent en effet du principe que celle-ci est toujours réduite. Oliveras (1986 : 78), Ferrer (1994 : 243), Camprubí (1990).

La lettre A renvoie aux entreprises qui possèdent entre un et trois métiers à tisser, un nombre qui permet leur installation au domicile des rubaniers et qui peut, par conséquent, correspondre aux ateliers des chefs d'atelier. La lettre B correspond à celles qui disposent de quatre à sept métiers, c'est-à-dire aux petites entreprises caractéristiques du travail dispersé. Les entités de huit à dix-neuf métiers, identifiées comme entreprises moyennes qui nécessitent déjà une structure manufacturière minimale, sont regroupées sous la lettre C. La lettre D quant à elle désigne les grandes entreprises de vingt métiers ou plus.

Le tableau est assez parlant. Aucun centre de production utilisant des métiers à tisser manuels n'a jamais dépassé la taille de ce que nous appelons la petite entreprise, mais il convient avant tout de noter qu'il s'agit d'ateliers « familiaux », situés dans des maisons privées de Manresa. Il est intéressant de remarquer que, à partir de 1902, avec la possibilité d'adopter l'énergie électrique[24], le nombre de centres de production de très petite taille qui s'équipent de métiers à tisser mécaniques s'accroît de façon notable. La croissance du nombre de moyennes entreprises (B-C), très importante en 1913 et soutenue au cours des années qui suivent, indique une consolidation de la production ainsi qu'une plus grande dispersion des entreprises.

La conflictualité

Tout processus qui implique un changement dans l'organisation productive existante génère un certain type de conflit, car des intérêts divergents – pas nécessairement contradictoires –, notamment dans une conjoncture défavorable (une faible demande, par exemple), sont souvent difficiles à concilier. Cette affirmation doit être comprise dans le cadre de la structure productive particulière de la rubanerie manrésienne, telle que nous l'avons définie. Elle ne prétend pas aller plus loin. Le secteur de la rubanerie, trop spécialisé pour marquer une évolution qui lui soit propre, est souvent bien éloigné des préoccupations qui affectent le reste de la production textile cotonnière. Les conflits qui se développent dans le secteur de la rubanerie au tournant du siècle sont avant tout de deux types : il y a ceux qui concernent les contrats de travail, dans lesquels on précise le montant des

24 Depuis 1895, Manresa dispose d'un réseau de distribution d'électricité pour l'éclairage privé et, depuis les premières années du siècle, pour l'usage industriel. Camprubí (1991b : 313 et 1996 : 72-73).

prix tout en donnant des éléments pour qu'ils soient appliqués[25], et ceux qui sont directement liés à la mécanisation du secteur.

En ce qui concerne le premier type de conflits, il est intéressant de souligner le problème spécifique que pose la dualité existante entre production mécanique et production manuelle. En novembre 1904, les rubaniers se mettent en grève pour obtenir de leurs employeurs la signature d'un nouveau contrat de travail, celui signé en 1899 arrivant à expiration. Les ouvriers et les chefs d'atelier font ensemble une proposition de nouveau contrat. Les patrons, en revanche, semblent divisés : aucun des propriétaires de métiers à tisser mécaniques ne signe l'accord, mais sur les douze propriétaires de métiers manuels, sept l'acceptent[26]. Le problème principal, dans un secteur où l'on travaille à la tâche, reste la somme d'argent que paie l'employeur pour chaque pièce fabriquée. Le fait que coexistent métiers à tisser mécaniques et manuels ajoute un élément nouveau à la négociation. La part de la remise, déjà mentionnée, que les « ouvriers mécaniques » paient à leur patron au titre des dépenses d'énergie et de maintien des machines, est au cœur des négociations : si elle est très élevée, la rémunération du travail est inférieure au seuil de subsistance et elle empêche la concurrence de la production manuelle. Au contraire, si ce pourcentage est trop réduit, le coût de production des métiers à tisser mécaniques est plus élevé que celui des métiers manuels, ce qui peut avoir des conséquences sur leur compétitivité[27]. En outre, les ouvriers des métiers à tisser manuels demandent à leurs employeurs une répartition équitable des commandes afin de garantir la subsistance de chacun d'entre eux. La grève prend fin en février 1905 lorsque les patrons, confrontés au problème des commandes non satisfaites, et les ouvriers, qui subissent les conséquences de la perte de revenus[28], se mettent d'accord pour fixer à 47% la remise sur les rubans de couleur et à 45% celle sur les rubans bruts[29].

25 Le tarif « syndical », selon Coriat (1993 : 13-14), est un dispositif complexe qui tient compte à la fois du taux de salaire par pièce produite et du temps requis pour la fabriquer. Dans le cas du travail à domicile, que nous étudions ici, le tarif est un document fondamental qui est toujours accompagné d'un certain nombre d'indications qui précisent sa mise en application de façon stricte.

26 Il ne s'agit pas d'une grève générale puisque les travailleurs acceptent de travailler pour les patrons qui signent le contrat, ce que ces derniers finiront tous par faire progressivement.

27 À titre indicatif, le taux de remise devrait se situer entre 40% et 45% selon les ouvriers et autour de 50% pour les patrons [AHCM : liasse « Reformas Sociales »].

28 Le conflit témoigne de la solidarité de la classe ouvrière puisque les « travailleurs manuels » cèdent une partie de leur travail aux « travailleurs mécaniques », tandis

À partir de 1907, qu'il s'agisse des patrons ou des ouvriers, les intérêts du travail regroupé s'éloignent peu à peu de ceux du travail dispersé. Sans doute faut-il y voir la preuve la plus évidente que l'équilibre entre la production mécanique et la production manuelle s'est brisé au profit de la première, tandis que les intérêts de classe sont momentanément mis de côté au profit d'une lutte pour la subsistance. Le refus que les chefs d'atelier opposent à l'appui d'une grève ouvrière[30], les incidents verbaux et physiques entre les membres de la Société des chefs d'atelier et ceux de la Société des ouvriers[31], tout comme les pressions constantes et les menaces exercées par les patrons du travail dispersé contre les patrons du travail réuni[32], ne peuvent se comprendre que dans ce contexte.

Cette situation conflictuelle éclate entre 1908 et 1909 dans le cadre de la Commission mixte des rubaniers. C'est l'offensive lancée par les ouvriers contre le système de mesure des pièces produites qui met le feu aux poudres. D'abord, ils demandent que deux pièces, avec leurs marques respectives, servent de modèle ; d'autre part, ils souhaitent que l'ouvrier soit physiquement présent lors de la mesure de la production[33]. La Société des chefs d'atelier et les fabricants se regroupent dans un front commun : le 21 novembre 1908, il est décidé que seuls les fabricants peuvent déterminer

---

qu'une aide financière est reçue d'autres villes industrielles comme Sabadell et Terrassa. *Diario de Avisos*, 25 novembre 1904 et 18 mars 1905 ; *El Pla de Bages*, 24 novembre 1905.

29 Dans la pratique, cet accord est ignoré par les patrons qui paieront toujours un tarif inférieur à celui qui a été fixé. Cela provoque plusieurs conflits dans les mois qui suivent. En 1906, on parvient finalement à un nouvel accord qui ne sera pas non plus respecté. « Acort entre'l Capital y'l Trevall del art de vetas de cotó y fil en teler de rem y mecánich » (Accord entre le patronat et les ouvriers dans le secteur des rubans de coton et fil en métier à la barre et mécanique) [AHCM : liasse « Reformas Sociales »].

30 La Société des chefs d'atelier rubaniers envoie deux lettres au maire, datées du 28 juillet et du 8 août 1907, dans lesquelles elle sollicite que soit garanti le droit au travail pour ceux qui n'appuieraient pas la grève [AHCM : liasse « Reformas Sociales »].

31 Lettre de la Société des chefs d'atelier au maire, datée du 11 septembre 1907 [AHCM : liasse « Reformas Sociales »].

32 Le 13 septembre 1907, certains patrons du travail réuni envoient des lettres au gouverneur civil pour protester contre les agissements des patrons et des ouvriers du travail dispersé [AHCM : liasse « Reformas Sociales »].

33 S'appuyant sur des cas concrets, ils accusent les chefs d'atelier de facturer une somme inférieure à celle qui est stipulée dans le tarif décidé (« Acta de la Comisión Mixta de 15 de octubre de 1908 ») [AHCM : liasse « Reformas Sociales »].

la manière de mesurer les rubans ; de même, ils demandent que des apprentis non membres soient présents dans leurs ateliers.

Si les maîtres des usines n'interviennent pas dans cette lutte entre les intérêts des « ouvriers mécaniques » et ceux des « ouvriers manuels », ce n'est pas le cas des patrons du travail dispersé qui le font avec une certaine fermeté. Dans des lettres qu'ils adressent au gouverneur civil[34], fabricants et chefs d'atelier affirment que les ouvriers prétendent « écraser les fabricants du travail dispersé et ainsi servir les intérêts machiavéliques des fabricants du travail réuni » ; ils ajoutent que la classe ouvrière « la classe ouvrière travaille consciemment comme un instrument au service des fabricants du travail réuni, au détriment de ceux du travail séparé… ».

L'inspecteur régional du travail est celui qui comprend le mieux la réalité du problème entre le travail regroupé et le travail dispersé. Dans un rapport sur la situation à Manresa qu'il adresse au gouverneur civil, il écrit :

> […] s'il était possible (...) que ceux-ci [les chefs d'atelier] se structurent en société coopérative industrielle, capable de lutter sur un pied d'égalité avec les entrepreneurs qui disposent de métiers à tisser regroupés, cet état de fait disparaîtrait, réduisant le mécontentement à celui qui existe habituellement entre les fabricants et les travailleurs.

Plus loin il ajoute :

> L'esprit d'association, unique moyen de s'émanciper des patrons, n'existe malheureusement pas entre ces personnes, or avec elle [la coopérative] ils auraient plus de crédit, ils pourraient avoir des représentants itinérants et la lutte avec les autres fabricants serait possible.

Il termine en précisant que « la concurrence est grande, les conditions dans lesquelles on travaille sont très différentes, et par conséquent le problème n'a pas de solution définitive »[35]. Pour l'inspecteur, le problème existant dans la rubanerie manrésienne tient à trois facteurs différents (les fabricants, les chefs d'atelier et les ouvriers). Les autorités ont donc estimé que la création d'une entreprise sous la forme d'une coopérative était la solution au conflit social des rubaniers, lequel se résumerait ainsi à une simple question de concurrence commerciale. Mais le fait est que les chefs d'atelier ne pouvaient que difficilement obtenir les capitaux nécessaires à

---

34 Datées du 15 et du 31 décembre 1908 [AHCM : liasse « Reformas Sociales »].

35 Rapport du gouverneur civil au maire de Manresa, 26 janvier 1909 [AHCM : liasse « Reformas Sociales »].

la création d'une nouvelle entreprise et, surtout, il leur était difficile de rivaliser en pénétrant le marché avec leurs propres représentants.

Globalement, il est très intéressant de mettre en parallèle le cas de la rubanerie de Manresa et celui de la région stéphanoise, à la même époque, en raison de l'importance que prend, dans les deux cas, la tarification du travail comme instrument légal préalable, antérieur au contrat de travail (Didry, 2014). Dans les deux cas, la tarification est le cheval de bataille entre négociateurs, chefs d'atelier et ouvriers ; c'est un document qui doit être négocié en détail chaque année et qui, en fait, vise à rapprocher les charges des patrons dont le travail est dispersé et celles des patrons dont le travail est concentré en usine, de sorte qu'il témoigne de la progressive prolétarisation des chefs d'atelier. Ces derniers perdent peu à peu la conscience d'être des artisans « propriétaires », ce qui les conduit à lutter aux côtés des ouvriers afin d'améliorer leurs conditions de travail. En France, quand les conventions collectives se mettent en place, la tarification du travail est perçue comme une façon injuste de réguler les relations entre les entrepreneurs, les chefs d'atelier et les ouvriers, alors qu'en Espagne, en pleine période de la Restauration, la législation applique une nouvelle règlementation relative au travail à domicile.

*

Dans l'ensemble, la situation des rubaniers manrésiens au début du XXe siècle constitue un exemple de développement du capitalisme alternatif, différent du système de l'usine, et qui a survécu jusqu'à la fin du XXe siècle dans divers districts industriels textiles européens.

Ainsi, de façon naturelle, les conditions typiques permettant de définir un district ont été réunies à Manresa : le maintien d'une structure de PME dans laquelle les entreprises rivalisent tout en collaborant, ainsi que l'existence d'une industrie auxiliaire permettant au district d'être concurrentiel face aux usines moyennes qui se développent simultanément dans la ville, ou même vis-à-vis des grandes entreprises étrangères présentes sur le marché espagnol, comme celle qui fut créée à Gérone, en Catalogne (Forn, 1995).

Il s'agit donc d'un cas de relations de travail et de propriété qui semble atypique dans la société libérale du XXe siècle, mais que l'on retrouve en réalité dans différentes villes européennes spécialisées dans la fabrication de produits comme les rubans. Celle-ci nécessite un certain savoir-faire, avec des systèmes de transmission de l'apprentissage régulés. La technologie qui est la leur est difficile à moderniser, au point que l'on peut être compétitif tout en maintenant les anciens ateliers de tissage qui ne requièrent pas de gros investissements : les artisans en étaient déjà propriétaires par transmission familiale.

Le fait que le droit du travail couvre largement le cas du travail à domicile, tant en Espagne qu'en France (Didry, 2014), indique l'étendue de ce type de travail dans différents secteurs industriels.

À l'évidence, cette structure d'entreprise ne disparaît pas purement et simplement avec le changement technologique (la mécanisation du métier à tisser) ; elle survit jusqu'à ce que l'investissement nécessaire au changement de machine soit trop coûteux pour une petite entreprise familiale. Dans tous les cas, elle se maintient dans le temps quelle que soit l'évolution des systèmes de production. Même si l'innovation technologique, en l'occurrence l'accès à de nouvelles sources d'énergie mécanique, met ce groupe de petites entreprises artisanales en difficulté, la structure du secteur se maintient car les propriétaires peuvent faire face à des investissements modestes qui leur permettent de continuer à travailler.

En résumé, le cas des rubaniers de Manresa montre l'importance de la transmission du métier et des moyens de production pour que se maintienne la structure caractéristique du district industriel dans une localité qui a une longue tradition dans ce secteur et qui incorpore, par ailleurs, les habitudes du travail domestique de toute la famille.

Références bibliographiques

Boletín del Instituto de Reformas Sociales, t. XI (mai 1905), p. 830-831 ; t. XXIX (novembre 1906), p. 348-349 ; et t. XL (octobre 1907), p. 298-299.

CAMPRUBÍ Josep, 1990. « La indústria cintera a Manresa (segles XV al XX) », *Miscel.lània d'Estudis Bagencs*, 6, p. 177-204.

CAMPRUBÍ Josep, 1991a. « Activitats comercials i industrials », *in* M. Riu (dir.), *Història de la ciutat de Manresa (1900-1950)*, Manresa, Caixa de Manresa, vol. 2, p. 244-245.

CAMPRUBÍ Josep, 1991b. « Els serveis d'Electricitat, Gas i Telèfon », *in* M. RIU (dir.), *Història de la ciutat de Manresa (1900-1950)*, Manresa, Caixa de Manresa, vol. 2, p. 313-319.

CAMPRUBÍ Josep, 1996. *Una Revolució a Manresa. 100 anys de llum elèctrica 1894-1994*, Manresa, Llibreria Sobrerroca.

CATALÁN Jordi, 2011, « Distritos y *clusters* en la industrialización española. Una visión a largo plazo », *in* F. LE BOT & C. PERRIN (dir.), *Les Chemins de l'industrialisation en Espagne et en France. Les PME et le développement des territoires (XVIIIe-XIXe siècle)*, Bruxelles, PIE Peter Lang, p. 71-137.

CORIAT Benjamin, 1993. *L'Atelier et le chronomètre. Essai sur le taylorisme, le fordisme et la production de masse*, Paris, Christian Bourgois Éditeur.

DIDRY Claude, 2014. « Ressource juridique ou contre-pouvoir ? À la recherche du syndicat dans les accords collectifs en France au tournant des XIXe et XXe siècles », *in* C. MAITTE, D. TERRIER (dir.), *Histoire des temps du travail en Europe*, XIVe-XIXe siècle, Rennes, Presses universitaires de Rennes, p. 287-299.

FAURE Alain, 1986. « Petit atelier et modernisme économique : la production en miettes au XIXe siècle », *Histoire, Économie et Société*, 4, p. 531-557.

FERRER Llorenç, 1994. « La cintería en Manresa en el siglo XIX. Industrialización y pequeña empresa », *in* J. NADAL, J. CATALÁN (dir.), *La Cara oculta de la industrialización española. La modernización de los sectores no líderes (siglos XIX y XX)*, Madrid, Alianza Editorial, p. 225-266.

FORN Francesc, 1995. *De Grober a Grobelàstic, 1890-1984. La continuïtat en la labor empresarial*, Grobelàstic, SA, Arenys de Munt.

LE BOT Florent, PERRIN Cédric, 2011. « Des historiographies en perspective. PME, territoires et industrialisation en Espagne et en France », *in Les Chemins de l'industrialisation en Espagne et en France. Les PME et le développement des territoires (XVIIIe-XXIe siècle)*, Bruxelles, PIE Peter Lang, p. 20-71.

MALUQUER DE MOTES Jordi, 1987. « De la crisis colonial a la guerra europea: veinte años de economía española », *in* J. NADAL, A. CARRERAS & C. SUDRIÀ (dir.), *La Economía española en el siglo XX. Una perspectiva histórica*, Barcelona, Ariel, p. 62-104.

OLIVERAS Josep, 1986. *La Consolidació de la ciutat industrial: Manresa (1871-1900)*, Manresa, Ed. Caixa de Manresa.

RAVAU Jean, 1979. *L'Industrie du ruban à Comines du XVIIIe siècle à nos jours*, Comines (Mémoires de la société d'histoire de Comines-Warneton et de la region, t. 9, fasc. 1).

REYNAUD Brigitte, 1981. *L'Industrie rubanière dans la région stéphanoise (1895-1975)*, Saint-Étienne, Publications de l'Université de Saint-Étienne et Centre d'études foréziennes.

RONQUILLO José Oriol, 1853. *Diccionario de materia mercantil, industrial y agrícola* (tome II), Barcelona, Imprenta de D. Agustín Gaspar.

SARRET Joaquim, 1923. *Història de la indústria, del comerç i dels gremis de Manresa*, Manresa, Impremta de Sant Josep.

SOLÀ Àngels, VIRÓS Lluís, 2016. « Los aprendices de veleros de Manresa, 1758-1797 (una nota de investigación) », communication présentée lors des *XVIe Jornadas de Historia del Trabajo*, Grupo TIG, Université de Barcelone, les 30 et 31 mai 2016.

SUDRIÀ Carles, 1983. « Notas sobre la implantación y el desarrollo de la industria del gas en España, 1840-1901 », *Revista de Historia Económica*. 1 (2), p. 97-118.

VILA Despujol Ramon, VIRÓS Lluís, 2001. « Cambio técnico y conflicto social en la industria de las cintas de algodón (Manresa, 1890-1919) », *in* C. ARENAS, A. FLORENCIO & J. PONS (dir.), *Trabajo y relaciones laborales en la España Contemporánea*, Sevilla, Mergablum, p. 505-519.

VIRÓS Lluís, 1997. « Llenguatge i tecnologia dels vetaires manresans (vocabulari tradicional de la cinteria) », *in* D. FONT (dir.), *Aspectes de la llengua catalana al Bages*, Manresa, Centre d'Estudis del Bages i Òmnium Cultural (Miscel·lània d'Estudis Bagencs, 9), p. 195-228.

À l'atelier, chez soi ou à la fabrique

Comment rester luthier au début du XXe siècle ?

Hélène CLAUDOT-HAWAD

Jusqu'au milieu du XXe siècle, les luthiers établis dans différentes régions de France sont en majorité originaires de Mirecourt. Cette petite ville des Vosges est le berceau de la lutherie française, une pratique artisanale qui s'y implante au XVIIe siècle et prendra un essor véritable à partir de la deuxième moitié du XVIIIe siècle (Rothiot, 2013). La concentration de cette activité artisanale à Mirecourt donne naissance à de véritables dynasties de luthiers dont les noms – inscrits dans les violons, altos, violoncelles et contrebasses de leur fabrication – traversent les siècles et les pays. Mirecourt a en effet exporté au niveau national et international un grand nombre d'instruments de musique, mais aussi beaucoup d'hommes de métier. Les luthiers formés dans les ateliers mirecurtiens sont partis exercer leur art dans les grandes villes de France[1], d'Europe et d'autres continents, notamment en Amérique.

Parmi les activités artisanales puis manufacturières de la cité vosgienne, la fabrication de violons pour les hommes et de dentelles pour les femmes a occupé jusqu'au début du XXe siècle une place originale dans l'économie locale et dans l'imaginaire régional. Le luthier et la dentellière formaient le couple emblématique des artisans mirecurtiens d'autrefois. Cependant, leur situation a souvent rimé avec dureté des conditions de travail, revenus misérables et pauvreté endémique, poussant ces artisans à changer de métier ou à diversifier leurs activités pour

---

1 Sur l'implantation des luthiers mirecurtiens à Paris, voir Sylvette Milliot (2013) ; sur les phases d'expansion de la lutherie, voir *L'âme et la corde*, 1983.

survivre. Quelles stratégies professionnelles ont développé les artisans luthiers – qu'ils soient patrons ou « ouvriers » (au double sens originel du terme : « celui qui fabrique » et « celui qui loue ses services moyennant salaire ») – pour « s'en sortir » ? Cette question lancinante s'est posée de manière récurrente pendant la première moitié du XXe siècle, bouleversée par quatre grandes crises qui ont failli aboutir à la disparition du métier de luthier. Je m'appuierai sur des enquêtes menées dans les années 1980 auprès de différents luthiers originaires de Mirecourt au sujet de leurs itinéraires professionnels personnels[2].

« On ne demandait pas leur avis aux enfants »

Les entretiens réalisés portent sur le parcours de douze personnes nées entre 1895 et 1907. Dix d'entre elles ont fait un apprentissage complet de lutherie ou d'archèterie artisanales. Une onzième a appris la fabrication artisanale des chevalets et se considère également comme « luthier ». Il s'agit uniquement d'hommes. Artisan luthier est un métier strictement masculin jusqu'aux années 1970, à trois ou quatre exceptions près depuis la naissance de la lutherie en France. Les femmes qui ont fabriqué et signé leurs violons entre le XIXe et le début du XXe siècle étaient soit femme soit fille de luthier et travaillaient dans l'atelier familial, comme Mme Chanot dans la première moitié du XIXe siècle (Desmarais, 1836) ou Jenny Bailly au début du XXe siècle, qui prit la succession de son père. Le douzième parcours est celui d'une ouvrière en lutherie travaillant à l'usine et affectée à l'une des opérations de fabrication des instruments ; elle-même est l'épouse de l'un des luthiers interrogés.

Toutes ces personnes sont originaires de Mirecourt ou des villages environnants. La plupart indiquent que, à leur génération, le choix personnel n'a joué aucun rôle dans leur orientation professionnelle. C'étaient les parents qui décidaient. Comme le souligne Pierre Enel (né en 1903), « De mon temps, on ne demandait pas leur avis aux enfants. Tu feras ci, tu feras ça, et encore autre chose. Il n'y avait rien à dire ». Dans le contexte du début du XXe siècle, on constate que les enfants, au moment où ils sont orientés vers la lutherie, sont 7 (sur les 12 concernés) à être privés de la présence de leurs pères, soit décédés soit mobilisés à la guerre de

---

2 Ce corpus d'enquêtes orales est présenté en détail dans les Carnets de la phonothèque (Maison Méditerranéenne des Sciences de l'Homme) sur le site : http://phonotheque.hypotheses.org/ganoub/le-metier-de-luthier.

1914-1918. Dans ce cas, c'est la mère de famille ou encore un oncle qui a pris la décision de leur faire apprendre la lutherie.

Pour les garçons issus de familles déjà dans le métier, l'orientation est quasi automatique. L'archetier Charles-Alfred (né en 1907), qui espérait poursuivre ses études au lycée, raconte comment la pression paternelle s'exerça pour qu'il rejoigne l'atelier familial, alors qu'il avait 14 ans et était au collège :

> Je voulais être vétérinaire. Arrivent les grandes vacances... C'était en 1922. Le commerce marchait à plein tube. Le père dit : « Monte donc à l'atelier, tu nous rendras quelques services ». Bon ! Et quand est arrivée la rentrée d'octobre : « Tu vois, tu ne t'es pas déplu. Tu t'es bien mis au travail manuel. Eh bien, tu vas rester ! » À l'époque, on ne discutait pas avec les parents. Je suis resté.

Certains luthiers cependant disent avoir choisi ce métier délibérément. C'est le cas de Pierre Claudot (né en 1906) qui, au contraire, a dû convaincre sa mère veuve de l'autoriser à faire cet apprentissage, alors qu'elle était au départ réticente à son projet de devenir luthier comme l'était son père, Félix Claudot. Pour d'autres, la lutherie représentait alors à Mirecourt l'horizon professionnel le plus évident et le plus stable. C'était un vivier d'emplois. Pour le monde ouvrier, selon Robert Baumann (né en 1907), « c'était soit la lutherie, soit la Cotonnière » (filature de coton). Il n'y avait pas de choix à proprement parler. Eugène Guinot (né en 1905) à la question de savoir pourquoi il avait voulu être luthier plutôt que vigneron comme son père, un métier il est vrai en déclin à cette période en raison du phylloxera, répondait : « À Mirecourt, tout le monde était luthier à cette époque-là. Presque tout le monde ».

Les luthiers de l'enquête sont presque tous fils de luthiers – certains descendent d'une lignée luthière sur plusieurs générations. Seuls deux d'entre eux sont issus d'un autre milieu, celui de l'agriculture ; pour ces derniers, le choix de la lutherie s'est fait pour des raisons économiques davantage que par affinité ou par tradition, bien que l'un d'eux ait quand même de lointains ascendants luthiers. Par ailleurs, dans les parcours pris en compte, il y a trois fils de patrons : dans un cas, il s'agit d'un patron d'usine employant plusieurs centaines d'ouvriers et, dans les deux autres cas, de patrons d'entreprises moyennes, comptant de 10 à 50 ouvriers dans les années 1920 et menant des activités de fabrication en partie mécanisée. Il y a également le fils d'un petit patron luthier décédé, issu d'une lignée de luthiers, mais qui n'avait aucun ancrage dans un atelier familial en activité à Mirecourt. Tous les autres sont issus de familles d'artisans luthiers embauchés dans les ateliers artisanaux ou encore d'ouvriers travaillant dans les fabriques de lutherie. Jusqu'au milieu du XXe siècle, les déterminismes à l'œuvre pour exercer le métier d'artisan luthier relèvent de la filiation, de la résidence et du genre. Pour un jeune Mirecurtien, devenir luthier avait à cette période un parfum de fatalité.

La lutherie entre facture artisanale et fabrication industrielle

Au tournant du XXe siècle, la production d'instruments à cordes frottées (violon, alto, violoncelle, contrebasse) et à cordes pincées (guitares, mandolines) est une activité économique importante à Mirecourt. Elle est associée à la fabrication des instruments à vent et à bois dans certaines entreprises. De nombreuses activités économiques sont liées à la lutherie, comme par exemple la fabrication de l'outillage, celle des accessoires ou le débit de bois de lutherie. Les maisons de lutherie se distribuent en différentes catégories. La plus répandue reste le petit atelier artisanal, un modèle hérité des XVIIIe et XIXe siècles : son recrutement, basé sur la famille, compte le patron luthier, son ou ses fils, et un ou deux apprentis. L'extension de cette unité au-delà du cercle familial correspond à l'atelier artisanal moyen qui réunit de 5 à 50 ouvriers. Enfin, la manufacture (appelée localement « Grande Maison » par opposition aux « Petites Maisons » précédentes), est une configuration qui est apparue dans la seconde moitié du XIXe siècle, regroupant des centaines d'ouvriers. À ces structures, s'ajoutent les luthiers qui travaillent seuls à domicile en produisant pour les diverses maisons de lutherie : il s'agit souvent de professionnels très habiles se passant de contremaître, ou encore de luthiers occasionnels comme les paysans-luthiers qui pendant la saison hivernale taillent certaines parties de l'instrument destinées aux manufactures.

Selon les chiffres d'Éric Tisserand (2013 : 94), on dénombre, en 1896, 200 petits artisans luthiers dans la région de Mirecourt et 14 ateliers de 5 à 50 ouvriers. Dix ans plus tard, le recensement de 1906 indique que la lutherie occupe 631 personnes, dont plus de 72% à Mirecourt même. Les autres intervenants de ce secteur se répartissent entre 24 communes de proximité avec une concentration de luthiers fabricants dans les villages alentour, à « Mattaincourt (54 luthiers), Poussay (42 luthiers) et Juvaincourt (29 luthiers) » dont la production est destinée à des maisons mirecurtiennes (Tisserand, 2013 : 84-96). Les premières manufactures de

Mirecourt sont Thibouville-Lamy, créée en 1857, et Laberte-Humbert Frères, née près de vingt ans plus tard, en 1876. Dans le catalogue de Thibouville-Lamy de 1906, on lit que « plus de 150 000 instruments sortent annuellement » de la fabrique de Mirecourt, chaque série portant une marque (choisie entre plus d'une trentaine) déterminée en fonction de sa qualité. La firme qui vend également des instruments à vent et bois comprend d'autres usines, une à Paris et une à La Couture.

Figure 1. L'atelier de vernissage de la Maison Laberte-Humbert Frères [s.d.] (archives de l'auteure)

Au début du XXe siècle, la demande en instruments de musique est forte, suscitant l'implantation de deux autres manufactures de lutherie dans la cité vosgienne. L'entreprise Couesnon de Paris – dont la principale activité est la fabrication et la vente de cuivres et bois – installe une succursale à Mirecourt pour les instruments à cordes[3]. Une autre manufacture, Mamlock, s'établit en produisant notamment des violons moulés. Ces entreprises ont développé le « travail à la division », qui scinde les opérations de fabrication de l'instrument, chaque ouvrier ne réalisant plus qu'une partie du violon. La mécanisation de certaines tâches se met

3 Sur Couesnon à Paris, voir Thomas Le Roux (2002).

progressivement en place. Par exemple, de nouvelles techniques de moulage à chaud de la voûte et du fond du violon (normalement creusés dans l'épaisseur du bois) sont employées pour limiter au maximum les coûts de production ; des presses spéciales sont créées à cet usage. L'objectif est de proposer des instruments de musique – destinés notamment à l'étude – moins onéreux que les violons de maîtres, réalisés à la main et intégralement par un artisan d'art.

À l'usine, la séparation des opérations de lutherie aboutit à féminiser une partie de la main-d'œuvre. Les femmes sont assignées à des tâches particulières dites de « précision », comme le vernissage, le montage des moules de violon, le méchage des archets ou le garnissage des étuis. Elles sont regroupées en « chantiers » correspondant chacun à une étape de fabrication. Madame Geneviève Baumann (née Marchand), elle-même issue d'une famille de luthiers, raconte comment, dès l'âge de treize ans, elle a appris à l'usine le finissage des archets manufacturés qui comprenait plusieurs opérations. Après le polissage, elle faisait la mortaise, posait la mèche et le recouvrement en nacre de l'archet qu'elle ajustait sur la hausse. Il fallait traiter une douzaine d'archets par jour pour pouvoir survivre.

Parallèlement aux manufactures, les petits ateliers subsistent en produisant des instruments de qualité entièrement faits à la main. Pour gagner du temps, cependant, les artisans luthiers se limitent souvent à fabriquer un violon sans la tête et « en blanc », c'est-à-dire non verni. En effet, le vernissage exige de préférence un local dédié pour éviter la poussière. Quant à la fabrication des têtes de violon, c'est un travail à la gouge qui relève de la sculpture, alors que l'outil essentiel du luthier – celui dont l'usage intense permet d'être aussi habile que rapide – reste le canif. Ces opérations sont donc déléguées à des spécialistes : vernisseurs et fabricants de têtes. Les luthiers nés au début du XXe siècle précisent qu'il fallait fabriquer 2 à 3 violons en blanc par semaine pour pouvoir survivre, ce qui impliquait de la part de l'artisan la maîtrise parfaite du geste technique associé à une extrême rapidité d'exécution.

Comment devenir luthier ?

Des crises à répétition, à l'échelle mondiale, marquent la première moitié du XXe siècle, entraînant de profondes mutations du métier et de son organisation locale.

Le premier séisme est la Grande Guerre. Lorsqu'elle éclate en 1914, les luthiers de l'enquête sont des enfants de 7 à 11 ans, à l'exception d'un seul qui est âgé de 19 ans et sera envoyé au front, comme tous les hommes valides. La mobilisation militaire générale entraîne la fermeture de nombreux ateliers de lutherie. Dans un contexte aussi troublé, comment devenir luthier ? Ce métier nécessite des compétences longues et difficiles à acquérir, qui concernent non seulement les savoir-faire complexes de la fabrication, mais à terme également la connaissance des instruments, des styles, des écoles de lutherie, pour être capable d'identifier, de reproduire ou de restaurer les instruments. Après l'apprentissage proprement dit, de nombreuses années de pratique en atelier sont encore nécessaires pour se perfectionner. Il faut dix ans, dit-on, pour faire « la main » d'un luthier.

L'apprentissage se fait sous la responsabilité d'un maître luthier dans le cadre d'un atelier artisanal, qu'il soit familial ou non. Il dure entre deux ans et demi et trois ans. Il commence habituellement à partir de 12 ans après le certificat d'études. Il n'y a pas de contrat écrit, ni de rémunération pour les apprentis. Les Mirecurtiens avaient cependant un avantage dans ce dispositif : ils ne payaient pas pour apprendre le métier, au contraire des jeunes gens arrivant de l'extérieur. Pour encourager les apprentis à bien travailler, de petites gratifications étaient pratiquées au gré du patron comme le raconte Eugène Guinot, né en 1905 et apprenti à 12 ans chez Émile Audinot : « De mon temps, on n'était pas payé. On n'était payé qu'au bon vouloir du patron, quand il était content, il nous donnait la pièce, c'était tout. » Pour récompenser les meilleurs apprentis, enfin, un concours annuel était organisé avant la guerre de 14-18 par le syndicat des patrons luthiers. Durant la guerre, plus personne de l'extérieur ne vient apprendre la lutherie à Mirecourt. Cependant, trouver une place d'apprenti luthier reste difficile pour les enfants mirecurtiens car beaucoup d'ateliers ont fermé. Ainsi, lorsque le luthier Charles Enel, installé à Paris, décide d'orienter vers la lutherie son neveu orphelin, Pierre Enel, né en 1903, il semble qu'aucun atelier mirecurtien ne puisse l'accueillir. Comme le précise Pierre Enel, « ils étaient tous partis » (à la guerre). C'est pourquoi, l'enfant commence à travailler dans la ferblanterie avec ses frères avant de pouvoir débuter son apprentissage un an plus tard chez Léon Mougenot, le maître-luthier qui a déjà formé son oncle. Une fois l'apprentissage achevé, l'oncle fait venir directement son neveu à Paris pour qu'il travaille dans son atelier.

À la fin de la guerre, le bilan est lourd à Mirecourt. De nombreux luthiers ont perdu la vie. D'autres sont revenus diminués, blessés ou gazés. Certaines maisons ont perduré pendant la guerre grâce aux femmes qui ont endossé le rôle des hommes. Louis Jeandel, fabricant de chevalets, cite deux cas de ce type dans sa famille lors des situations de crise, l'une avant et l'autre pendant la Grande Guerre :

> La grand-mère s'est trouvée veuve deux fois, et elle a continué à travailler seule. Elle a dirigé la maison avec des ouvriers, et à ce moment-là, ça avait pris assez d'importance parce qu'ils faisaient du travail pour Mirecourt, du débit de bois pour les usines de Mirecourt [...] Et puis quand elle est décédée, vers 1910, je crois, c'est sa fille qui lui a succédé. Sa fille a tenu un bon moment, et puis à la première guerre mondiale, elle s'est trouvée veuve aussi et j'ai racheté [après la guerre] cette affaire ici pour la joindre à celle de mon père [fabricant de chevalets], qu'il avait créée en 1895.

En fait, beaucoup de femmes de luthiers jouaient déjà un rôle actif dans l'entreprise. Par exemple, l'épouse de Léon Mougenot vernissait et montait les violons, ainsi que l'indique le luthier Philippe Dupuy qui lui est apparenté. La grand-mère de Charles-Alfred Bazin fabriquait la colophane pour l'atelier d'archèterie de son époux. Gabrielle Laberte, épouse d'Auguste Laberte, assurait la comptabilité de la manufacture.

Relancer la lutherie artisanale

Après la Première Guerre mondiale, la disparition des anciens pousse les plus jeunes à s'installer à leur compte. De manière plus générale, les crises semblent avoir encouragé les ouvriers luthiers à l'autonomie, sachant que la pérennité des petites maisons reposait le plus souvent sur une équipe restreinte comprenant un ou deux artisans, à la merci d'un décès, d'un incendie ou d'une mésentente. Les fils de patrons qui reprennent l'affaire familiale après la guerre ont souvent des conceptions plus ambitieuses que leurs prédécesseurs. Ils ont aussi des formations qui diffèrent de celles de leurs aînés.

C'est le cas de Louis Jeandel (né en 1895), mobilisé pendant la Grande Guerre. Il a entre 26 ans et 27 ans lorsqu'il regroupe en 1922 les deux entreprises familiales, celle de son père et celle fondée par son grand-père maternel, devenant ainsi le seul fabriquant de chevalets en France sous le nom de Jeandel-Aubert et fils. Louis Jeandel a fait son apprentissage de fabrication artisanale du chevalet (comportant vingt-quatre opérations successives de fabrication avec comme outil privilégié le canif) dans la maison fondée par son père en 1895. Sur le plan de l'éducation musicale, il a appris le violon et jouait dans l'orchestre à cordes de Mirecourt dirigé par le luthier Amédée Dieudonné. Enfin, il a également une formation de mécanicien spécialiste en fabrication d'outillage spécifique, qui va lui permettre de créer des machines adaptées à la fabrication des chevalets[4]. Il précise dans l'entretien que sa production en 1926 atteignait 300 000 chevalets par an avec une dizaine d'ouvriers payés à l'heure. Ces chevalets étaient vendus dans le monde entier. La fabrication à la main d'accessoires comme les chevalets, mais aussi les chevilles, les cordiers et autres accessoires, a complètement disparu aujourd'hui.

De son côté, Marc Laberte (né en 1880) a environ 39 ans quand il prend en 1919 la succession de son père Auguste (qui se retire à 70 ans), à la tête de la manufacture Laberte. Selon les précisions données par ses filles Cécile et Nicole, Marc Laberte a une double formation : l'école de commerce à Nancy et l'apprentissage de la lutherie à Mirecourt pendant trois ans avec Jules Poirson, dit le « Roi de Rome ». Les violons le passionnent. Marc Laberte gère la fabrique sur un autre mode que son père, en utilisant tous les moyens de communication modernes. Il constitue par ailleurs une collection de très beaux violons anciens, dont il fait ensuite fabriquer des copies d'excellente qualité dans l'atelier de lutherie d'art de l'usine, qu'il appelle « l'atelier des seigneurs ». Il étend la surface d'activités de l'entreprise en s'associant à Fourier Magnié qui a beaucoup de compétences techniques et conçoit des machines pour la fabrication des instruments de musique ordinaires qui font tourner l'usine. De son côté, Marc Laberte suit de très près les opérations de l'atelier de lutherie d'art. Polyglotte, il est en contact direct avec la clientèle internationale. Son fils Philippe (né en 1906) aura également une formation commerciale internationale et une formation artisanale locale en faisant son apprentissage de lutherie avec Camille Poirson (fils du luthier qui avait formé son père), au sein de l'atelier d'art de la fabrique familiale. Ce dynamisme économique lié au développement de l'activité commerciale et à la transformation des techniques de fabrication concerne les manufactures qui n'ont pas besoin de main-d'œuvre qualifiée pour la production massive de pièces ordinaires.

En revanche, dans le domaine de la lutherie artistique, un vide véritable s'est créé. La lutherie artisanale peine à redémarrer. Le nombre d'artisans luthiers capables de fabriquer un violon complet et de qualité s'est fortement amoindri. La transmission du savoir, qui avait souvent un

---

4 Sur un instrument de musique à cordes, le chevalet est une pièce placée entre les cordes et la table d'harmonie de l'instrument : son rôle est de transmettre les vibrations des cordes à la table qui va amplifier le son produit. Le chevalet sert aussi à maintenir l'espacement entre les cordes et, pour les instruments à manche, à les maintenir à la bonne hauteur par rapport à celui-ci.

caractère familial, est interrompue dans beaucoup d'ateliers. Enfin, la lutherie artisanale, très exigeante en compétences mais peu rémunératrice, est fortement concurrencée par la lutherie industrielle. Pour des tâches moins qualifiées, les manufactures offrent des salaires équivalents si ce n'est supérieurs à ceux que peuvent dégager les petits ateliers. Au lendemain de la guerre, se pose donc un vrai problème de recrutement : « Les gens ne voulaient plus travailler gratuitement pendant trois ans pour apprendre un métier qui n'était pas tellement rémunérateur », dit Pierre Claudot. Comme le décrit Charles-Alfred Bazin pour l'archèterie, la demande devient rapidement supérieure à l'offre, faute de vivier de recrutement : « J'entre en apprentissage en 1922. C'était l'après-guerre. Tout le monde manquait de lutherie d'archets, l'Amérique, tous les pays du monde… ça travaillait à plein tube, on n'avait pas assez d'ouvriers ».

Pour assurer la relève et relancer la lutherie artistique, les patrons des grandes maisons (Laberte-Magnié, Thibouville-Lamy) qui produisaient des instruments manufacturés, mais également certaines belles pièces à l'ancienne, prennent une mesure inédite. En 1920, ils instaurent un apprentissage qui, pour la première fois, est rémunéré et pris en charge par le patronat (Claudot-Hawad, 2013). La condition est que l'apprenti soit originaire des familles ouvrières de la région de Mirecourt. Pour ceux qui viennent de l'extérieur, l'apprentissage demeure payant. Dans ce nouveau dispositif, le statut d'apprenti est régulé par un contrat en bonne et due forme établi par la chambre syndicale patronale des luthiers de l'arrondissement de Mirecourt. Douze articles en déterminent les conditions qui sont jugées avantageuses pour l'époque, notamment à cause du salaire fixe versé à l'apprenti. Cet apport, bien que minime, contraste avec les anciennes formules d'apprentissage. Par ailleurs, le quota horaire des apprentis diminue d'une heure par jour, passant de 60 heures par semaine à 54 heures. La journée pour eux commence non plus à 7 h du matin mais à 8 h. L'allègement des heures de travail se poursuit ensuite : « Après la guerre, vers 1924-1925, ils nous donnaient le samedi après-midi, ils appelaient ça la "semaine anglaise" », se rappelle Jean Villaume.

Pour stimuler le travail des apprentis, des primes sont créées et les concours annuels se poursuivent pour récompenser les meilleurs d'entre eux. Ces nouvelles dispositions vont ramener à la lutherie beaucoup d'enfants, et notamment les enfants de luthiers devenus orphelins qui, sans ces mesures, n'auraient pu consacrer trois ans à apprendre le métier sans rétribution, ni garantie de rémunération suffisante une fois formés. C'est dans ce contexte que Pierre Claudot, qui fait partie de la première promotion d'apprentis rémunérés, commence son apprentissage en 1920 chez Thibouville-Lamy, renouant ainsi avec le métier de son père et de plusieurs de ses ancêtres. La même situation se produit pour d'autres luthiers interrogés comme Jean Eulry qui se forme chez Laberte à la profession de son père, mort au front, ou encore de Robert Baumann, également orphelin (dont le père fabriquait des étuis de violons), qui fait son apprentissage chez Thibouville-Lamy. À l'issue de leur formation, les apprentis parvenaient à faire « 5 à 6 violons par mois. Ce n'était pas beaucoup » dit Pierre Claudot, pas assez pour survivre. Chez Thibouville-Lamy, à la fin de l'apprentissage, c'est le dernier violon fabriqué par l'apprenti qui servait de base au futur salaire, car « il était prévu, dit Pierre Claudot, que les apprentis qui sortaient au bout de 2 ans et demi d'apprentissage seraient rétribués à la pièce. Donc il fallait travailler vite et bien pour s'en sortir ».

À la pièce ou à l'heure ? Le salaire des luthiers

Plusieurs modes de rémunération sont pratiqués au début du XXe siècle pour les ouvriers artisans embauchés dans les ateliers de lutherie d'art. Le plus répandu est la rétribution à la pièce, avantageux uniquement pour les luthiers les plus habiles. Plusieurs dans ce cas faisaient le choix de travailler chez eux plutôt qu'à l'atelier et livraient directement les instruments aux patrons qui en faisaient commande. L'archetier Charles-Alfred Bazin mentionne que « certains gagnaient leur semaine en trois jours ». Le luthier Pierre Claudot précise qu'à Mirecourt, « il y avait une dizaine ou une quinzaine d'excellents ouvriers luthiers qui ne travaillaient ni en fabrique, ni en atelier mais chez eux, comme par exemple le "Roi de Rome" (surnom de Victor Poirson) qui livrait les violons finis, on le payait très bien car c'était un très bon ouvrier. Il était reconnu comme tel ». La majorité cependant travaillait dans les ateliers où chaque étape de leur travail était vérifiée par le patron ou par le contremaître. Travailler à la pièce permettait donc aux plus adroits d'avoir un rythme hebdomadaire moins régulier et c'est cet aspect qui était apprécié par ces excellents artisans qui préféraient gérer eux-mêmes leur emploi du temps, même si la quantité de travail à fournir pour survivre restait contraignante.

D'autres étaient payés à l'heure dans certains ateliers artisanaux. La moyenne de fabrication d'instruments « en blanc » était, dans ce cadre, de six à huit violons par mois. Certains luthiers, réputés pour leur grande habileté, étaient capables de fabriquer jusqu'à trois beaux violons par semaine en incluant les « temps perdus » (c'est-à-dire le temps libre hors atelier), comme par exemple Eugène Guinot, qui travaillait chez Amédée Dieudonné. Jean Eulry, également ouvrier chez Dieudonné, fabriquait deux violons par semaine à l'atelier. Gustave Villaume parle d'un violon et demi par semaine chez Mougenot « parce qu'il fallait que ce soit bien, il était exigeant ». En majorité, ces luthiers travaillaient le soir à domicile en fabriquant des violons pour augmenter leurs sources de revenus. Enfin, pour ceux qui faisaient des instruments plus ordinaires réservés à l'étude et moins rémunérés que les violons de qualité, il fallait un rythme de fabrication de trois instruments au moins par semaine pour pouvoir survivre, ce qui donne une moyenne de 12 violons par mois, chacun payé à la pièce une fois accepté par les contremaîtres.

À côté des artisans luthiers qui fabriquaient la totalité de l'instrument, hormis la tête et le vernissage, il y avait les ouvriers qui travaillaient « à la division » dans les usines ou encore chez eux, comme les nombreux paysans luthiers qui taillaient le bois pendant les longues soirées de l'hiver vosgien. Cécile Laberte, descendante de la famille fondatrice de la fabrique du même nom, donne une idée de l'importance de cette production hors atelier :

> Dans les années de 1927 à 1934, il y avait une camionnette exprès, conduite par un gars qui s'appelait Monsieur Etienne – je vous donne tous les détails pour prouver que c'est vrai – qui tous les jours partait dans les villages pour livrer les fournitures aux ouvriers, et récupérer ce qui était fait, et en même temps, il nous ramenait des œufs frais. [...] Il y en avait qui faisaient des violons entiers, d'autres seulement des manches, il y en avait qui faisaient autre chose...

Les frontières entre les petits ateliers de lutherie d'art et les fabriques restent assez poreuses. Dans l'atelier, pour être rentable, on pratique, certes à petite échelle, une division des tâches en déléguant la sculpture de la tête et le vernissage à des spécialistes. D'autre part, les grandes fabriques comme Thibouville-Lamy et Laberte-Magnié ont également à leur actif un atelier de lutherie d'art où des maîtres luthiers réputés fabriquent des instruments haut de gamme et forment des apprentis selon les canons de la lutherie artisanale, sans avoir les mêmes contraintes de rentabilité que les petits artisans luthiers car, comme le précise Cécile Laberte, c'est la production des instruments ordinaires qui faisait tourner l'entreprise. On observe la circulation des artisans luthiers entre ces structures : passer « à la division » permettait parfois de gagner plus d'argent, mais la répétitivité des tâches comme le dit l'un des luthiers nés au début du XXe siècle, n'avait « aucun intérêt ». Bien sûr, seuls les luthiers qui avaient une formation complète pouvaient passer d'une structure à l'autre dans les deux sens.

Comment survivre ?

C'est dans ce contexte que les jeunes luthiers, formés au début du XXe siècle, arrivaient sur le marché du travail. Les salaires qu'ils pouvaient espérer étaient extrêmement bas. Leurs aînés eux-mêmes, bien qu'expérimentés, devaient compléter leurs revenus en travaillant le soir chez eux pour fabriquer des violons, ou en menant des activités alimentaires comme l'entretien d'un potager, l'élevage de poules ou de lapins, la cueillette de plantes et de fruits sauvages, la pêche et la chasse. Les pratiques de jardinage étaient une tradition liée aux « pâquis » (terme signifiant à l'origine « pâturage »), lopins de terre attribués aux familles ouvrières depuis la Révolution française[5].

Ce contexte de vie dure et de salaires de misère pour les artisans luthiers a engendré plusieurs stratégies chez les jeunes luthiers après leur apprentissage. Certains ont abandonné rapidement la lutherie d'art pour s'orienter vers la lutherie industrielle. Sur les onze parcours étudiés, c'est le cas de deux d'entre eux qui, peu après leurs trois années de formation, deviennent ouvriers d'usine. Ainsi, Jean Villaume, après quelques années passées dans la maison Mougenot, s'embaucha un certain temps chez Mamlock où il faisait des violons moulés. Pierre Claudot évoque son collègue d'apprentissage chez Thibouville-Lamy, Meyer qui « a vite abandonné. Il a pensé que ce n'était pas assez payé, et il a pris du travail à la chaîne. [...] Effectivement ça rapportait plus. Mais enfin c'était un travail sans intérêt, toujours répété, toujours le même ». On voit que l'aspect créatif de la lutherie est un facteur qui compte pour certains dans leur choix de demeurer artisan en gagnant moins qu'à la fabrique.

D'autres ont cherché à perfectionner leur formation en changeant d'atelier. Dans le nouveau contrat d'apprentissage, ce désir de mobilité, au-delà des six mois de travail prévus au sein de l'entreprise qui avait assuré la formation de l'apprenti, n'avait pas été anticipé. Pierre Claudot, après six mois d'embauche comme ouvrier artisan chez Thibouville-Lamy où il avait fait son apprentissage, fut contacté par Amédée Dieudonné. Ce luthier d'origine mirecurtienne avait passé plusieurs années à Bruxelles. Revenu à

---

5 Partage des communaux d'après la loi du 10 juin 1793. Mis en application à Mirecourt par le partage du pâquis du Bois du Four.

Mirecourt pour s'y établir, il cherchait à employer de jeunes luthiers afin de les former à ses méthodes et à ses modèles pour une lutherie qui renouvelait les standards mirecurtiens :

> Avec lui vraiment, j'ai appris des choses, dit Pierre Claudot. C'était un type très exigeant. À chaque fois qu'on faisait un travail, il fallait lui montrer. Alors, il faisait la critique. Il disait : « ça, ça ne va pas ; ça, ça ne va pas » ! Et c'est comme ça qu'on progresse quand même ! Il y avait une critique continuelle du travail.

Entrer dans cet atelier présentait un autre intérêt : être payé non plus à la pièce mais à l'heure, ce qui laissait à l'ouvrier artisan une possibilité de recherche pour améliorer sa « façon ». De même, Jean Eulry, après son apprentissage chez Laberte et six mois de travail dans cette entreprise, part travailler chez Dieudonné. Pour augmenter ses revenus, comme la plupart des luthiers, il travaillait chez lui sur la table de cuisine le soir et les jours de congés (pour une rémunération cette fois à la pièce).

Pour certains jeunes luthiers, enfin, « s'en sortir » signifiait partir de Mirecourt et connaître ce qui se faisait ailleurs. Pierre Enel, juste après son apprentissage, va travailler à Paris et parfaire sa formation chez Charles Enel, son oncle ; cependant, ce n'est pas lui qui l'a décidé. Gustave Villaume est embauché chez Jacquot à Nancy. Pierre Claudot rejoint la maison Granier à Marseille en 1928 ; connaissant son souhait de partir, Dieudonné lui avait transmis les demandes de deux ateliers de grandes villes : l'un à Lille et l'autre à Marseille. Parmi les témoins interrogés (et sans compter les fils de patron qui ont repris l'entreprise familiale), seuls les luthiers qui sont partis à l'extérieur ont fini par s'installer plus tard à leur compte.

Patrons et ouvriers luthiers

En ce début de XXe siècle, la lutherie offre un paysage social contrasté. Les plus grandes disparités se situent moins entre patrons et ouvriers artisans qu'entre « patrons » eux-mêmes. Les patrons de manufacture et les patrons d'atelier artisanal n'ont de semblables ni les tâches, ni le statut social, ni les revenus, ni le train de vie. Les premiers ont développé l'activité commerciale de leur entreprise autant que le secteur de production, mais ne fabriquent pas eux-mêmes ; ils ont investi dans des machines ou du moins dans la rationalisation et la rentabilisation du travail des ouvriers, ils mettent au point avec des ingénieurs de nouveaux modes de fabrication des instruments ; enfin, ils ont souvent des succursales dans la capitale et des représentants commerciaux qui leur donnent directement accès à la clientèle nationale et internationale.

Au contraire, les patrons des petits ateliers dépendent des marchands ou des confrères luthiers installés dans les grandes villes pour écouler leurs instruments. Ils travaillent, aux côtés de leurs ouvriers, dans un local souvent aménagé dans leur propre habitation. Leur outillage est peu onéreux, en partie fabriqué par eux-mêmes ; il est identique à celui du siècle précédent, comme l'est leur technique exigeante de fabrication artisanale, même si chacun a « sa main » c'est-à-dire son style, qui permet d'identifier son travail. Une photographie de l'atelier d'Amédée Dieudonné prise vers 1924 donne une idée de l'installation de ce type de petite entreprise. Les moyens matériels mobilisés paraissent relativement modestes. Le cliché suggère que le local n'est pas très vaste. Six personnes y travaillent, dont deux enfants. Comme le raconte Pierre Claudot, recruté en 1923, l'atelier se situait dans les combles de la maison familiale du beau-père de Dieudonné. Pour y accéder, il fallait se hisser en haut d'un étroit escalier de bois. Le lieu bénéficiait d'une bonne lumière, mais il y faisait très froid en hiver et très chaud en été. Les outils des ouvriers étaient fournis par l'atelier. La photographie montre deux grands établis disposés parallèlement, probablement pour bénéficier du même éclairage latéral. Ils sont occupés chacun par trois personnes, ce qui paraît ne pas laisser beaucoup d'amplitude aux gestes des artisans. L'outillage, les moules et les gabarits – dont une partie est fabriquée par le luthier lui-même (les outilliers produisant essentiellement les éléments métalliques) –, sont soigneusement rangés sur le mur du fond et le mur latéral ; aucune machine onéreuse n'est visible dans ce dispositif. Le « patron » de l'atelier, Amédée Dieudonné travaille à l'établi du fond, côte à côte avec son premier ouvrier qui était peut-être également son associé, Marcel Thomassin. Tous deux avaient l'habitude de fabriquer les instruments en tandem. Au bout de l'établi du patron est assis un enfant, identifié par Pierre Claudot comme le jeune beau-frère de Dieudonné, Nono Demengeot. Sous le regard du patron et de son second, est installé le deuxième établi où travaillent trois jeunes gens : Pierre Claudot, qui en 1924 a 18 ans, Alfred-Eugène Holder, qui est encore un enfant, et Auguste Mouchot (né en 1909), apprenti, qui a environ 15 ans. Tous portent la venotte, long tablier bleu-gris des luthiers fabriqué en toile des Vosges. La photographie semble les avoir surpris alors qu'ils étaient concentrés sur leur tâche ; leurs regards sont sérieux.

Figure 2. Atelier d'Amédée Dieudonné [vers 1924] (archives Pierre Claudot)

Le vrai capital des artisans luthiers ne réside donc pas vraiment dans l'outillage, accessible à tous, ni dans le local qui peut être improvisé dans une pièce de l'habitat familial. Il réside d'abord dans les compétences et l'habileté du luthier, qui confèrent une renommée à son travail, réputation souvent acquise par des années d'expérience dans des ateliers reconnus. L'ascendance joue également un rôle dans le renom des luthiers et de leurs ateliers. Être issu d'une dynastie de luthiers remontant à plusieurs siècles est une source de prestige professionnel. Ce modèle de légitimité généalogique propre aux maisons artisanales où le métier se transmettait de père en fils est renforcé par l'acquisition de marques anciennes et prestigieuses. Il est également investi par les fabriques nées dans la seconde moitié du XIXe siècle. L'achat et le dépôt de nombreuses marques d'ateliers fondés de longues dates permettent cette captation de filiations et d'ancestralités, ainsi que l'appropriation des récompenses obtenues sous ces labels dans les concours nationaux et internationaux de lutherie. Par exemple, sur son catalogue de vente de 1931[6], l'entreprise Laberte et Magnié fait remonter sa fondation à 1780, c'est-à-dire à sept ou huit générations. Sur le papier à entête de l'établissement, deux dates constitutives sont retenues : 1775 et 1780.

Or, comme l'indique l'acte de création de la société, celle-ci est née le 15 mai 1876 sous le nom de Laberte-Humbert Frères et ne compte que quatre générations. La narration publicitaire proposée dans le catalogue et sur le papier à entête amalgame plusieurs faits : d'une part l'association de Laberte avec Fourier Magnié, « descendant d'une dynastie de facteurs remontant au minimum à 1775 » (Terrier, 1992) et, d'autre part, le rachat de marques anciennes comme « À la ville de Crémone », qui fut l'enseigne entre autres de Didier Nicolas l'Aîné (1757-1833) (*ibid.*). Ces références permettent dans le catalogue d'insister sur la « maîtrise atavique » de l'art du luthier et le fait que « Laberte et Magnié respectent scrupuleusement les principes appliqués par leurs ancêtres dès 1780 et les traditions transmises à l'établi de père en fils ». Par ailleurs, pour les petits ateliers artisanaux, vendre leurs marques de fabrication a représenté un gain immédiat parfois indispensable à leur survie.

Figure 3. Papier à entête de la Société Laberte & Magnié (archives de l'auteure)

---

[6] Voir http://www.luthiers-mirecourt.com/laberte-humbert_1931.htm

Comment rester luthier ?

Après la Grande Guerre, la lutherie connaît une décennie d'essor dont les bénéfices reviennent essentiellement aux grandes maisons et aux luthiers-marchands des grandes villes. Mais ce dynamisme est entravé par de nouveaux événements à l'échelle planétaire. Ainsi, la récession économique mondiale de 1930 a un fort impact sur l'économie locale du violon qui dépend notamment des exportations d'instruments dans le monde entier. Son effet est amplifié par la diffusion en France d'une technologie nouvelle, le cinéma parlant, entraînant la suppression de la musique d'accompagnement des films et mettant rapidement au chômage musiciens, fabricants d'instruments, marchands de fournitures, vendeurs de bois de lutherie... Beaucoup d'artisans luthiers, en dépit de compétences durement acquises, sont contraints de changer de métier, certains s'orientant vers le service public pour devenir postier, gendarme, douanier et autres. Les petites maisons ne peuvent ni résister à la baisse drastique des commandes, ni réduire davantage leurs marges commerciales déjà si étroites qu'elles leur permettent à peine de survivre. De manière générale, les ateliers artisanaux ont fini par n'avoir qu'un rôle de sous-traitant et ne fabriquent que pour les ateliers-magasins de leurs confrères installés dans les grandes villes françaises ou étrangères, qui seuls ont accès à la clientèle nationale et internationale. Cette grande inégalité dans la distribution des rôles et des rétributions a considérablement affaibli les luthiers mirecurtiens et a rendu anonymes leurs œuvres, signées uniquement par les commanditaires. Comme le disait Louis Jeandel :

> […] les luthiers de Paris ont commis une grande faute, c'est qu'ils ont toujours affamé les petits fabricants de Mirecourt, les artisans qui fabriquaient, en petit atelier de deux ou trois ouvriers, des violons de très bonne qualité.

Transmettre le métier à sa descendance pour qu'elle travaille dans l'atelier familial et assure sa continuité est l'option favorite adoptée par les patrons des grandes comme des petites maisons. Mais, en ces temps de crise particulièrement, la marge de manœuvre des ateliers est mince, oscillant entre fermeture, licenciements ou gel des salaires. Les conditions d'embauche sont parfois ressenties par les fils de luthiers comme peu avantageuses pour eux et finalement ambiguës en raison de la confusion créée entre l'autorité paternelle et l'autorité patronale. Par exemple, l'archetier Charles Alfred Bazin raconte comment, en 1936, il a préféré changer d'activité professionnelle (devenant représentant d'une marque de champagne) faute d'obtenir un véritable statut de salarié payé à sa juste valeur dans l'entreprise de son père.

Du côté des fabriques, la crise économique des années 1930 impose d'énormes efforts d'adaptation au niveau de la production. Ainsi, l'usine Laberte et Magnié se diversifie en fabriquant des gramophones et des radios en bois de résonance, sous la marque Stradivox. Nicole Laberte évoque à ce sujet la correspondance entre son père et Louis Lumière, admiratif du son du Stradivox, et qui viendra visiter les ateliers Laberte à Mirecourt. Mais, pendant la guerre de 1940, précise-t-elle, les machines très onéreuses de l'usine (servant à la fabrication des radios) sont déménagées par les autorités allemandes. Marc Laberte de retour à Mirecourt tentera de reprendre certaines activités de l'usine (la fabrication des violons) et devra pour cela vendre tous les beaux instruments de sa collection. Pour pallier la crise de la lutherie et ne pas licencier ses ouvriers, Louis Jeandel, fabricant de chevalets, se lance de même dans la production d'autres objets (meubles de radio, meubles de cuisine, canoës, moulins à café…) et participe à la fabrication des ailes d'un petit avion léger, le Pou-du-ciel, inventé en 1934.

La Seconde Guerre mondiale réduit les activités musicales ; les luthiers sont mobilisés et les ateliers ferment. En cette période d'inflation, seuls les instruments anciens trouvent acquéreurs au début de la guerre comme placement offrant une certaine stabilité. Au sortir de la guerre, l'économie de la lutherie, fortement affaiblie, va subir un dernier coup de butoir qui la condamne à une disparition à court terme. Cette crise est liée à une innovation technique : le microsillon qui s'impose en France et va transformer les usages de la musique. Elle conduit à la suppression des orchestres et à la désaffection du public pour les pratiques musicales actives. Une génération passe qui n'apprend ni la musique ni la lutherie. Les musiciens ne trouvent plus d'emploi. Les conservatoires se vident. Dans leurs courriers, les luthiers de diverses villes françaises s'alarment de la chute vertigineuse des ventes.

À Mirecourt, mais aussi dans les grandes villes comme Paris, des ateliers anciens et prestigieux ferment leurs portes sans trouver de repreneurs. C'est à cette période que les luthiers renoncent à faire de leurs enfants des luthiers comme eux. Les dynasties luthières s'interrompent. Les artisans qui s'acharnent à poursuivre leur métier sont à nouveau contraints de réduire leurs frais de fonctionnement et de mener des activités parallèles. Par exemple, Pierre Claudot à Marseille réalise des sculptures intégrées à divers objets utilitaires (pieds de lampe, supports de baromètre, organisateurs de bureau, etc.). Certains à Mirecourt prennent du travail aux champs ou s'embauchent comme manœuvres pour décharger des caisses. Il faudra un plan gouvernemental à la fin des années 1960 (plan Malraux-Landowski) pour relancer les métiers de la musique et finalement ouvrir une école de lutherie à Mirecourt en 1970 afin de ressusciter le métier, mais dans un cadre inédit, celui de l'éducation nationale[7].

*

On voit que dès les années 1930, la question qui se pose au sujet de la lutherie n'est plus de savoir comment devenir luthier mais bien comment le rester, tant les perspectives et les conditions d'exercice de cette profession ont changé. La transmission du métier par filiation qui s'exerçait dans les petits ateliers artisanaux de Mirecourt a été compromise par la disparition de nombreux luthiers lors de la Première Guerre mondiale. Un nouveau mode d'apprentissage rémunéré est instauré par le syndicat des patrons luthiers en 1920 pour ramener à la lutherie d'art des enfants mirecurtiens qui n'auraient pu sans cette mesure apprendre une profession aux débouchés incertains. La concurrence industrielle a en effet réduit la marge d'action des petits ateliers. Les cadences de production pour les beaux instruments de facture artisanale sont intenses, s'alignant presque sur le rythme de la production industrielle. De leur côté, les grandes manufactures réalisent l'essentiel de leurs bénéfices sur les violons ordinaires. Finalement, elles deviennent les seules entreprises à pouvoir soutenir dans de bonnes conditions la production d'instruments haut de gamme dans l'atelier qu'elles réservent dans leurs locaux à la lutherie d'art. Au contraire, les petits artisans luthiers installés à leur compte n'ont de trésorerie suffisante ni pour surmonter les diverses crises du métier, ni pour élargir leur éventail de production. Beaucoup sont contraints d'abandonner brutalement leur métier. Parmi ceux qui continuent à exercer la lutherie, une partie travaille pour des parents établis dans les grandes villes. Ce fut le cas par exemple de Pierre Enel qui faisait de la restauration de haut niveau en sous-traitance pour l'atelier parisien de son oncle, ou de Jean Villaume qui travaillait pour son frère Gustave installé à Rennes. La plupart d'entre eux cependant n'ont pas

---

7 Sur la réforme des activités culturelles musicales proposée par Landowski, voir notamment Guy Saez (2015).

acquis l'aisance relative de leurs parents luthiers établis dans les grandes villes, en contact direct avec la clientèle, sans compter la différence de conditions de vie entre la province et la capitale. Les luthiers dans les métropoles avaient des rôles de luthiers-marchands, luthiers-antiquaires et luthiers-experts, davantage que de luthiers fabricants. La renommée des luthiers mirecurtiens est demeurée locale et circonscrite au cercle professionnel. Elle a souvent été invisibilisée par les commanditaires eux-mêmes qui ont apposé leurs propres marques d'atelier sur les violons fabriqués à Mirecourt. Pire, certains luthiers-marchands ont discrédité les artisans de Mirecourt qui leur fournissaient d'excellents instruments neufs, comme le souligne Louis Jeandel, pour dissuader leur clientèle d'acheter sans intermédiaire. Au cours des crises du début du XXe siècle, les fabriques ont pu mobiliser davantage de possibilités de reconversion que les petits ateliers. Par contre, leur déclin s'est amorcé après la Seconde Guerre mondiale, précipité par la destruction de certains éléments onéreux de l'infrastructure industrielle (machines, locaux), par la disparition de la majorité des petits ateliers qu'ils fournissaient en bois de lutherie et en accessoires divers, et surtout par l'introduction de la musique enregistrée qui a fait s'effondrer la demande en instruments de musique du quatuor à cordes. À Mirecourt, la fabrique Laberte a fermé en 1972, Thibouville-Lamy en 1968, Couesnon en 1967. Mamlock a disparu dès le début de la Seconde Guerre mondiale. En 1955, le Groupe des luthiers et archetiers d'art (GLAA), créé en 1940 pour défendre les intérêts menacés de la profession, comptait 48 membres, dont 25 luthiers parisiens et aucun luthier mirecurtien. Ce déséquilibre sera à l'origine de l'implosion de ce groupe professionnel et de la volonté de le rebâtir sur d'autres bases plus équitables.

Auteurs des témoignages

Robert BAUMANN (1907-1986)
Geneviève BAUMANN, née Marchand (vers 1907)
Charles-Alfred BAZIN (1907-1987)
Pierre CLAUDOT (1906-1996)
Philippe DUPUY (1932)
Pierre ENEL (1903-1984)
Jean EULRY (1907-1986)
Eugène GUINOT (1905-1991)

Louis JEANDEL (1895-1984)
Cécile LABERTE (1905-1999)
Nicole LABERTE
Yves MORIZOT (né en 1937)
Gustave VILLAUME (1899-1983)
Jean-Baptiste VILLAUME (1905-1989)

Toutes les enquêtes datent de 1982 sauf celles menées avec Pierre Claudot en 1981 et 1988, et celle menée avec Nicole Laberte en 2014. La présentation de l'ensemble des enquêtes est disponible sur le site de la phonothèque de la Maison méditerranéenne des sciences de l'homme : https://phonotheque.hypotheses.org

Références bibliographiques

L'âme et la corde, 1983, n° spécial : « Trois siècles de lutherie française », Catalogue d'exposition.

CLAUDOT-HAWAD Hélène, 2012. « "La lutherie se meurt". Chronique épistolaire de la crise des années 1950-60 », *in* V. KLEIN & B. BUOB (dir.), *Luthiers, de la main à la main,* Arles / Mirecourt, Actes Sud/ Musée de la lutherie, p. 66-81 [http://halshs.archives-ouvertes.fr/halshs-00723047].

CLAUDOT-HAWAD Hélène, 2013. « Devenir luthier au début du XXe siècle. De la Grande guerre à la récession des années 1930 », *in* J.P. ROTHIOT & J.P. HUSSON (dir.), *Mirecourt, une ville et ses métiers,* Mirecourt, Fédération des Sociétés Savantes des Vosges et Amis du Vieux Mirecourt-Regain, p. 119-136.

DESMARAIS, Cyprien, 1836. *Description d'un violon historique et monumental,* Paris, chez Dentu, au Palais-Royal.

LABERTE et MAGNIÉ, 1931. *Catalogue* [http://www.luthiers-mirecourt.com/laberte-humbert_1931.htm].

LE ROUX Thomas, 2002. « Le patrimoine industriel à Paris entre artisanat et industries : le facteur d'instruments de musique Couesnon dans la Maison des métallos (1881-1936) », *Le Mouvement Social,* 199, p. 11-36 [https://www.cairn.info/revue-le-mouvement-social-2002-2-page-11.htm].

MILLIOT Sylvette, 2013, « Les luthiers de Mirecourt à la conquête de Paris au début du XIXe siècle », *in* J.P. ROTHIOT & J.P. HUSSON (dir.), *Mirecourt, une ville et ses métiers,* Mirecourt, Fédération des Sociétés Savantes des Vosges et Amis du Vieux Mirecourt-Regain, p. 55-61.

ROTHIOT Jean-Paul, 2013, « Les débuts de la lutherie à Mirecourt, XVIIe et XVIIIe siècle », *in* J.P. ROTHIOT & J.P. HUSSON (dir.), *Mirecourt, une ville et ses métiers*, Mirecourt, Fédération des Sociétés Savantes des Vosges et Amis du Vieux Mirecourt-Regain, p. 13-36.

ROTHIOT Jean-Paul, HUSSON Jean-Pierre (dir.), 2013. *Mirecourt, une ville et ses métiers*, Mirecourt, Fédération des Sociétés Savantes des Vosges et Amis du Vieux Mirecourt-Regain.

SAEZ Guy (dir.), 2015. *La Musique au cœur de l'État. Regards sur l'action publique de Marcel Landowski*, Paris, La Documentation française, Comité d'histoire du ministère de la Culture et de la Communication.

TERRIER Roland, 1992. « Les marques de fabrique », Congrès franco-allemand de Colmar [https://www.luthiers-mirecourt.com/colmar1992.htm].

TISSERAND Éric, 2013. « Entre art et industrie : la lutherie de Mirecourt (1850-1939) », *in* J.P. ROTHIOT & J.P. HUSSON (dir.), *Mirecourt, une ville et ses métiers*, Mirecourt, Fédération des Sociétés Savantes des Vosges et Amis du Vieux Mirecourt-Regain, p. 85-118.

Hors-dossier

La gentrification, stop ou encore ?

Indétermination des processus urbains dans le quartier de Fives (Lille)

Paul CARY
Université de Lille, CeRIES[1]

Antonio DELFINI
Université de Lille, Clersé[2]

> *Toutes ces populations qui nous disent qu'elles sont scandalisées par l'offre dégueulasse, la qualité de l'espace public qui leur semble, comment dire, dégueulasse. Je ne dis pas qu'elles ont tort, sur le niveau de service public qui est dégradé, sur le niveau de commerce qui est dégradé etc. (…) maintenant il y a une contradiction fondamentale ; on ne peut pas demander une qualité de vie qui est celle de Monaco en payant le prix du mètre carré à Denain quoi.* (Entretien, cadre, mairie de quartier de Fives)

Le concept de gentrification est soumis depuis plusieurs années à une inflation qui en réduit la valeur explicative. Utilisé à l'origine par Glass (1964) pour décrire un processus spécifique à un quartier londonien, il a largement été développé par Smith (1996) qui en a fait un concept propre à comprendre les transformations de fond des politiques urbaines en lien avec le système capitaliste. Ce changement d'échelle a été accompagné de multiples études de cas venant compléter ou préciser le modèle : analyse de processus dans des quartiers moins centraux, focale portant sur le

1 Université de Lille, CeRIES, Domaine du "Pont de Bois", Villeneuve-d'Ascq.
2 Université de Lille, CNRS, Centre lillois d'études et de recherches sociologiques et économiques (Clersé – UMR 8019), 59000 Lille, France.

« travail » de gentrification – au sens d'une mise en adéquation du quartier avec les dispositions des gentrifieurs – dans une perspective de distinction sociale (Collet, 2012), insistance sur les caractéristiques de type culturel, ethnique ou encore sexuel (Giraud, 2012). Pour Chabrol *et al.* (2016), les grilles d'analyse proposées, qu'elles portent plutôt sur la dimension économique dans une approche néo-marxiste ou qu'elles tendent vers une approche plus socio-culturelle, se révèlent largement complémentaires. Les débats portent davantage sur les interprétations des processus à l'œuvre. Certains travaux insistent sur la disparition des classes populaires des centres métropolitains (Clerval, 2013), alors que d'autres s'attachent à analyser les bienfaits de la gentrification dans une perspective de renouveau urbain même s'ils nuancent aujourd'hui leurs analyses (Florida, 2017). D'autres soulignent combien les nouvelles classes bourgeoises domestiquent le quartier et appliquent fermement leurs valeurs de tolérance (Tissot, 2011). À ces grandes tendances se sont ajoutées de nombreuses études de cas qui ont permis de discuter la pertinence de l'idée de circulation mondiale du capital dans les opérations urbaines, comme à São Paulo (Fix, 2007), de mettre en avant les multiples freins aux politiques de gentrification comme les commerces (Fleury, 2010), les résistances habitantes (Giroud, 2007), les types de logement, l'ethnicité et les usages des espaces publics, ou encore de réintroduire une dimension temporelle et de souligner le caractère très rhétorique de la gentrification (Bacqué & Fijalkow, 2006) puisque son annonce par les pouvoirs publics peut ne pas provoquer les effets attendus par les gentrifieurs.

La gentrification produit des effets socio-spatiaux importants : la concentration des classes aisées dans les quartiers centraux augmente la ségrégation. Dans une formule qui a fait florès, Donzelot (2009) a théorisé en France une « ville à trois vitesses » avec des espaces connaissant des logiques très différentiées de gentrification (classes aisées), périurbanisation (classes moyennes) et relégation (classes populaires), l'immobilité des uns étant provoquée par l'auto-ségrégation des autres. Si cette thèse a été critiquée pour son caractère très homogénéisant que les observations du périurbain démentent (Cary & Fol, 2016), il n'en reste pas moins qu'elle exprime une finalité claire : identifier des tendances nettes par zones/quartiers. Avec une méthode différente, Préteceille (2007) poursuit des objectifs semblables dans ses typologies de quartiers appliquées à l'Ile-de-France : la statistique permettrait d'objectiver le fait que les grands découpages socio-spatiaux historiques de l'agglomération parisienne continuent de différencier l'espace, d'une part, et que les villes françaises demeurent assez peu ségréguées, de l'autre.

Dans cet article, nous considérons certes que la gentrification est un concept indispensable à la compréhension des dynamiques urbaines, en particulier pour décrire l'urbanisation comme moteur de la croissance économique et lieu privilégié de la spéculation des capitaux (Smith, 1996 ; Harvey, 2001). Nous nous plaçons en ce sens dans la lignée de nombreux auteurs (Chabrol *et al.*, 2016 ; Authier & Bidou, 2008), qui malgré toutes les limites identifiées autour du caractère trop élastique du concept[3] conservent la gentrification comme concept déterminant, autour duquel les autres processus s'organisent. Nous tenterons cependant de démontrer que la gentrification, à la fois comme processus de modification de la population résidente et comme politique publique destinée à faire advenir cette modification, peut s'accompagner de processus concomitants de paupérisation ou de relégation. D'autres travaux ont bien souligné, à Barcelone ou à Lisbonne, qu'un quartier pouvait concentrer des processus contradictoires, notamment gentrification et paupérisation (Chabrol *et al.*, 2016). Authier (1995) a également étudié les processus de dualisation dans le quartier Saint-Georges à Lyon, en montrant, pour un quartier de quelques milliers d'habitants, l'existence de micro-espaces de différenciation. Nous souhaitons creuser ce sillon en nous inscrivant en faux contre la représentation trop homogène des quartiers et des politiques publiques décrite dans de nombreux cas d'études de la gentrification.

Ainsi, nous souhaitons dans cet article souligner que l'action publique, d'une part, et l'évolution du quartier, de l'autre, sont pris dans une profonde ambivalence. Si les pouvoirs publics souhaitent par des projets d'ampleur transformer le quartier et sa population résidente, il n'en reste pas moins que les catégories populaires ne sont pas non plus délaissées par l'action publique. Ainsi, le quartier abrite des processus simultanés en apparence contradictoire : à la fois transformations résidentielles ou associatives évoquant la gentrification et dynamiques populaires. À la manière de Lahire (2006) soulignant que l'« homme pluriel » synthétise en son sein-même des orientations culturelles *a priori* peu compatibles, nous tenterons de mettre en évidence ces logiques plurielles au sein d'un

3 Lorsque le fossé est manifeste entre les politiques de gentrification et leurs résultats objectifs, l'usage du terme de gentrification pour les deux volets s'avère trop homogénéisant. À Roubaix, par exemple, il nous semble que cette position n'est pas tenable, son caractère populaire étant devenu central (Collectif-Rosa-Bonheur, 2016), malgré des politiques de gentrification (Rousseau, 2008).

quartier : elles traversent l'action publique, les mobilisations collectives mais également les comportements individuels et apparaissent irréductibles à l'opposition binaire entre gentrifieur et gentrifié.

Terrain, problématique et plan

Nous avons décidé de nous concentrer sur un quartier, Fives, situé à l'est de Lille. Lille est une métropole au cœur des débats contemporains en termes de stratégie de métropolisation (Paris & Mons, dir., 2009) et de leurs effets en matière de ségrégation socio-spatiale. La Métropole européenne de Lille (MEL *infra*) a en effet mis en place des politiques d'attractivité reposant sur les principes de la planification stratégique (Melo, 2011) autour d'opérations emblématiques comme Euralille puis avec l'obtention en 2004 du titre de « Capitale européenne de la culture ». Les effets de ces politiques font l'objet de débats entre ceux qui en soulignent la capacité à attirer des populations créatives et des cadres des fonctions métropolitaines (Liefooghe *et al.*, 2016) et ceux qui soulignent la dégradation des conditions de vie des classes populaires (Collectif Degeyter, 2017). Ainsi, observer les évolutions d'un quartier qui appartient au cœur métropolitain et demeure populaire par sa composition permet de souligner les ambivalences des processus.

Afin de mettre à l'épreuve notre hypothèse de processus contradictoires **et** concomitants, nous procéderons en quatre temps. Une brève histoire du quartier sera décrite en première partie et nous présenterons les objectifs déclarés de l'action publique depuis les années 2000. La deuxième partie regroupera un certain nombre d'éléments indiquant une avancée de la gentrification (croissance des prix immobiliers, entre-soi des nouveaux arrivants). La partie suivante viendra mettre en évidence une autre vision du quartier mettant l'accent sur la continuité des dynamiques populaires (importance de la politique de la ville, offre commerciale, espaces publics). La dernière partie soulignera l'ambivalence des dynamiques associatives. La conclusion reviendra brièvement sur les enjeux de la mixité sociale.

Méthode

Cet article se base sur un long travail d'observation participante ou de participation observante si on entend par là, malgré les débats sur l'(in)utilité du second concept (Soulé, 2007) que notre position d'habitant du quartier a été antérieure à l'étude de celui-ci. En effet, le premier auteur réside dans le quartier depuis 2011 tandis que le second le fréquente depuis sa naissance et milite également depuis 2013 au sein d'une association liée aux questions de logement. Ainsi, afin d'éviter des situations d'entretien marquées par une trop forte opposition (avec la mairie) ou de la connivence (avec certaines associations), seul le premier nommé a mené ou coordonné douze entretiens formels avec des acteurs politiques, associatifs ou scolaires du quartier. Se sont ajoutées d'innombrables discussions informelles avec des habitants, commerçants, parents d'élèves, dans lesquelles les acteurs interrogés font part de leur expérience quotidienne du quartier. Des observations plus ponctuelles de certains lieux (places, parcs, institutions sociales et culturelles) ont également été réalisées.

D'autres sources ont été mobilisées, en particulier les données des derniers recensements ; des documents liés aux projets urbains en cours ; des articles de la presse nationale et locale évoquant le quartier. Nous prétendons dans cet article mettre en évidence un faisceau d'indices appuyant notre diagnostic d'indétermination des processus en cours dans le quartier : de ce fait, la connaissance ethnographique du terrain a été confrontée à un va-et-vient avec les théories sur la gentrification, dans l'objectif, inspiré de Mauss (1950), de rendre compte du « mouvement du tout » à l'échelle du quartier. Nous considérons que la gentrification ne peut se limiter à une analyse statistique, si fine soit elle, de la répartition des populations sur l'espace, mais se doit de saisir les modes de cohabitation des différentes populations, en particulier « le sens que les individus donnent aux distributions (différenciées) des populations » (Authier, 1995, p. 112).

Avec 20 000 habitants, le quartier de Fives ne présente en effet pas d'homogénéité socio-spatiale. Comme dans bien d'autres lieux, des distances spatiales minimes peuvent déboucher sur d'importants contrastes sociaux (cf. Figure 1). Pour autant, nous avons décidé de conserver l'échelle du quartier pour notre réflexion, parce que Fives dispose d'une identité forte au sein de Lille, liée notamment à son passé industriel et à son relatif enclavement.

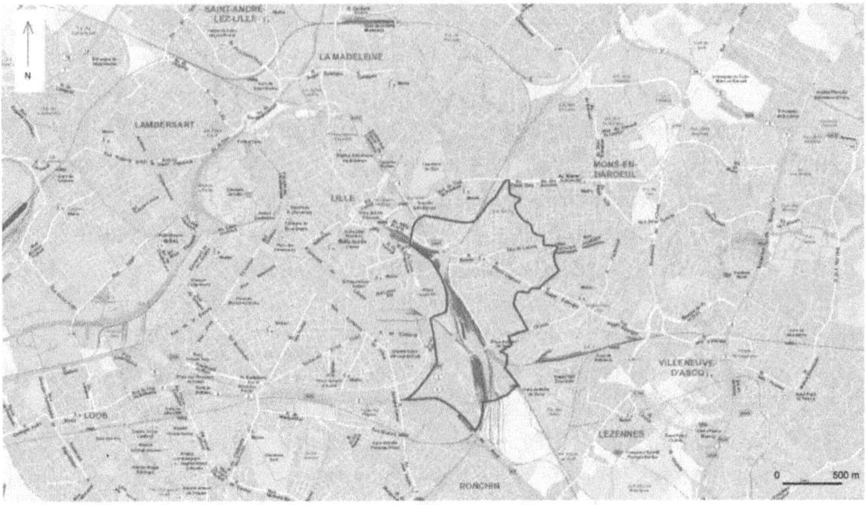

Figure 1. Fives, quartier lillois (Source : MEL Map, 2017).

Figure 2. « Le café des enfants », espace investi par les classes moyennes, jouxte un salon de thé fréquenté par les hommes des classes populaires (Source : Auteurs, 2018).

Fives, ancien quartier ouvrier soumis à une action publique de transformation

Fives, ancien quartier ouvrier

Situé à l'est de Lille, Fives regroupait, en 2013, 20 990 habitants au sein d'une ville de Lille dix fois plus peuplée (231 491). Il se caractérise par une population jeune et plus pauvre que celle de la ville-centre de la métropole. L'analyse des groupes socio-professionnels donne des indications intéressantes à la fois sur la structure et l'évolution de la population. Entre 1990 et 2013, le rapport entre employés et ouvriers, d'un côté, cadres et professions intermédiaires, de l'autre est passé de 0,41% à 0,84%. La part des cadres sur les actifs totaux ne cesse de croitre (elle a doublé sur cette période) pour frôler les 20% en 2013. Pour autant, la structure de la population demeure populaire par rapport à celle de Lille : moitié moins de cadres en proportion en 2013 (19,37% contre 27,57%) et une majorité nette d'ouvriers et d'employés dans la population active (52,2%), alors qu'à Lille ce rapport est moindre (41,5 %).

	1990	1999	2013
Rapport (CPIS + PI)/ (ouvriers et employés)	0,41	0,53	0,84
Part CPIS /actifs totaux	9,13%	15,41%	19,37%

Tableau 1. Indicateurs de la transformation du quartier (Source : INSEE, calculs des auteurs).

D'autres données viennent compléter le tableau. D'abord, on note l'existence d'une faible proportion de propriétaires (25% en 2009) et donc un parc locatif étendu, qui permet notamment de loger une population étudiante qui représente 16,2% des plus de 15 ans. En outre, l'importance du logement social se matérialise également par l'existence d'une Zone Urbaine Sensible qui regroupait 8 450 habitants, principalement au sud du quartier en 2009. Notons cependant, qu'à l'inverse d'autres quartiers lillois, Fives se caractérise par une quasi-absence de barres d'habitation.

Fives présente également des caractéristiques socio-historiques qu'on peut tenter de résumer en deux points : une dynamique industrielle majeure d'une part, une situation quelque peu périphérique de l'autre.

Dès le début du XIXe, Fives accueille en effet des industries textiles importantes. L'industrie métallurgique va marquer durablement le quartier, avec notamment l'usine Fives Cail Babcock (la compagnie originelle Lille Fives est créée en 1861) et ses milliers d'ouvriers ou encore l'usine

Peugeot qui ouvre en 1898. L'usine Fives Cail ferme définitivement ses portes en 2001, ce qui parachève un déclin amorcé dès les années 1950 et les plans sociaux majeurs des années 1970 et 1980, qui ont concerné des milliers d'ouvriers du quartier et de la métropole. Les opérations de requalification urbaine démarrent alors très rapidement.

Le rattachement de la commune de Fives à Lille se fait en 1858 par décret impérial pour faire face au manque d'espace de la commune lilloise qui implose puis explose (Blanquart, 1997). On peut caractériser en trois phases distinctes les relations entre Fives et la mairie lilloise : quartier délaissé, sacrifié puis renouvelé (Delfini, 2017). Dans un premier temps, Fives est un quartier que les pouvoirs publics délaissent et sur lequel les investissements privés fabriquent l'espace. L'ouverture d'une gare en 1846 favorise la venue de l'usine de métallurgie Lille Fives. Les industriels construisent des logements très différenciés socialement. Durant cette phase industrielle qui prend fin dans les années 1960, c'est notamment le guesdisme, socialisme municipal, qui va permettre une nette amélioration des conditions de vie des ouvriers notamment sous les mandats de maire de Delory puis Salengro (Collectif Degeyter, 2017).

Le quartier est ensuite « sacrifié » sur l'autel des choix stratégiques d'urbanisme. Les mutations économiques s'accompagnent en effet d'un choix politique, celui de la tertiarisation, et d'un aménagement métropolitain en conséquence. Si Villeneuve-d'Ascq est créée pour absorber une partie de la population tertiaire métropolitaine, Fives se voit transformé par des projets dont les stigmates sont encore visibles. C'est particulièrement le cas de la création d'une voie rapide destinée à affermir les mobilités métropolitaines (autoroute requalifiée en boulevard express) qui renforce la coupure avec le reste de Lille et implique la destruction de 800 logements dans le quartier, ce qui concerne donc 2 500 personnes. Les années 1970-2000 additionnent les chantiers : destruction de bidonvilles puis de courées, notamment lors du projet de l'Alma Jacquet, percée d'une ligne de métro connectant Lille à Villeneuve-d'Ascq dont trois stations connectent Fives au centre de Lille, mais dont les longs travaux déstabilisent le petit commerce de la rue principale du quartier.

Une action publique visant à transformer le quartier

À partir des années 2000, les politiques publiques semblent amorcer une nouvelle phase, dont la dénomination évoque les politiques de gentrification. Pour la maire de Lille :

> [...] l'enjeu pour Fives est le renouvellement résidentiel propre à garantir une plus grande mixité sociale. La redynamisation du commerce, l'émergence de nouveaux pôles d'attraction, comme l'amélioration de l'image d'un quartier qui bénéficie de potentiels importants, sont les supports de la stratégie de reconquête de Fives (Aubry, préf., *in* Saintignon, 2005, p. 365).

Ce volontarisme est facilité par la proximité entre les orientations de la mairie de Lille et celles de la MEL dont les présidents ont longtemps été les maires (ou anciens maires) de Lille : Pierre Mauroy (1989-2008) puis Martine Aubry (2008-2014).

Symboles de ce projet, des montants importants sont investis dans la création de la place Degeyter en face de la mairie de quartier en 2007. Elle est présentée par la municipalité comme un élément important de reconquête du quartier. Le projet visait à créer une nouvelle centralité locale, en inventant *ex nihilo* un nouvel espace public bordé également d'immeubles et de locaux commerciaux : « Il s'agit donc, par le levier de l'espace public et la création de nouveaux repères, de donner le ton de la reconquête urbaine du quartier » (Aubry, préf., *in* Saintignon, p. 367). Cette place a été qualifiée de place Degeyter du nom de l'auteur de l'Internationale qui travailla à Fives, dans une référence au passé ouvrier du quartier. La Société d'économie mixte en charge du projet, la SORELI, réussit non sans difficulté à mobiliser des investisseurs privés d'envergure nationale (Nacarat par exemple). Les résidences proposées contrastent avec le reste du quartier par les prix des logements et par l'importante sécurisation des locaux. De nouvelles voies de circulation sont ouvertes et le stationnement y devient pratiquement impossible.

Cette place deviendra assez rapidement le symbole de l'échec du volontarisme de l'action publique. La dynamique immobilière souhaitée ne s'enclenche pas, d'autant que la crise de 2008 se déclenche. En outre, malgré quelques initiatives comme celle de mettre en place un marché forain plutôt destiné aux classes moyennes le mardi après-midi, la place est davantage associée aux jeunes dealers qui l'occupent qu'à un espace gentrifié. Certains événements conviviaux qui s'y tenaient annuellement, comme la Fête des familles, organisée par une association locale, ont préféré se délocaliser.

La locomotive du renouvellement urbain s'incarne désormais dans le projet Fives Cail, porté par la MEL, et qui fait également l'objet d'une convention avec la SORELI, et dont l'ampleur impressionne : 25 hectares entre l'est de Fives et la commune associée attenante d'Hellemmes, plus de

1 200 logements prévus (mélangeant logements sociaux, logements intermédiaires – dont le prix ou le loyer sont plafonnés – et logements à loyer libre), des espaces publics et des équipements (notamment une piscine). Pour son promoteur, le projet englobe deux objectifs. D'une part, il s'agit de désenclaver la zone notamment en reliant mieux Fives et Hellemmes. D'autre part, il s'agit d'attirer des travailleurs métropolitains sur la zone, pour monter en gamme en termes d'emploi. Comme le dit également un responsable de la mairie de quartier, les emplois ne sont pas destinés aux habitants actuels, car il s'agit plutôt de provoquer de nouvelles arrivées. Le vocabulaire choisi s'inscrit dans la lignée des grands projets urbains lillois depuis l'opération Euralille : « destination métropolitaine », « éco-quartier métropolitain », illustrant bien les ambitions de « régénération urbaine » dénoncées par Neil Smith (1999). Un lycée hôtelier occupe les lieux depuis la rentrée 2016 et les activités prévues tournent notamment autour de la gastronomie (projet de Food Court mais également de cuisine commune). Ce projet bénéficie à la fois de formes de concertation locale, avec la mobilisation de quelques acteurs locaux de l'économie solidaire et d'une importante campagne de communication qui porte ses fruits. Ainsi *Le Figaro,* du 3 mai 2017, ou *Le Point* du 15 juin 2017[4] plaçaient le quartier en tête des endroits où il était propice d'investir. L'ouverture du restaurant et de la boulangerie d'application du lycée professionnel ont commencé à attirer des populations extérieures sur le site.

Ces orientations n'épuisent pas l'action publique locale, d'autant que contrairement à d'autres quartiers lillois, notamment autour d'Euratechnologies où l'émergence des classes aisées se révèle très rapide, les transformations de Fives attendus par les élus tardent à advenir. On peut observer un très net décalage entre les projets-phares et les préoccupations quotidiennes dont nous font part les salariés de la mairie de quartier, principalement liées à la pauvreté, à l'insécurité, à la propreté, au stationnement et à l'offre commerciale. L'action publique locale de proximité demeure ainsi *de facto* largement tournée vers des problématiques d'inclusion sociale. En particulier, on peut affirmer que sur la période 2010-2015, Fives ne semble manifestement plus être la priorité de l'action municipale et métropolitaine.

Quels effets ces nouvelles politiques provoquent-elles ? Nous essaierons de déceler dans la partie suivante des signes de gentrification.

---

4 *Le Point* évoque « Fives Cail en ébulition » (15 juin 2017, p. X).

Les indices de la gentrification

Des prix en croissance

Les variations des prix immobiliers représentent un bon indice d'une possible gentrification. Fives se présente comme un quartier où le différentiel de loyer (Smith, 1996) apparaît comme significatif par rapport à d'autres espaces de la ville, ce qui favorise des stratégies de réinvestissement par des particuliers ou des investisseurs. Après une longue phase de décrochage, les prix ont fortement augmenté dans les années 2000. Cependant, les prix moyens restent nettement inférieurs à ceux de la moyenne lilloise (Tableau 2). Ils n'atteignent que 57% du prix du mètre carré moyen d'une maison en comparaison du quartier du Vieux-Lille qui pour sa part, a connu une gentrification très rapide. Ces prix rendent ainsi le quartier attractif notamment pour les familles en quête de surface et alimentent une pression à la hausse.

> Je suis en poste depuis 2012, en 2012 on trouvait des logements autour de Fives Cail à 1 600 euros le mètre carré ; la vieille 1930 décatie qu'il fallait complètement refaire. Aujourd'hui, vous ne trouvez plus rien à moins de 2 300 euros. (Entretien, cadre, mairie de quartier de Fives)

Ces évolutions ne doivent pas masquer deux autres phénomènes. D'une part, le parc disponible à la vente est assez limité en nombre. D'autre part, le marché locatif – 74% des résidents – est fortement différencié. À côté du logement social qui n'est pas homogène, on trouve des locations aux loyers relativement élevés – notamment dans les immeubles neufs. Cela résulte notamment de la tension sur les logements liée à la présence d'étudiants dans la métropole. On trouve également un parc locatif privé très dégradé.

	Fives	**Lille**	**Vieux Lille**
Appartement (m^2)	2255	2551	3491
Maison (m^2)	1827	2097	3187

Tableau 2. Prix immobiliers moyens au 1er mars 2017 (Source : *Le Monde* et Meilleursagents.com).

Fives, quartier de trajectoires résidentielles de classes moyennes / supérieures

Du point de vue résidentiel, l'importance croissante des classes moyennes est indéniable, comme le montre l'inversion progressive du rapport entre ouvriers et employés, d'un côté, cadres et professions intermédiaires de l'autre (Tableau 1). Ces derniers devraient dans quelques années devenir majoritaires dans la population active. On note dans le quartier la présence d'un nombre significatif d'individus liés aux professions artistiques, notamment des enseignants en arts plastiques ou des artistes disposant d'un atelier aménagé dans leur domicile ou loué dans le quartier. Certains immeubles récemment construits ont d'ailleurs inclus en leur sein des résidences pour artistes. Dans certaines rues, la présence de jeunes couples avec enfant(s) des métiers de la communication ou de l'enseignement est remarquable. Les entretiens révèlent que l'achat d'une maison à Fives est bien souvent le résultat d'un choix contraint par les prix élevés du centre-ville de Lille. Cependant, les enquêtés font de nécessité vertu en soulignant les multiples avantages de Fives en matière d'accessibilité au centre de Lille, aux grands axes de circulation ou encore aux gares et aux universités.

Une école comme analyseur des transformations

La présence de ces classes moyennes/supérieures est manifeste aux horaires d'entrée et sortie de l'école élémentaire publique Péguy[5], qui dispose d'une réputation flatteuse dans le quartier (« notre Henri IV ») alors même que certaines écoles publiques voisines font l'objet de stratégies d'évitement dans une ville où la carte scolaire n'existait pas avant 2016. Les pratiques de ces familles correspondent à ce qu'Agnès van Zanten (2009) appelle une « colonisation interne » de l'école avec une mise en conformité de l'école avec leurs attentes. On remarque une très forte interconnaissance des différents parents dont l'attitude détachée, détendue et souriante conduit à une forme d'appropriation des couloirs de l'école pour de courtes conversations. Ces jeunes actifs qui déposent pour certains

5 Nous avons modifié le nom.

leurs enfants en triporteurs se caractérisent par des choix vestimentaires oscillant entre le cool et le chic, une attitude corporelle relâchée et des formes de conversation sans élever le ton avec les enfants qui tranchent avec celles des parents des classes populaires. Les invitations sélectives aux anniversaires sont une marque discrète des formes de distinction sociale. Un recensement des professions des parents des enfants de cinq classes de l'école Péguy indique d'ailleurs des tendances remarquables[6]. Sur 103 enfants analysés, au moins 55 (53%) ont un de leurs deux parents appartenant à la catégorie CPIS et 79 (77%) au moins un des deux parents soit CPIS ou soit Profession intermédiaire.

La directrice, présente depuis 1989, a favorisé ces transformations et considère que les changements dans la fréquentation de l'école et dans le retournement de la stigmatisation dont elle faisait l'objet sont impressionnants. Elle évoque une longue période où les enfants de cadres étaient une exception et le travail quotidien qu'elle a mené pour transformer son institution : « À l'époque, j'avais bah 3-4 cadres dans l'école en fait, en 1989 ». Le premier travail a été de rassurer les parents habitant dans les alentours qui évitaient la maternelle en l'absence de carte scolaire. Presque 30 ans après, « Là maintenant on se bat pour venir ici et quand on y est on sait qu'on pourra y arriver jusqu'au CM2 ». Des parents dont les enfants ne sont pas acceptés à l'école Péguy préfèrent aller dans le privé plutôt que dans les autres écoles publiques du quartier.

Dans cette mutation, l'école a bénéficié de l'ensemble des dispositifs de la géographie prioritaire et des contrats de ville et la ligne directrice a été de transformer l'image de l'école pour y retenir l'ensemble des habitants du quartier. Cette orientation s'est appuyée sur des choix pédagogiques clairs et sur une stratégie de diversification comme l'ouverture de classes à option. Dans ce projet, la tentative de faire rayonner l'école dans le quartier par la collaboration étroite avec plusieurs structures et associations (encouragement de la lecture à voix haute notamment) s'est révélée primordiale. La création de l'association « L'école et son quartier » reflète cet objectif de perméabilité de l'école avec son environnement, l'école devant jouer son rôle d'institution rayonnant sur son bassin de vie. La capacité de mobilisation tous azimuts (médias, élus) de la directrice, liée également à son autorité charismatique, a également pu favoriser ces desseins tout comme la présence d'enfants de parents travaillant dans les

---

6 La collecte des données, en collaboration avec la direction de l'école, repose sur les déclarations des parents mais faute d'actualisation elles permettent essentiellement d'identifier une tendance.

médias ou correspondants locaux de titres nationaux. En ce sens, l'arrivée dans cette école d'enfants issus des classes moyennes et supérieures s'est accompagnée d'un investissement des capitaux sociaux, politiques et symboliques qu'ils avaient à leur disposition. Pour la directrice, le problème est désormais moins d'attirer les classes moyennes que de les inciter à faire preuve de davantage de solidarité avec les classes populaires du quartier.

> Le fossé (entre les populations ndlr) il reste important, on peut pas se raconter d'histoires, il se voit et les gens ne se mélangent pas trop mais je trouve que (…) les gens commencent à en avoir conscience surtout du côté qui pourrait filer un coup de main. Enfin, je trouve que ça commence à être un souci pour les familles les plus favorisées de faire attention (Entretien, directrice école Péguy).

Ces trajectoires de résidence et de scolarisation favorisent un entre-soi dans le cadre résidentiel. Les maisons du quartier et leurs petits jardins se révèlent le cadre idéal de repas de fin de trimestre ou de fêtes réunissant de quelques voisins à plusieurs dizaines de personnes. Les proximités sociales et géographiques passent ainsi pratiquement inaperçues parce qu'elles s'organisent et se renforcent dans un cadre privé. Elles apparaissent plus rarement sur l'espace public comme lors de la journée « La rue aux enfants » où une rue du quartier est fermée à la circulation pour permettre la réalisation de différents jeux ou ateliers qui leurs sont destinés. Ces différents éléments apparaissent comme la répétition, à Fives, de stratégies d'appropriation de l'espace par des individus et des collectifs décrites dans d'autres contextes (Collet, 2012 ; Raad, 2012).

Ces indices de gentrification doivent cependant être nuancés : des signes de dynamiques populaires sont particulièrement visibles au niveau du logement, des commerces et des espaces publics.

Analyser la mixité sociale

Nos analyses sur des tendances divergentes au sein d'un même espace esquissent *in fine* une réflexion sur la mixité sociale. La littérature francophone a bien montré les usages politiques de cette dernière notamment pour justifier les projets de rénovation urbaine (Lelévrier, 2010) ou dans le cadre des politiques de peuplement (Tissot, 2005). Dans le cas de Fives, l'usage politique du terme de mixité sociale vient effectivement légitimer des projets destinés à augmenter la proportion de classes moyennes dans un quartier populaire. Néanmoins, ce terme rend compte également d'un fait indéniable, au sens d'une diversité sociale de la composition du quartier. Que signifie cette mixité en pratique ?

L'observation montre que l'espace public demeure très largement populaire dans son occupation tandis que les nouveaux habitants investissent fortement les espaces privés. La mauvaise réputation accolée à Fives – quasi-généralisée dans le discours des classes moyennes – apparaît, dans une certaine mesure, comme un rempart majeur à sa gentrification, parce qu'elle tend à fonctionner comme un filtre social des nouveaux habitants. Tendent ainsi à venir à Fives les catégories sociales moyennes et supérieures les moins dotées en capital économique et dont les relais politiques (auprès de la mairie ou de la MEL) sont moindres que celles qui s'installent dans d'autres quartiers lillois plus centraux.

D'une certaine manière, chacun cultive un certain entre-soi. D'un côté, les classes moyennes et supérieures s'accommodent donc d'une transformation principalement résidentielle parce que leurs mobilités professionnelles et commerciales sont largement hors quartier et que la fréquentation de l'espace public peut être aisément limitée. De l'autre, pour les classes populaires, la transformation résidentielle qui s'opère actuellement par l'augmentation du parc de logement, ne débouche pas sur une reconfiguration complète de leur quotidien et permet de conserver un cadre social et morphologique attrayant.

Des dynamiques populaires

La capacité des habitants des classes populaires à infléchir la gentrification a été analysée par plusieurs chercheurs, avec des résultats variables, certains décrivant des « continuités populaires » (Giroud, 2007) qui sont également des formes de « résistance » (Clerval, 2013) dont le caractère intentionnel est discuté. D'autres préfèrent le concept de « résilience », tout en soulignant que « ses déterminants restent obscurs tant individuellement que collectivement » (Fijalkow & Lévy-Vroelant, 2016 : 24). Dans cette sous-partie, nous prenons le parti de ne pas sur-interpréter nos observations – au sens où nous ne souhaitons pas présumer du caractère actif ou conscient de ces comportements en les qualifiant de résistantes par exemple, car rien dans notre terrain ne permet de l'affirmer – et optons pour l'idée, plus neutre, de marqueurs des dynamiques populaires dans le logement, les commerces et les espaces publics.

Une géographie prioritaire prédominante

La présence importante de logements sociaux apparaît bien souvent comme un obstacle à l'avancée de la gentrification (Bacqué & Fijalkow, 2006). A Fives, l'examen de la géographie prioritaire donne à voir un quartier où seules quelques poches ne sont pas incluses dans la politique de la ville, d'autant moins nombreuses si l'on prend en compte les anciennes Zones urbaines sensibles (Zus) qui s'étalaient sur pratiquement l'ensemble du quartier. Dans ces zones prospèrent également des propriétaires, qui divisent les maisons typiques, appelées « 1930 » en référence à leur période de construction, pour les louer. Bien souvent, ces logements sont mal entretenus voire insalubres. Cela peut expliquer que les processus de transformation soient longs. Ainsi cette salariée de La Fabrique des Quartiers, société publique locale d'aménagement qui s'occupe d'opérations ciblées sur l'habitat ancien dégradé.

> On a beau intervenir dans la rénovation d'une maison dans une rue, l'autre rue au bout bah ça se verra pas. Je le dis parce que parfois c'est assez choquant en fait pour les habitants, c'est beaucoup d'argent public qui est mis sur la table et puis un moment donné le retournement du quartier ne se fait pas forcément (Entretien, salariée, La Fabrique des Quartiers)

En outre, la proportion de logements sociaux demeure significative dans les nouveaux programmes d'habitation, ce qui est dû à l'existence pour Lille d'une servitude de mixité sociale qui réserve au logement social 30% des logements bâtis lors des nouvelles opérations immobilières de plus de 17 logements. Enfin, les choix esthétiques contestables des ensembles résidentiels construits à proximité de l'opération Fives Cail ont suscité des réserves chez l'aménageur qui considérait que ces constructions agiraient plutôt comme repoussoirs des classes aisées. Ces éléments témoignent donc d'une gamme de nouvelles constructions qui ne correspondent pas aux canons de la gentrification.

Ces éléments concourent ainsi, chez un nombre significatif d'habitants ou d'acteurs du marché immobilier, à l'impression de connaître un processus tout autre que la gentrification. Ainsi nombre d'habitants font le constat d'une paupérisation à l'œuvre sur le quartier. Les prix immobiliers de certains secteurs, notamment dans l'ancien, tendent à stagner ou à baisser depuis quelques années. Un agent immobilier nous confiait que 2016 avait été sa première année de pertes, alors qu'il exerce depuis plus d'une dizaine d'années à Fives.

Des espaces commerciaux bas de gamme

Le maillage commercial se révèle également un indice puissant de l'absence de « prise » de la gentrification. Dans la rue Pierre-Legrand, artère principale du quartier, on dénombre de nombreux salons de coiffure pour hommes à prix cassés ou beaucoup de boutiques spécialisées dans la téléphonie et les communications vers l'étranger. Les salons de thé où s'observe une clientèle masculine et immigrée sont nombreux. De nombreuses épiceries aux étals peu remplis se font concurrence tout comme une gamme de restauration rapide bas de gamme. Cette offre commerciale peu diversifiée suscitait d'ailleurs, au niveau municipal, des commentaires suspicieux sur leur fonction (blanchiment ou jeux d'argent dissimulés). Comme le dit le responsable d'une association locale de commerçants, « ça fait qu'aujourd'hui sur un quartier, je ne peux pas vous dire la proportion, mais une proportion importante de commerces fictifs. (…) c'est pas forcément tout malhonnête, mais c'est tout un peu frauduleux ». Le son de cloche est le même du côté des autorités publiques.

> On a tout un faisceau d'indices là aussi qui montre que sur certains commerces ça craint, quand vous avez un type, deux types avec la mine patibulaire qui font 1m90 et qui vous attendent devant le sas d'entrée, devant une boutique où on vous dit « n'entrez pas » parce que sinon il y a de fortes chances pour que vous ayez à rendre des comptes ou à justifier votre présence auprès de mecs qui ont visiblement envie de vous casser les dents (Entretien, cadre, mairie de quartier de Fives)

Début 2017, l'ouverture d'une épicerie « roumaine » au caractère très populaire dans la rue Pierre-Legrand est un indice supplémentaire de l'installation d'une offre bas de gamme. Beaucoup de bars rassemblent une petite clientèle d'habitués des classes populaires et certains propriétaires ferment les yeux sur la fumée des cigarettes de leurs clients. Ainsi on pourrait souligner que Fives, à l'instar du quartier parisien Château-Rouge

(Chabrol, 2014), offre une coexistence de dynamiques résidentielles et commerciales différenciées. Si dans le cas de Château-Rouge, c'est l'existence d'une « centralité commerciale immigrée à Paris » (*ibid.*) qui apparaît comme un obstacle à la gentrification, à Fives, c'est une offre commerciale plus populaire, adaptée aux besoins de certains habitants mais également parfois aux limites de la légalité qui freine les transformations de l'espace public.

Un espace public peu sécurisant

D'une manière plus générale, le quartier connaît des phénomènes contribuant à un sentiment d'insécurité sur l'espace public : l'existence de pratiques dangereuses au volant d'engins motorisés et le trafic de drogues en sont deux manifestations.

Suite à un rodéo qui s'est déroulé le 31 mai 2017 au soir sur la principale rue de Fives, des habitants ont lancé une pétition intitulée « Pour une présence policière plus importante et régulière à Lille Fives » qui avait recueilli, début juillet, 4 500 signatures. La circulation de quads, scooters ou autres motocyclettes, pilotés par de jeunes gens la plupart du temps sans casques est fréquente et les espaces publics comme les parcs ou les trottoirs n'y échappent pas. La peur d'être pris à partie en cas de protestation et la faible capacité de la police à répondre à ces pratiques favorisent selon les auteurs de la pétition un « climat d'oppression » quand bien même les chiffres de la violence n'indiquent aucune spécificité lilloise. Ces pratiques alimentent également des psychoses sur certains secteurs, lorsque des voitures roulant à toute allure sont signalées à plusieurs reprises.

En outre, certains endroits sont identifiés comme des lieux de trafic de drogues où s'observe à l'œil nu la division des tâches destinée à éviter qu'un individu puisse être appréhendé avec une trop importante quantité de drogue sur lui. Comme le soulignent Lancial *et al.* (2016), le commerce de drogues lillois se caractérise par une très forte disponibilité de l'offre liée à sa forte visibilité sur l'espace public et à une offre adaptée à une demande précaire, par la vente en petites quantités et à prix ainsi peu élevés. De ce fait, la stratégie commerciale contribue à une survisibilité du trafic, notamment sur la rue Pierre-Legrand ou aux abords d'un square qui abrite une crèche et un centre social.

Les conséquences de cet espace public peu sécurisant sont particulièrement importantes pour les femmes, qui font fréquemment l'objet de commentaires, tantôt à caractère social (« bourgeoise »), tantôt à caractère sexiste, en particulier quand elles se déplacent seules. Comme le souligne cette mère de famille trentenaire, psychothérapeute : « Mon plus gros sentiment d'insécurité c'est les courses (à moto, ndlr) dans un parc où il y a des enfants qui jouent au milieu. Ça, ça s'est calmé… Après, du deal, bien il y en a ».

Si elles ne sont pas spécifiques à Fives mais plutôt partagées par nombre de quartiers populaires (Lapeyronnie, 2008), ces tendances nuancent les indices d'une gentrification. La sous-partie suivante, permettra de souligner que les mêmes indéterminations sont observables au sein des mobilisations collectives locales.

Une dynamique collective biface

Les travaux sur la gentrification ont souvent mis en scène des contrastes au sein des classes moyennes, entre les franges qui se révèlent plus proches des classes populaires notamment de par leur engagement politique plus marqué à gauche et celles qui appellent de leur vœux une gentrification du quartier (Collet, 2012 ; Raad, 2012). Ainsi Bacqué et Fijalkow (2006), soulignent une opposition à la fois de générations, de statuts du logement (locataires *vs* propriétaires), de professions (métiers du social et de l'éducation *vs* professions de l'université, des médias ou de la culture) ou de rapports avec l'action collective (association *vs* réseau) pour expliquer les positionnements très différenciés des mobilisations à la Goutte d'Or et leur impact sur la transformation de l'action publique, d'abord centrée sur les logements et ensuite sur la question des commerces et des espaces publics. À Fives, s'il est possible de retrouver de telles différences et si la vie collective semble se renouveler avec des structures plus distantes des préoccupations des classes populaires, les oppositions semblent moins tranchées, en particulier parce que de nombreux individus appartiennent simultanément à différentes structures.

Militants auprès des couches populaires

Dès le milieu des années 1970, on observe l'existence d'un réseau de travailleurs sociaux qui ont permis au croisement d'actions relevant du « travail social », de la contestation et de moments de convivialité, de mener des luttes face à des projets urbains massifs qui ont ébranlé les solidarités locales des classes populaires inscrites dans le territoire (Delfini, 2017).

En intervenant aux côtés des habitants dans le cadre de négociations concernant des projets de rénovation urbaine, ces acteurs ont réussi à imposer certaines revendications comme le maintien sur place des habitants les plus précaires et la réhabilitation de certaines courées du quartier. Les outils créés à l'occasion de ces conflits ont même perduré jusqu'à la fin des années 1990 participant à freiner les tendances émergentes de transformation du quartier (Delfini, 2017). La destruction au début des années 2010 de deux imposantes courées au cœur du quartier (cité Lys, cité Brunswick) a entrainé des protestations de certains habitants en lien avec l'association ATD Quart Monde notamment, comme une forme d'écho aux mobilisations antérieures. Si aujourd'hui ces associations n'atteignent pas les niveaux de mobilisation des années 1970 et 1980, leur dynamique est cependant significative, notamment en raison de la crainte des conséquences des transformations urbaines et sociales pour les habitants les plus précaires.

Dès lors, certaines dynamiques collectives du quartier demeurent populaires. La problématique du logement reste centrale dans les mobilisations associatives autour de l'Atelier Populaire d'Urbanisme, d'ATD Quart Monde ou encore d'OSLO (Organisme Social de Logement). Le quartier bénéficie de la présence de deux centres sociaux et de nombreuses associations (le café solidaire Ephata, l'Association du Petit Maroc) tournées vers le public populaire. Il abrite aussi une antenne locale (et le siège) de la fédération départementale du Secours populaire où pas moins de 2 600 familles de Lille et des environs sont enregistrées. Notons enfin l'existence d'une association, le Spartak, qui prône une pratique sportive non-compétitive, et dont les séances – football, basket etc. – attirent un public socialement très diversifié. Toutes ces associations font l'objet d'une forte attention de la mairie, en particulier par leur mise en avant laudative lors de la cérémonie annuelle des vœux qui se tient dans le quartier.

Une dynamique associative de « bons voisins » (Tissot, 2011)

En parallèle, une forme de renouvellement de l'offre associative est en cours, portée par les nouveaux résidents des classes moyennes.

Il est ainsi notable qu'une orientation vers les questions de développement durable et d'agriculture urbaine se fasse jour : les collectifs les « Saprophytes » et « BW Friches », les initiatives « ça bouge à Fives. Notre quartier en transition » ou « Moins vite à Fives » illustrent ces tendances. On notera également le choix de Superquinquin, coopérative de consommation privilégiant les circuits courts et le bio, de s'implanter à Fives. Ce choix est autant une décision pragmatique liée à la surface disponible et à l'accessibilité que le révélateur d'une présence non-négligeable de coopérateurs de classe moyenne/supérieure dans le quartier.

Notons que cette coopérative a initialement fait le choix de refuser l'usage des espèces en caisse (seules les cartes bleues et les chèques sont acceptés), ce qui souligne une certaine distance sociale : d'une part, cela révèle une volonté de décourager les vols et donc une méfiance face à l'environnement du quartier ; d'autre part, cela exclut les populations qui ne disposent pas de ce moyen de paiement.

Ces différents collectifs souhaitent peser sur les choix urbanistiques en cours et insistent sur l'importance de la participation citoyenne. Certains participent ainsi aux différents ateliers participatifs et réunions de concertation du projet Fives-Cail, leur conférant un caractère « monochrome », comme le soulignait un habitant regrettant le manque de diversité de l'assemblée de 400 personnes venue écouter Martine Aubry présenter les avancées du projet, lors d'une réunion en 2016[7]. Les mobilisations sont axées sur le cadre de vie, entendu de façon plus large que le logement. Ces associations défendent leurs intérêts immédiats – aménagement des friches qui jouxtent leurs logements, mobilités douces, demande d'espaces verts – tout en adoptant le discours de « bons voisins », empreint de tolérance, décrit par Tissot (2011) dans le contexte de Boston. Ainsi, cette dynamique collective axée sur des valeurs post-matérialistes et en particulier sur les enjeux écologiques permet de modifier les registres de légitimité des demandes émanant de la société civile et, ainsi, d'appuyer en partie la volonté de l'action publique de transformer le quartier.

Des compromis… aux oppositions

Cette dynamique associative ambivalente peut s'incarner dans les engagements individuels. La même personne peut s'insérer dans des collectifs *a priori* peu compatibles en ce qui concerne l'évolution du quartier. Par exemple, plusieurs sociétaires de la coopérative Superquinquin sont également investis au sein d'une association d'éducation populaire ou dans un collectif contre le logement précaire. Les structures ne sont elles-mêmes pas exemptes de nuances. Au sein de cette même coopérative, il a finalement été décidé de mettre en place un monnayeur pour permettre le paiement en espèces : en effet, de nombreux coopérateurs soulignaient que cette initiative faciliterait la venue des classes populaires.

Cette ambivalence produit des effets sur l'action publique. Celle-ci, contrainte par l'inadéquation des résultats par rapport aux objectifs de

---

7 Source : *La Voix du Nord*, 18 septembre 2016.

transformation escomptés lors des vingt dernières années, et par les résistances passives ou actives des acteurs locaux et des habitants réintroduit ainsi des éléments plus « sociaux » dans ces actions. Par exemple, au sein-même du projet Fives Cail, *a priori* vecteur central de la transformation du quartier, une cuisine commune financée par des fonds européens devrait permettre de fournir des repas bon marché à une population précaire locale.

Parfois, les oppositions se révèlent cependant plus marquées. Fin 2018, la coopérative Superquinquin a ainsi annoncé son intention de racheter une maison du quartier afin de disposer de locaux plus grands pour son espace de vente. Cette décision a amené le propriétaire de la maison à résilier les baux – peu élevés – des six locataires qui l'occupaient, dont trois étaient d'ailleurs membres de la coopérative. Or, ces derniers ont été mis devant le fait accompli, le directeur ne les prévenant qu'au dernier moment du fait que les négociations étaient en cours. L'assemblée générale qui a suivi s'est révélée très houleuse puisqu'un certain nombre de sociétaires ont dénoncé le fait que Superquinquin contribue à la gentrification du quartier. Si la décision d'achat proposée a finalement été validée par l'assemblée, celle-ci n'a pas été consensuelle, soulignant une absence d'homogénéité de ses membres en la matière. Une campagne d'affichage hostile à Superquinquin et caricaturant son logo (figures 3 et 4) s'en est suivie, révélant des tensions jusque-là méconnues.

Pour conclure, il nous semble que les dynamiques associatives à Fives ne sauraient être limitées à la typologie binaire présentée par Bacqué et Fijalkow (2006) ou Raad (2012) – qui réduisent l'engagement à un positionnement « contre » ou « en attente de » la gentrification. Les individus – par leurs engagements individuels parfois peu compatibles entre eux – ou les structures n'offrent pas nécessairement de cohérence en la matière.

Figure 3. Le logo de Superquinquin (Source : https://superquinquinlille.tumblr.com/, consulté le 26 octobre 2020).

Figure 4. Affiche placardée devant les locaux de l'assemblée générale de Superquinquin, décembre 2018 (Source : Cary, 2018).

*

> Si on laisse aller Fives aux doigts du marché, si la ville n'intervient pas (...) on en est actuellement encore sur des biens accessibles autour de 2 200/2 300 euros le mètre carré. Fives dans 10 ans, vous êtes à 4 000/4 500 euros du mètre carré, vous êtes sur des équivalents de ceux de quartier comme Vauban (Entretien, cadre, mairie de quartier de Fives)

> Comme là il y a une voiture qui terrorise tout le monde depuis une bonne semaine. Le mec roule comme un taré, comme en version rallye. Il monte sur les trottoirs et tout il y a une psychose (Entretien, salarié, mairie de quartier de Fives)

Les deux citations en exergue, venant de salariés de la même institution, rendent compte des processus en cours dans le quartier. D'un côté, les projets immobiliers, et en particulier celui qui s'installe sur la friche de l'usine qui a longtemps fait battre le cœur du quartier, annoncent une modification majeure des populations résidentes, qui devrait renforcer la proportion des classes moyennes/aisées. De l'autre, les usages des espaces publics sont loin de correspondre à l'environnement urbain attendu autour de ces projets immobiliers. Dans ce contexte, nous considérons que mettre l'accent sur l'indétermination du devenir urbain d'un quartier ainsi que sur l'ambivalence de l'action publique qui s'y déroule permet d'échapper à un double écueil théorique. D'abord, cela permet de ne pas céder à la tendance quelque peu réductionniste des typologies de quartier qui mésestiment les contradictions qu'ils abritent. De ce fait, le concept de gentrification, trop rapidement accolé aujourd'hui à toute transformation d'un quartier populaire, s'avère souvent trop large pour décrire les processus en cours. Ensuite, cela permet de ne pas mésestimer le rôle des classes populaires : au-delà de l'intentionnalité ou non des continuités populaires, force est de constater qu'elles ont pu, à Fives notamment, freiner le destin assigné au quartier (Delfini, 2017).

Cette indétermination, à Fives, est soutenue par plusieurs arguments forts. D'abord, le quartier n'abrite que très peu de grands ensembles et dispose encore de réserves foncières importantes. Dès lors, la transformation urbaine et la construction d'immeubles destinés aux classes moyennes n'impliquent pas nécessairement l'éviction des classes populaires. De ce fait, le maintien voire l'augmentation du parc de logement social peut aller de pair avec la diversification de l'offre immobilière. Ensuite, on observe que les pratiques quotidiennes des habitants des classes populaires ou des étudiants, d'une part et les problématiques liées au sentiment d'insécurité de certains espaces publics, de l'autre, freinent une utilisation plus importante de ces espaces par les classes moyennes. Enfin, la temporalité des mandats électifs est souvent plus court-termiste que celle des transformations urbaines. De fait, à Lille, plusieurs quartiers ont successivement été présentés comme étant la nouvelle priorité des élus, avec des résultats parfois peu significatifs. Alors que se profile la fin de règne de M. Aubry, il se révèle difficile d'affirmer pour quel espace le nouvel édile aura les yeux de Chimène.

Références bibliographiques

AUTHIER Jean-Yves, 1995. « Formes et processus de ségrégation dans les quartiers anciens centraux réhabilités. L'exemple du quartier Saint-Georges à Lyon », *Sociétés contemporaines*, 22-23, p. 107-125.

AUTHIER Jean-Yves, BIDOU-ZACHARIASEN Catherine, 2008. « Éditorial », *Espaces et sociétés*, 132-133, p. 13-21.

BACQUÉ Marie-Hélène, FIJALKOW Yankel, 2006. « En attendant la gentrification : discours et politiques à la Goutte d'Or (1982-2000) », *Sociétés contemporaines*, 63, p. 63-83.

BLANQUART Paul, 1997. *Une histoire de la ville : pour repenser la société*, Paris, La Découverte.

CARY Paul, FOL Sylvie, 2016. « Du périurbain stigmatisé au périurbain valorisé ? », *Géographie, économie, société*, 18, p. 5-13.

CHABROL Marie, 2014. « Évolutions récentes des quartiers d'immigration à Paris. L'exemple du quartier "africain" de Château-Rouge », *Hommes & Migrations*, 1308, p. 87-95.

CHABROL Marie *et al.*, 2016. *Gentrifications*, Paris, Éditions Amsterdam.

CLERVAL Anne, 2013. *Paris sans le peuple. La gentrification de la capitale*, Paris, La Découverte.

COLLET Anaïs, 2012. « Montreuil, "le 21e arrondissement de Paris" ? », *Actes de la recherche en sciences sociales*, 195, p. 12-37.

COLLECTIF DEGEYTER, 2017. *Sociologie de Lille*, Paris, La Découverte.

COLLECTIF-ROSA-BONHEUR, « Centralité populaire : un concept pour comprendre pratiques et territorialités des classes populaires d'une ville périphérique », *SociologieS* [En ligne], URL : http://journals.openedition.org/sociologies/5534 (Consulté le 28 octobre 2020).

DELFINI Antonio, 2017. *La Ville conflictuelle : luttes pour le logement et transformations des quartiers populaires. Le faubourg de Fives à Lille (1969-*

2016), thèse de doctorat en sociologie, sous la dir. de Abdelhafid Hammouche, USTL / Lille 1.

DONZELOT Jacques, 2009. *La Ville à trois vitesses et autres essais*, Paris, Éditions de la Villette.

FIJALKOW Yankel, LEVY-VROELANT Claire (dir.), 2016. *Rester en (centre) ville. Résistance et résilience de la ville ordinaire dans quatre quartiers de capitales européennes : Paris, Lisbonne, Bruxelles, Vienne,* Recherche PUCA 092 La ville et la Métropolisation, Ministère de l'écologie, du développement durable et de l'énergie.

FIX Mariana, 2007. *São Paulo: cidade global. Fundamentos financeiros de uma miragem*, São Paulo, Boitempo.

FLEURY Antoine, 2010. « Du quartier à la ville durable ? Les commerces de proximité dans l'action de la Mairie de Paris », *in* A. GASNIER (dir.), *Commerce et ville ou commerce sans la ville ? Production urbaine, stratégies entrepreneuriales et politiques territoriales de développement durable*, Rennes, Presses universitaires de Rennes, p. 171-184.

FLORIDA Richard, 2017. *The New Urban Crisis: How Our Cities are Increasing Inequality, Deepening Segregation, and Failing the Middle Class – and What We Can Do About It*, New York, Basic Books.

GIRAUD Colin, 2012. « La vi(ll)e en rose ? Quartiers gays et trajectoires homosexuelles à Paris et à Montréal », *Actes de la recherche en sciences sociales*, 195, p. 38-57.

GIROUD Matthieu, 2007. *Résister en habitant ? Renouvellement urbain et continuités populaires en centre ancien (Berriat Saint-Bruno à Grenoble et Alcântara à Lisbonne)*, thèse de doctorat en géographie, sous la dir. de Françoise Dureau, Université de Poitiers.

GLASS Ruth, 1964. *London: Aspects of Change*, London, Centre for Urban Studies, MacGibbon and Kee.

HARVEY David, 2001. *Spaces of Capital. Towards a Critical Geography*, Edinburgh, Edinburgh University Press.

LAHIRE Bernard, 2006, *La Culture des individus*, Paris, La Découverte.

LANCIAL Nathalie, LOSE Sébastien, SPIRITEK, 2016. *Tendances récentes sur les usages de drogues à Lille en 2015*, OFDT & Le Cèdre Bleu.

LAPEYRONIE Didier, 2008. *Ghetto urbain*, Paris, Robert Laffont.

LELÉVRIER Christine, 2010. « La mixité dans la rénovation urbaine », *Espaces et sociétés*, 140-141, p. 59-74.

LIEFOOGHE Christine, MONS Dominique, PARIS Didier, 2016. *Lille, Métropole créative ?*, Villeneuve-d'Ascq, Presses du Septentrion.

MAUSS Marcel, 1950. *Sociologie et anthropologie*, Paris, Presses universitaires de France.

MELO Ana, 2011. *La Planification stratégique et ses effets sur les métropoles, Analyse des expériences de Lille (France) et Recife (Brésil)*, thèse de doctorat en Géographie, Aménagement, Urbanisme, sous la dir. de Hélène Rivière d'Arc, Université Paris 3.

PARIS Didier, MONS Dominique (dir.), 2009. *Lille Métropole, laboratoire du renouveau urbain*, Marseille, Parenthèses Éditions.

PRÉTECEILLE Edmond, 2007. « Is Gentrification a Useful Paradigm to Analyse Social Changes in the Paris Metropolis? », *Environnement and planning A*, 39, 1, p. 10-31.

RAAD Lina, 2012. « Pratiques et représentations des couches moyennes en banlieue rouge », *Espaces et sociétés*, 148-149, p. 91-110.

ROUSSEAU Max, 2008. « "Bringing Politics Back in" : la gentrification comme politique de développement urbain ? », *Espaces et sociétés*, 132-133, p. 75-90.

SAINTIGNON Pierre de, AUBRY Martine (préf.), 2005. *Un nouvel art de ville. Le projet urbain de Lille*, Lille, Éditions Ville de Lille.

SMITH Neil, 1996. *New Urban Frontier: Gentrification and the Revanchist City*, New York, Routledge.

SOULÉ Bastien, 2007. « Observation participante ou participation observante ? Usages et justifications de la notion de participation observante en sciences sociales », *Recherches Qualitatives*, 27, p. 127-140.

TISSOT Sylvie, 2005. « Une "discrimination informelle" ? Usages du concept de mixité sociale dans la gestion des attributions de logements HLM », *Actes de la recherche en sciences sociales*, 159, 4, p. 54-69.

TISSOT Sylvie, 2011. *De bons voisins*, Paris, Raisons d'agir.

VAN ZANTEN Agnès, 2009. *Choisir son école. Stratégies familiales et médiations locales*, Paris, Presses universitaires de France.

Les Farinet, monnayeurs

Liberté, vénalité, communauté

Jérôme BLANC
Triangle (UMR 5206), CNRS[1]

« Dieu du prodigue et de l'avare...
Je ne me nomme pas Jésus,
Mais je porte au rang de Crésus
Tout ce qui n'était que Lazare ;
Enfin, pour vous parler plus net,
Je suis le bon Dieu Farinet.
(Opérette jouée sur la place publique du Châble,
Commune de Bagnes, 1879)

« Tout est faux en ce siècle ; nous avions déjà les fausses dents,
les faux cheveux, les faux principes,
et voici maintenant le faux or. »
(*L'Ami du peuple*, 18 avril 1880,
lendemain de la mort de Joseph-Samuel Farinet)

« Tu peux dire que je suis Jean [sic] Farinet,
fabricant de monnaie »
(Farinet, 25 juin 1878, *in* Donnet, 1980, p. 250)

Il existe différents types de faux-monnayeurs et au moins autant de motivations au faux-monnayage. Les arts populaires et les affaires portées en justice alimentent une galerie de portraits souvent truculents. La figure pittoresque de la crapule en bande organisée, contrefaisant dans le but de sa

---

1 Université de Lyon, Sciences Po Lyon, TRIANGLE, UMR 5206 du CNRS, 14 avenue Berthelot – 69007 Lyon.

propre fortune, et que l'on trouve par exemple dans *Le cave se rebiffe*[2] est loin d'être la seule, ni même la plus représentative des faux-monnayeurs. Parmi les figures qui stimulent l'imagination se trouvent le faux-monnayeur frappant des pièces d'un métal plus pur que celles originales[3], des marchands banquiers florentins ruinés et en fuite cherchant là un moyen de se refaire, au milieu du XIVe siècle (la famille Bardi) (Cipolla, 2015), les techniciens prisonniers d'un camp de concentration nazi sommés de travailler pour une cause politique qui leur est contraire, laquelle cherchait à déstabiliser l'économie britannique en l'inondant de fausses livres sterling[4], l'artisan doué et consciencieux trouvant là une façon d'exercer ses capacités restées incomprises et vivant la découverte de son activité par la police comme une reconnaissance, tel Ceslaw Bojarski[5]... Diogène, comme son père banquier accusé de faux-monnayage, introduisait le doute dans l'esprit de ses contemporains en « transformant les mœurs comme les monnaies ». Il donnait un coup de fouet philosophique aux idées en place et contestait les conventions sociales[6]. Quant à Farinet, dont il sera question dans ce texte, il contestait les institutions établies en frappant de fausses pièces et soumettait la monnaie à un principe supérieur de liberté.

Selon une métaphore sensorielle utilisée pour restituer les qualités de l'argent, la fausse monnaie produit d'abord un trouble sonore (Blanc, 2013 [2009]). Cette métaphore peut se justifier par le fait que les espèces métalliques rendent un son particulier qui est un facteur important

---

2 Polar publié par Albert Simonin en 1954 et qui fut adapté au cinéma en 1961 par Gilles Grangier.

3 Ce cas est rapporté par Samuel Pepys, chroniqueur anglais du milieu du XVIIe siècle (Pepys, 1663, T. IV : 143-144).

4 Cette « Opération Bernhard » a été racontée par l'un de ses protagonistes, Adolf Burger, imprimeur juif slovaque interné dans le camp de Sachsenhausen. Elle a aussi fait l'objet de récits littéraires et cinématographiques. Voir notamment Pirie (1962).

5 Bojarski a inspiré le réalisateur Jean-Paul Le Chanois pour *Le Jardinier d'Argenteuil*, sorti en 1966, cependant à partir d'un roman plus ancien (Jouglet, 1937). Jean Gabin y joue le rôle d'un faux-monnayeur tranquille et sans volonté d'accumulation dont l'erreur est de se laisser aller à étendre son activité.

6 À lire Diogène Laërce, qui relate cette histoire cinq siècles plus tard, il est difficile de savoir si Diogène le cynique a lui-même réellement émis de la fausse monnaie. Plus largement, l'accumulation des anecdotes frappantes ne peut que produire un doute sur leur authenticité. Ce doute cadre bien avec notre thème : peu importe qui était Diogène et ce qu'il fit ; la leçon philosophique s'accommode fort bien de l'approximation historique, voire du faux historique. Voir Diogène Laërce (1965 : 14).

d'identification de leur authenticité (Manas, 2015). Des espèces « sonnantes et trébuchantes » sont des espèces dont la valeur est digne de foi ; qu'elles rendent un son mauvais les disqualifie. Quant aux monnaies de papier, le son que rend leur froissement est aussi un signe de leur authenticité ou de leur contrefaçon. C'est ainsi que, à l'époque de Farinet, dans le Valais des années 1870, une pièce de 20 francs « qui n'avait pas de son » est suspectée comme contrefaite ; une autre paraît douteuse car « elle avait un son mat » (Donnet, 1980 : 371 et 379). L'auteur d'une comédie sur Farinet, Fernand Chavannes, insiste sur le problème du son auquel le faux-monnayeur doit faire face :

> Il paraîtrait / qu'il faisait des napoléons / avec du cuivre, est-ce que je sais, / avec du laiton. / Et pour qu'ils aient le son / à ce qu'on dit qu'il y met / dedans un petit morceau de verre / et ainsi ça fait / qu'ils sonnent aussi clair / et même plus clair que les bons (Wottreng, 1995 : 82).

Mais la fausse monnaie produit un trouble beaucoup plus large sur les autres sens, et l'intérêt de l'activité de Farinet (de ce qu'on en sait, de ce qu'on a pu imaginer) est en particulier de montrer la variété des conséquences de ce problème sonore : elle produit un doute sur la couleur de l'argent (son origine), sur son odeur (sa moralité) et sur sa saveur (son acceptation sociale), alors même que les motivations du faux-monnayeur ne relèvent pas toujours de la vénalité (une question de toucher).

C'est ainsi qu'on s'intéressera ici au trouble produit par Farinet non seulement sur l'authenticité mais plus largement sur la nature multidimensionnelle de la monnaie, de sorte que ce trouble dévoile le fait social total qu'est la monnaie. Hart (1986) a utilisé la métaphore des deux côtés d'une pièce pour distinguer deux logiques, celle du chiffre et celle de l'autorité. Théret (2008) a ajouté à cette dualité la tranche de la pièce, qui lui donne son épaisseur, pour intégrer le monnayage. On retiendra ici pile (*tails*) : le chiffre, soit la valeur de la monnaie décidée par l'autorité ; face (*heads*) : le symbole, soit la représentation de la souveraineté au nom de laquelle la monnaie est émise ; tranche : le monnayage, soit les règles et procédures par lesquelles la monnaie entre dans la circulation. Le cas de Farinet requiert une réflexion à ces trois niveaux complémentaires. La figure historique de Farinet est en effet celle d'un faux-monnayeur légitimement préoccupé de son industrie et de ses bénéfices ; le chiffre est donc premier (1). Mais Farinet a été par la suite construit en personnage de fiction ; sous la plume de Charles Ferdinand Ramuz, il est devenu une figure de la souveraineté de l'individu ; ce n'est plus alors le chiffre qui importe mais le symbole ou la représentation de la liberté (2). Dans tous les cas, la monnaie doit être mise en circulation ; ce monnayage repose sur des relations sociales particulières où interviennent des rapports non marchands. Là apparaît l'homme dans sa communauté – qu'il érode ou conforte, selon la finalité de la contrefaçon (3).

Le faux-monnayage apparaît au final comme une catégorie du monnayage : en cela, les Farinet sont monnayeurs, mais ils ne monnaient pas la même chose l'un et l'autre. Par l'analyse de cette double figure contradictoire, ce texte entend contribuer aux conceptions institutionnalistes de la monnaie. Il se situe également en continuité des travaux sur les rapports entre économie et littérature (Bras & Pignol, 2016), tout en creusant une particularité que l'on aurait pu rencontrer également dans *L'Argent* de Zola : l'histoire fonde le romanesque, qui sait néanmoins s'en affranchir en offrant une interprétation nourrie des réflexions de l'auteur. Il en résulte un double corpus d'une grande fécondité pour la réflexion.

Vénalité : Joseph-Samuel Farinet ou l'empire du chiffre

Vie et mort d'une petite frappe

Joseph-Samuel Farinet fut un faux-monnayeur récidiviste qui contrefaisait des pièces helvétiques de vingt centimes frappées en 1850 et 1858. Il avait une patrie, la montagne, écartelée entre trois pays mais unie par la culture franco-provençale. Il naquit en 1845 d'une famille paysanne dans les États de Savoie, à Saint-Rhémy-en-Bosses, sur le versant valdôtain du col du Grand-Saint-Bernard. C'est la justice d'Italie qui le condamna par contumace en 1869, à Aoste, à dix-huit mois de prison pour vol[7]. Il se réfugia dans la commune valaisanne de Bagnes, de l'autre côté du col, en Suisse, puis à Martigny-Bourg. Utilisant parfois de faux noms et s'appuyant en particulier sur deux complices, il fabriqua et écoula plusieurs milliers de francs de fausses pièces. En 1871, il fut arrêté et condamné à quatre ans de réclusion, s'évada au bout d'un mois mais fut vite repris, s'enfuit au bout d'un an, se cacha, relança son activité à Fully, fut dénoncé par le patron du casino de Saxon, traqué et condamné par contumace à cinq ans de prison en juillet 1873, arrêté à nouveau puis de nouveau évadé, se rendit à la police d'Aoste et fut condamné à trente ans de travaux forcés en

7 Sur la vie de Farinet, ses démêlés avec la justice et sa réception dans les médias de l'époque, voir Donnet (1980), Allet-Zwissig (1980) et Wottreng (1995).

juillet 1875 avant de fuir encore, revint à Bagnes en 1876 où il relança ses activités avant d'être inquiété de nouveau en 1879, fut alors condamné à six ans et au bannissement et dut de nouveau prendre la fuite ; on le retrouva à Martigny, à Saxon où des gendarmes manquèrent à nouveau de l'arrêter puis à Saillon… C'est là qu'il mourut au bout de cinq jours de siège en avril 1880, dans les gorges étroites de la Salentse, un torrent qui se jette dans le Rhône en amont du village. On ne sait si sa mort fut accidentelle, s'il fut abattu ou s'il se suicida.

La description que la presse valaisanne de l'époque donne de lui laisse entrevoir une « petite frappe » : un petit malfrat ayant réussi à travailler durablement dans cette « industrie » (c'est le terme employé) et à agglomérer autour de lui un nombre significatif d'affidés. Il fut raconté par les médias locaux de son vivant et bénéficia toujours d'un traitement différent de celui des autres faux-monnayeurs (Allet-Zwissig, 1980). À l'instar de Mandrin, une *Complainte* lui fut écrite au lendemain de sa mort (*Le Confédéré*, 30 avril 1880)[8]. On y présente Farinet comme un Don Juan victime de la jalousie d'un mari cocu qui l'aura dénoncé :

> Le jeune Valdotain n'était pas sanguinaire,
> Il n'était pas voleur, et s'il fut révélé
> Qu'il prenait quelquefois d'une main téméraire !...
> Ce n'est que le mari qui se trouvait volé !
> (…)
> Un mari dont la femme au cœur tendre et sensible
> Égayait quelquefois la hutte du bandit,
> Montre à l'Autorité le seul chemin possible
> Par où l'on pourrait bien prendre la pie au nid
> (*Le Confédéré*, 30 avril 1880)

Un contexte favorable à la contestation monétaire et à la fausse monnaie

À l'époque où Joseph-Samuel met en circulation ses fausses pièces, dans les années 1870, le Valais reculé a connu une phase de modernisation, mais aussi une crise importante, et se trouve dans une situation de faible circulation monétaire.

En 1848, la Constitution fédérale a attribué à la Confédération le droit exclusif d'émettre de la monnaie métallique. La loi de 1850 a établi le franc suisse, devant circuler sous forme de pièces de cuivre (1 et

---

8 L'hebdomadaire radical-libéral *Le Confédéré* consacre plusieurs articles à Farinet entre 1878 et 1882.

2 centimes), de billon (5, 10 et 20 centimes) et d'argent (1/2, 1, 2 et 5 francs). À la fin des années 1850, la lutte politique entre libéraux-radicaux et conservateurs-catholiques tourne à la victoire des seconds, qui dominent désormais le Conseil d'État (l'organe de gouvernement). Alexis Allet, qu'on surnomma le Dictateur, impulse une dynamique de modernisation des infrastructures à crédit appuyée sur la Banque cantonale du Valais, banque d'économie mixte qu'il contribue à créer en 1856 en rassemblant des actionnaires députés et avocats. Les banques cantonales ont la possibilité en effet, dans le cadre de la Confédération, d'émettre de la monnaie de papier. Allet cumule la fonction de Chef du Département des finances au Conseil d'État et président du conseil d'administration de la Banque. Son activité est moins tournée vers le financement de l'activité agricole, industrielle et commerciale que vers les notables locaux : « un groupe de privilégiés, dont plusieurs insolvables » (Olsommer, 1967 : 37-39). Fin 1870, le surendettement de la Banque croise la crise financière européenne faisant suite à la guerre franco-prussienne et la Banque fait faillite. La banqueroute conduit Allet à démissionner du Conseil d'État. Les conservateurs continueront d'exercer le pouvoir dans les décennies qui suivent. L'économie valaisanne restera marquée pendant de nombreuses années par cette faillite : les infrastructures se développeront plus lentement, il faudra accroître l'impôt, la circulation monétaire sera ralentie, et on notera un niveau élevé des taux d'intérêt pratiqués vers les petits agriculteurs et les petits commerçants.

Jusqu'en 1867, c'est la seule banque exerçant dans le Valais. Comme les billets des autres banques cantonales suisses, ces billets n'ont pas cours légal mais sont garantis par le Canton. Les billets de plus faible nominal valent dix francs : leur circulation est donc bien moins populaire que les espèces de cuivre, de billon et même d'argent. Farinet a d'ailleurs prétendu avoir réfléchi à l'impression de faux billets (Wottreng, 1995 : 33).

Surtout, cette faillite a un retentissement populaire majeur et engendre une distance critique importante de la population du Valais francophone à l'égard du pouvoir conservateur. On critique notamment l'impunité des puissants, quand les petits sont pourchassés. Ainsi, lorsque Farinet est arrêté, au début 1871, le journal libéral *Le Confédéré* écrit :

> Ton gouvernement a battu monnaie avec les rescriptions ; mais c'était de la fausse monnaie, plus fausse que celle qui a été fabriquée à Martigny. Pourquoi donc condamne-t-on les fabricants de Martigny, tandis qu'on laisse courir les autres ? (*Le Confédéré*, 23 février 1871).

Quelques années plus tard, au début 1880, ce ressentiment apparaît encore très clairement dans ce rapport d'un caporal de gendarmerie : évoquant la réaction populaire à la traque de Farinet dans le district de Martigny, on lit : « il [Farinet] apporte l'argent au pays ; il y en a déjà pas trop, d'argent. Vous, gendarmes, vous ne courriez pas tant après [Alexis] Allet et Cie dans le temps » (Donnet, 1980 : 507).

Durant la décennie d'activité de Farinet dans le Valais, la circulation métallique est donc globalement insuffisante, particulièrement en début de période, et les fausses pièces de Farinet sont perçues comme comblant un manque. C'est ainsi qu'en 1871, lors de l'affaire qui conduit Farinet en prison,

> Le Conseil fédéral ayant refusé de retirer de la circulation les pièces fausses de vingt centimes dont le nombre était considérable à Martigny, elles continuèrent à circuler, et, vue la rareté du numéraire, à être acceptées conventionnellement dans le canton, bien qu'elles soient sans alliage d'argent (Donnet, 1980 : 107).

Wottreng (1995 : 30) insiste sur l'activité frénétique de Farinet et ses complices en 1870 : jusqu'à 900 francs en une semaine, soit plusieurs centaines de pièces par nuit de travail. Le juge qui fait arrêter Farinet début 1871 constate auprès de plusieurs commerçants que plus du tiers des pièces de vingt centimes dont ils disposent sont fausses (Wottreng, 1995 : 37). À cette époque, « l'émission, *connue et prouvée*, s'élève à 8 132 francs » (Donnet, 1980 : 95 et 107), mais il aurait émis pour une valeur de près de 50 000 francs (*Le Confédéré*, 24 mai 1878). Un calcul grossier conduit à penser que ce montant total estimé est proche de celui des vraies pièces de vingt centimes en circulation dans les six districts concernés du canton[9], que cela représente approximativement 33% de la masse de monnaies divisionnaires légales présentes dans ces districts ou autour de 8,5% de la masse monétaire métallique légale totale dans ces districts[10] – une proportion en baisse régulière au fil de la décennie : nul doute que ces fausses monnaies ont abondamment circulé dans ces localités, que la population le savait pertinemment mais qu'elle était tendue entre le besoin de petite monnaie et les risques encourus à utiliser les fausses pièces de

---

[9] Thurre (1999 : 16) affirme ainsi qu'à Martigny il y a eu, à une époque, plus de pièces de Farinet que de Berne.

[10] Calcul réalisé en rapportant la masse des monnaies métalliques émises depuis 1850 (sans tenir compte du frai et autres pertes) aux districts valaisans concernés, à partir de leur population estimée. Pour les frappes fédérales, voir *Helvetische Münzenzeitung* (1984).

Farinet. Mais même si le manque de petite monnaie s'atténue au fil de la décennie, il n'en reste pas moins des manques criants, liés peut-être à la dimension saisonnière des afflux monétaires. Un homme en témoigne, lors de l'hiver 1879-1880 : « Oui, sans le secours de Farinet, nous aurions été bien malheureux cet hiver » (Donnet, 1980 : 498). Ainsi peut se comprendre la tolérance dont font preuve les autorités à l'égard des fausses pièces, sinon de leur émetteur.

Il faut garder à l'esprit que, si le contenu métallique de pièces d'argent et d'or importe à leurs détenteurs, le contenu métallique du billon est toujours inférieur à sa valeur faciale. Contrefaire des pièces de vingt centimes produit donc en principe moins d'effets sur la confiance méthodique que contrefaire des pièces de contenu métallique assez pur[11]. La crainte des porteurs de fausses pièces ne peut être celle d'un métal de pureté insuffisante pour justifier la valeur de la pièce, mais celle de monnaies non reconnues par les autorités monétaires. Cela ne touche pas non plus la même population : les notables et la bourgeoisie sont assez peu concernés, et c'est dans les actes quotidiens de la population monétarisée que les effets peuvent se faire sentir. Vingt centimes correspondraient au revenu quotidien d'un berger des alpages ou à la moitié de celui d'un vigneron : une somme non négligeable pour les catégories populaires (Wottreng, 1995 : 205-206). Ces pièces ont pu circuler assez largement, en 1870-1871 au moins compte tenu de l'ampleur des émissions et la rareté des vraies espèces, et probablement dans une moindre mesure en 1878-1880 du fait notamment d'une activité plus chaotique du faux-monnayeur.

Misère du faux-monnayeur traqué

Selon un raisonnement standard d'économiste beckerien, le faux-monnayeur est un criminel certes mais il est aussi rationnel qu'un autre : il arbitre entre les gains engendrés par la fausse monnaie écoulée et les coûts de l'opération. Ceux-ci incluent le risque de l'arrestation et de la condamnation. Si le faux-monnayeur brave un risque élevé, c'est que celui-ci est compensé par la rentabilité élevée de l'opération. Les convaincus de faux-monnayage ont longtemps encouru des peines lourdes, jusqu'à la possibilité non négligeable de sentence fatale selon des modalités qu'on peut trouver sauvages. Les mœurs occidentales se sont fortement adoucies à ce sujet au fil des siècles puisque, au XIXe siècle, il n'est plus question de bouillir le criminel (en France, le dernier faux-monnayeur bouilli l'a été à

---

11 Sur les formes de la confiance, voir Aglietta et Orléan (dir., 1998).

Paris en 1550, et les suivants ont pu bénéficier de la décapitation ou de la pendaison jusqu'au XVIIIe siècle au moins). En dépit de ces risques, il semble qu'un tel crime ait été assez commun dans l'histoire, notamment au Moyen-Âge (Coativy, 2006). Soulier (2011), à partir d'un corpus de procès dans le Puy-de-Dôme pour la période 1852-1914, montre le caractère assez populaire de ce crime : des gens de peu, en petite bande et mal organisés (ce qui peut expliquer leur passage en cour d'assise). Beaucoup cumulent des condamnations légères et une vie d'errance ; on peut dire de certains d'entre eux qu'ils mènent « une existence de hors-la-loi et en lutte avec la société et ses représentants » (cité par Soulier, 2011). Joseph-Samuel Farinet n'est pas loin de ce portrait.

Dans le Valais lui-même, le faux-monnayage était particulièrement courant à l'époque de Farinet ; Allet-Zwissig recense 77 cas mentionnés dans la presse valaisanne de 1870 à 1881, pour huit arrestations, Farinet compris : « la fausse monnaie faisait alors bien plus partie du quotidien que de nos jours » (Allet-Zwissig, 1980 : 5). Si Farinet est le plus connu des faux-monnayeurs de l'époque, on lui attribue parfois des contrefaçons qui ne sont pas de son fait et l'une des tâches de la justice consiste à démêler ce qui le concerne et ce dont il n'est pas responsable.

Joseph-Samuel Farinet est inquiété, en 1871, pour des pièces de vingt centimes, mais aussi (à tort semble-t-il) de cinquante centimes et de un franc. Ces pièces sont d'une circulation très commune, relativement faciles à produire et plus faciles à écouler que des pièces de métal précieux. Les pièces contrefaites, millésimées 1850 (donc d'avant l'Union latine, qui imposera pour ce nominal un contenu argent de 83,5%), contiennent 15% d'argent, 50% de cuivre, 25% de zinc et 10% de nickel, ce dernier conférant une grande dureté aux pièces. Il est d'usage fréquent de rassembler les pièces de vingt centimes en paquets ou rouleaux de 5 francs[12]. Il est facile alors de masquer la contrefaçon de la majorité des pièces par quelques vraies. Avec ces rouleaux, on paie des sommes de 10, 20 ou même 80 francs, davantage peut-être (Donnet, 1980 : 41-45). On les utilise pour faire le change sur une plus forte somme. S'il doit y avoir des dizaines voire plusieurs centaines de pièces à vérifier, il est probable qu'on ne mène pas la vérification très loin, d'autant plus en situation de manque chronique de petite monnaie, voire qu'on accepte que quelques-unes des pièces aient un aspect douteux.

---

12 Dans les documents rassemblés par Donnet (1980), cela n'étonne personne.

Selon les circonstances (et le degré de duplicité des personnes interrogées durant les années 1871-1880 par la justice valaisanne), ces fausses pièces de vingt centimes ont semblé aisément identifiables, ou difficilement distinguées des vraies. Si l'on en croit les termes du jugement par lequel Farinet est condamné en 1871, elles sont « très ressemblantes et fort bien fabriquées » (Donnet, 1980 : 106). Mais elles sont aussi fortement vert-de-grisées, plus pâles que les vraies, leur bord est moins franc et le chiffre 20, moins net (Donnet, 1980 : 37-38). Farinet est un faux-monnayeur de bas niveau, relativement peu technique mais persévérant, et qui vise la circulation populaire. À l'occasion du procès de 1871, on apprend les conditions de son activité. Il moulait les pièces dans un alliage d'étain et de cuivre. Le métal lui coûtait de 2 à 4 francs la livre et une livre lui permettait de produire des monnaies contrefaites pour une valeur de vingt francs ; il produisait jusqu'à 900 francs par semaine (Donnet, 1980 : 77-78). Une vache peut coûter à cette époque autour de cent francs (Wottreng, 1995 : 39). Bien que pour avoir une idée précise du bénéfice il faudrait déduire les frais liés au matériel utilisé pour la fabrication, le résultat est significatif.

Cet homme poursuivi, condamné, évadé et en cavale sent la mort le poursuivre tout au long de la décennie : en juin 1871, sous le coup d'un procès qui le mènera dans les geôles valaisannes, il écrit :

> Je [...] suis prêt à porter le joug du glaive de la loi que la justice me donnera. [...] j'ai agi comme un homme sans expérience, le malheur ma réduit au néant il faut s'y soumettre et la mort seul (*sic*) mettra fin à tant de souffrances (Donnet, 1980 : 16).

En août 1878,

> [...] il y a pendant quelques années que malheureusement je suis toujours poursuivi par la justice [...]
>
> Je suis Farinet Joseph-Samuel, condamné à me faire [faire] feu dessus par la justice de Bagnes ; mais avant de mourir, je veux que les juges qui m'ont condamné et tous ces gendarmes affidés qui m'ont poursuivi subissent la mort du feu avant moi, car ni en Italie ni en France jamais j'ai eu des poursuites pareilles pour une simple contrebande, qu'il peut porter à douze ans de réclusion par le Code pénal suisse » (lettre au président du tribunal d'Entremont, août 1878, Donnet 1980 : 402-403 puis 406).

Farinet vit d'expédients, de crédits non remboursés, de vols, de dissimulations et de mensonges. Il passe l'année 1870 quasiment enfermé dans une chambre à travailler de nuit à sa production, avant d'être arrêté et envoyé en prison (Wottreng, 1995 : 45). Il s'enfuit une première fois, puis une seconde. Il se déguise parfois en femme pour échapper aux regards (Donnet, 1980 : 53). À la fin des années 1870, il ne cesse de déménager le lieu de production des pièces, il a de plus en plus le comportement d'un animal traqué, il s'arme et garde une balle pour lui (Wottreng, 1995 : 127-129). Quand, en 1878, l'organisation de Bagnes est démantelée, il fuit encore. « Il paraît qu'il ne passe pas deux nuits dans le même gîte » (Donnet, 1980 : 413) ; et lui de dire : « aujourd'hui, je suis ici et demain, ailleurs » (Donnet, 1980 : 239). De son départ du Val d'Aoste en 1869 à sa mort en 1880, sa vie aura été faite de caches misérables et de fuites précipitées.

« La liberté pour les hommes » : Maurice Farinet ou l'individu souverain

Farinet post-mortem : image récupérée, sens réinterprété

Joseph-Samuel Farinet a donc été un faux-monnayeur sans grande envergure, qui jamais n'a réussi à sortir de sa condition de faussaire et qui en est mort, misérablement, en animal traqué précipité au fond du gouffre. Pourtant, le visiteur qui aujourd'hui se rend à Saillon, ce petit bourg valaisan d'un peu plus de 2 000 habitants, situé sur la rive droite du Rhône, entre Sion et Martigny, est saisi par le folklore qui en a résulté. Il peut visiter le musée de la fausse monnaie, dont l'installation dans cette commune ne se justifie que par l'histoire de Farinet ; l'un de ses trois niveaux lui est intégralement consacré. Il peut passer devant la « vigne à Farinet », parcelle de trois ceps plantée par le comédien Jean-Louis Barrault, premier interprète cinématographique de Farinet et dont l'image sert souvent aujourd'hui à représenter son modèle ; il peut interpréter des vitraux qui l'évoquent, emprunter une *via ferrata* baptisée « via farinetta », prendre la « passerelle à Farinet » qui enjambe les gorges de la Salentse et croiser mille signes de sa présence fantasmée. Les échos lointains sont tels qu'une monnaie locale émise pour le Valais en 2017 se nommait le Farinet : elle se fondait non sur le personnage historique mais sur la légende qui en a procédé. Ainsi était-il dit que Farinet « a répandu sur le territoire du Valais actuel de nombreuses copies de pièces de 20 centimes qu'il distribuait à la population » : l'activité est alors euphémisée, le fait d'écouler de fausses pièces (une activité marchande déviante) est masqué par l'idée d'une distribution bienveillante (une forme de redistribution des richesses)[13]. Ailleurs, Farinet est vu comme un brigand au grand cœur voire un Robin des bois alpin.

Pourquoi la figure de Farinet a-t-elle connu une telle envolée dans la légende ? On a vu déjà qu'il était connu de son vivant, qu'il a été raconté par la presse locale (Allet-Zwissig, 1980) et célébré par tradition orale. Même faux-monnayeur, il n'a pas été perçu comme simplement malfaisant ; sa mort a paru injuste et a fait ressortir la duplicité d'une notabilité qui l'a abandonné après l'avoir protégé. Son origine modeste et la persévérance dont il a fait preuve dans son industrie en dépit de ses condamnations ont magnifié une aspiration à la liberté contre les institutions. Enfin, et probablement surtout, Charles Ferdinand Ramuz, grand écrivain suisse de la première moitié du XXe siècle, a publié un roman, en 1932, qui a fait de ce faux-monnayeur le symbole d'une quête irréductible de liberté où celle-ci n'a d'autre alternative que la mort.

Ce roman, publié sous le titre *Farinet ou la fausse monnaie*, a manqué s'intituler *Farinet ou la liberté* (Fornerod, 1990). Il en a résulté deux versions filmées. Comme Diogène, Farinet est aujourd'hui insaisissable car pluriel : il y a l'homme, il y a ce qui en a été dit de son vivant, il y a les fictions qui ont été construites à partir de sa figure, il y a les fantasmes que sa figure autorise. Fictions et fantasmes abstraient le faux-monnayeur de son activité chiffrée, manifestation d'une vénalité déviante, pour le projeter dans un idéal de liberté.

Vingt francs d'or (presque) pur, un homme (presque) libre

Ramuz ne réalise pas une biographie romancée du vrai Farinet, il crée un personnage romanesque qui servira son art du récit en amplifiant sa légende. Son Farinet se prénomme Maurice. Si Maurice n'est pas un faux de Joseph-Samuel, du moins en est-il une sorte de double idéalisé – mais aussi inversé du point de vue des motivations du faux-monnayage. Il conserve probablement de Joseph-Samuel une défiance instinctive à l'égard de toute loi perçue comme contraignante car extérieure. Le confort des villes, dans la vallée, corrompt. Les gens « vivent petit là-dessous, ils vivent étroit, ils vivent faux » (Ramuz, 2005 : 710). Les gens de la vallée et

13 Ironie de l'histoire, l'association qui émettait le Farinet disposait d'un compte auprès de la Banque cantonale du Valais (qui n'est pas celle originelle de la période 1856-1871) et la police municipale de Sion (où fut enfermé Joseph-Samuel) acceptait les paiements en Farinet.

des villes ne connaissent pas la pureté et l'authenticité forcées par la nécessité de vivre au plus juste de soi quand on ne peut compter que sur soi-même et sa communauté. Ils ne savent pas le regard distancé de celui qui scrute l'horizon découpé des montagnes depuis les hauteurs et qui voit d'en haut les hommes qui, tels des fourmis, s'agitent dans la vallée. Ramuz insiste à plusieurs reprises à la fois sur la distance et sur la hauteur à laquelle les montagnards du récit regardent le monde, au travers en particulier d'une longue-vue.

Maurice Farinet est le fils d'un contrebandier du Valais, élevé dans le refus de l'autorité gouvernementale, perçue comme extérieure (Ramuz, 2005 : 713). Il n'émet pas des piécettes de vingt centimes d'un alliage vil où l'acide tente de donner le lustre des vraies, comme Joseph-Samuel, mais des pièces de vingt francs d'un or particulièrement pur. La qualité de cet or est attestée par des regards extérieurs, insiste-t-on, dans le roman, et même des « certificats » (Ramuz, 2005 : 704, 756).

Farinet extrait l'or d'une veine étroite que lui a légué Sage, un vieillard du village de Mièges qui l'a adopté comme son fils. Sage « passait pour un peu sourcier, et aussi sorcier » (Ramuz, 2005 : 714). Il courait les montagnes pour y cueillir des herbes pharmaceutiques. Il témoigne d'un savoir ancestral qui lui aussi est une expression de la vérité. La veine se trouve à près de 3 000 mètres, bien au-dessus des pâturages. C'est la plus haute des altitudes couvertes par le roman : celle de la pureté et de la vérité, où rien ne saurait mentir, celle d'où l'on peut observer la vie de la vallée sans y prendre part, celle d'où les explosions destinées à extraire la poudre s'entendent de loin, tel un signal destiné à affirmer de façon provocante la présence de la liberté au-dessus des contraintes sociales : lorsque Farinet travaille à extraire l'or, on le sait. Parlant aux montagnes, depuis la corniche où se trouve sa veine, il déclare : « au moins avec vous on est au-dessus des lois et des règlements… » (Ramuz, 2005 : 740). Seul Farinet, après Sage, a accès à cette altitude.

Des cailloux et des paillettes d'or extraits de la veine, Sage ne fabriquait rien : il « se contentait de collectionner son or » dans des cassettes (Ramuz, 2005 : 714). Farinet également pourrait amasser ce trésor pour lui-même ; il pourrait cependant aussi faire de cet or une source de revenus légaux. Il n'y pense même pas : il fabrique de la monnaie. Cette obsession n'est expliquée par Ramuz que par l'opposition viscérale de Farinet à l'égard des autorités extérieures à sa communauté d'élection, ainsi que les sensations que Farinet semble en tirer.

> C'est liquide, c'est fin, c'est doux ; c'est agréable au toucher, c'est plaisant à caresser comme des cheveux de femme ! […] c'est beau de couleur comme du fendant d'une bonne année. C'est doux, c'est caressant, c'est fin ; et puis, quoi ? c'est la liberté (regardant autour de lui et ça lui chantait dans le cœur) (Ramuz, 2005 : 737).

Le vieux Sage lui disait même : « c'est la liberté pour les hommes ! », lui montrant la poudre et les pépites d'or (Ramuz, 2005 : 766).

Toucher la poudre directement extraite de la montagne évoque donc à Farinet sa liberté. « Mais qu'est-ce que c'est que la liberté ? C'est quand on fait ce qu'on veut, comme on veut, quand ça vous chante. C'est quand on ne dépend que de soi. C'est quand tous les commandements partent de vous ». Et d'illustrer ce que cela peut signifier : dormir, se lever, manger, « faire de la monnaie » (Ramuz, 2005 : 738). Dans l'édition Grasset du roman : « Un grand dessein ; c'est la liberté, c'est d'être seul, c'est de n'en faire qu'à sa tête, c'est d'avoir son or à soi » (Ramuz, 2005 : 1424).

D'autres écrivains que Ramuz ont abordé la monnaie sous l'angle d'un questionnement sur la liberté – sans compter les sociologues, philosophes ou économistes, à commencer par Simmel (2013 [1900]). La formule de Dostoïevski prenant la monnaie pour une « liberté frappée » synthétise bien des manifestations particulières de cette idée générale[14]. Une première lecture de cette formule (qui est, à vrai dire, une reformulation d'une expression moins directe de l'auteur) consiste à voir dans la monnaie une institution apte à couper les liens de dette. La monnaie rend quitte[15]. Une seconde lecture consiste à voir dans la monnaie le réservoir d'une infinité de possibles : comme l'exprime Borges, elle symbolise notre libre arbitre (« Le Zahir », *in* Borges, 1967 [1949]). Dans des termes d'économistes, elle est un moyen de paiement indifférencié si ce n'est universel, elle permet d'arbitrer entre une multitude d'usages. Pourtant, le sens donné par Dostoïevski à cette formule ne se réduit pas à ces deux lectures et en appelle une troisième, qui fait sens sous la plume de Ramuz. Il s'agit alors de considérer la monnaie comme instance porteuse d'un principe

---

14 Notons que Dostoïevski a séjourné et perdu à la roulette au casino de Saxon en 1867, avant que Joseph-Samuel Farinet arrive dans le Valais ; il a tiré de son addiction au jeu *Le Joueur*. Dix ans plus tard, le patron du casino, Joseph Fama, dont l'activité devait être sévèrement touchée par l'abondance de fausse monnaie, dénoncera Farinet (Wottreng, 1995).

15 C'est du moins l'interprétation la plus courante, qu'on interrogera plus loin. Voir Servet (2012) et Blanc (2013 [2009]).

philosophique d'appartenance à la société en tant qu'individu capable d'exercer des choix.

Dans les *Carnets de la maison morte* (1860-1862), Dostoïevski évoque en effet le rôle de l'argent au sein de ce que Goffman qualifiera plus tard d'institution totale. Bien que l'argent et la possession d'outils fussent interdits dans le bagne dont témoigne l'écrivain autrefois interné, ils sont en fait très présents et ont même un rôle salvateur :

> L'argent, c'est de la liberté comptant, et voilà pourquoi, pour l'homme qui est complètement privé de liberté, il est dix fois plus précieux. Quand l'argent tinte dans sa poche, il est déjà à moitié consolé, quand bien même il ne pourra pas le dépenser. (Dostoïevski, 1999 [1860-1862] : 38).

L'introduction de la monnaie maintient leur humanité aux forçats. Elle subvertit l'emprisonnement en desserrant ses contraintes : elle engendre des interdépendances entre prisonniers, qui ne sont plus sous le seul rapport totalitaire de dépendance à l'institution ; elle soutient la formation de liens sociaux ; elle fait aussi le lien entre les prisonniers et le monde extérieur. On retrouve ces points dans les travaux de Roig *et al.* (2015) sur les usages monétaires dans une prison portègne.

Le Farinet de Ramuz a notamment cet usage de ses fausses pièces : la monnaie lui apparaît comme fondement de sa liberté, non parce qu'elle le libère de ses dettes (elle ne le libère pas de sa condamnation puisque seul un séjour en prison le pourrait) ou parce qu'elle lui permet d'accéder à une infinité de possibles (il n'en a pas même l'occasion), mais parce qu'elle dit son humanité irréductible. Celle-ci pourrait s'exprimer ainsi : la vie sociale d'un homme ordinaire suppose l'usage de la monnaie en cours ; Farinet a quitté cette condition d'homme ordinaire en produisant de la fausse monnaie ; sa condamnation et son refus de purger sa peine l'ont extrait de la société ; en cavale, seule la continuation de son activité de production de monnaie le rattache désormais à la vie sociale, par les rapports sociaux qu'elle suppose. L'individu souverain ne survit donc que par ce qui le raccroche à la vie sociale, c'est-à-dire la monnaie. C'est donc à une injonction que le Farinet de Ramuz fait face, puisque seule la transformation en pièces de l'or extrait de la montagne lui permet de ressentir la liberté associée à sa part irréductible d'humanité, qui le définit en tant qu'individu.

Cependant, sa monnaie n'est guère pour Farinet le vecteur d'échanges marchands (qui seraient alors biaisés à son avantage par la contrefaçon), mais elle est d'abord son trésor symbole de vie et de liberté, dans lequel il peut puiser pour trouver les moyens de vivre parmi les hommes.

La qualité des pièces est précisée à plusieurs reprises par Ramuz, mais de façon changeante si ce n'est contradictoire. Farinet extrait le métal d'une veine d'or et d'argent (Ramuz, 2005 : 737) : autrement dit, il extrait de l'électrum, alliage naturel employé pour les premières pièces antiques. De ce point de vue, Ramuz renvoie l'acte de Farinet à un fantasme sur l'origine de la monnaie : Farinet retourne aux origines. Par ailleurs, l'or de Farinet est plus pur que celui du gouvernement, du moins selon lui et selon les personnages qui le soutiennent. C'est comme si la qualité du métal justifiait à elle seule que Farinet batte monnaie. Le principe de souveraineté est ainsi complètement contesté : « Oui, a continué Fontana, parce que je dis, moi, que son or est meilleur que celui du gouvernement. Et je dis qu'il a le droit de faire de la fausse monnaie, si elle est plus vraie que la vraie » (Ramuz, 2005 : 703). On verra que cette contestation est liée à la prévalence de la communauté locale sur les institutions et le gouvernement lointains. Ramuz explique que l'alliage d'or et d'argent donne aux pièces une couleur jaune clair, alors que celles du gouvernement sont faites d'un alliage d'or et de cuivre qui leur donne une couleur rougeâtre (Ramuz, 2005 : 721). Il reste qu'« elles ne sont pas toujours bien faites », faute d'outils adéquats (Ramuz, 2005 : 705). Avec une telle description, il semble évident que les fausses pièces sont aisément détectées ; elles devraient donc être refusées par ceux qui les reçoivent : il n'en est pourtant rien. C'est que cette monnaie n'est pas seulement, pour Ramuz, un symbole de liberté de l'individu qui les frappe, mais aussi un vecteur de liens sociaux et d'identification communautaire : on l'évoquera lorsqu'il sera question du monnayage.

Misère de la liberté de monnayer

Vu par les autorités comme faux-monnayeur, Farinet paie cher la liberté qu'il revendique de frapper de meilleures monnaies que le gouvernement. Le roman démarre sur une évasion (éd. Grasset, 1932) ou sur les signes d'une évasion à venir (éd. Mermod 1932, et *Œuvres*, 1941) ; et ce n'est pas la première. Il s'achève sur sa mort et sur le suicide de Joséphine qui, amoureuse déçue, l'a dénoncé avant de le regretter.

Entre-temps, paradoxe de sa revendication viscérale de liberté, Farinet est rarement libre de ses mouvements, rarement à l'air libre, rarement à la lumière du jour : de son cachot de Sion, il s'évade de nuit en se hissant dans l'espace réduit dégagé par ses barreaux sciés ; il extrait l'or d'une veine étroite tout en haut de la montagne, où il doit ramper sur le dos et dont il ne sort qu'en se tassant sur la corniche pour ne pas être emporté dans le vide ; c'est dans le froid, l'humidité et le « demi-jour grisâtre » (Ramuz, 2005 : 1424) des boyaux de la grotte des gorges de la Salenche qu'il se terre et qu'il fabrique ses pièces, sous les pieds de ses semblables, à Mièges ; sa chute mortelle le précipite plus bas encore et le ramène au niveau de la vallée. « Son sort est d'être tantôt dans les hauteurs de l'air et au-dessus des hommes, tantôt au-dessous d'eux dans les profondeurs de la terre » (Ramuz, 2005 : 747). Ses mouvements sont faits de lourds frottements et d'équilibres délicats. Lors d'un réveil dans la grotte, il se croit pendant un instant dans la prison de Sion (Ramuz, 2005 : 751). Quand il sort, c'est de nuit, avec mille précautions, mais alors il circule « en compagnie de la liberté » (Ramuz, 2005 : 754). Lorsqu'il apparaît au grand jour, il dévale la montagne comme les rochers, un pierrier. Le hors-la-loi a une vie verticale, et ce n'est que de nuit qu'elle peut être horizontale.

Dépendant des saisons, dépendant de l'approvisionnement qu'on lui apporte, qu'il soit en prison ou dehors, il est un temps séduit par l'idée de se ranger en se rendant, comme le lui propose Romailler, conseiller municipal dont la fille pourrait alors devenir sa femme après qu'il aura purgé six mois de prison : il en sortirait pour l'été suivant et commencerait une nouvelle vie (Ramuz, 2005 : 758 *et sq.*). L'amour que Joséphine lui porte l'en empêche : elle lui propose de fuir ensemble ; pour obtenir l'argent nécessaire, elle prend 800 francs dans la caisse du bureau de poste et y place l'équivalent en fausses pièces. Farinet, comprenant que son plan s'est effondré, refuse de fuir avec elle et se replie sur sa grotte. Elle le dénonce (puis bientôt le disculpe du vol), une troupe de gendarmerie d'une trentaine d'hommes vient pour assiéger la grotte ; il meurt dans l'assaut final.

Les hésitations du Farinet de Ramuz sont à noter : il ressent la contradiction entre la revendication de la liberté de monnayer, qui implique en réalité une série de dépendances mortifères et un risque vital, et la liberté plus simple de vivre au quotidien dans la société des hommes sans être inquiété. Il choisit un temps la seconde mais n'a pas le temps d'en goûter ; il doit se résoudre à assumer les conséquences de la première. C'est donc désespéré, car ayant accepté la perspective de la mort, qu'il invective la gendarmerie et ce qu'elle représente quand, assiégé et affamé, celle-ci donne l'assaut (Ramuz, 2005 : 828-829).

Les Farinet dans leur communauté

Si la figure du faux-monnayeur historique renvoie au chiffre et au côté pile et que celle du héros de fiction renvoie à la souveraineté et au côté face, il reste à aborder la tranche de la pièce : celle qui relève des conditions de monnayage, qui suppose la mise en cohérence de la valeur et de la souveraineté par un système de règles, et qui passe par un ensemble de pratiques concourant à mettre en circulation la monnaie au sein d'une communauté particulière. Si c'est un enjeu central du monnayage, c'en est tout autant du faux-monnayage ; sa fausseté n'est d'ailleurs que question de point de vue ou d'intention du monnayeur. Une différence majeure entre Joseph-Samuel et Maurice est précisément l'intention ou le point de vue, qui dénotent un rapport à la communauté complètement différent : pour Joseph-Samuel, dont l'intention est vénale, elle est une ressource dont l'instrumentalisation fournit une protection ; pour Maurice, dont l'intention est la liberté, elle est l'origine et la fin. Dans les deux cas se pose la question du rapport de la fausse monnaie au lien social, mais d'une façon très différente.

Les fausses monnaies du lien

Dans *Les monnaies du lien*, Jean-Michel Servet énonce « l'impossible coupure » du lien social par l'usage des paléomonnaies :

> […] impossible, car rompre serait funeste pour la communauté elle-même, en détruisant ce qui relie par un paiement que l'on prétend capable de rendre chacun quitte et totalement autonome par rapport aux autres (Servet, 2012 : 361).

La thèse forte de l'ouvrage est que cette impossible coupure s'applique aussi aux sociétés modernes, contre l'illusion de la « liberté frappée » dont on a parlé plus haut.

> Croire en la capacité d'un instrument de couper le lien en mettant fin à toute obligation grâce au paiement constitue une transformation essentielle. La confiance se déplace alors de la solidité du lien à celle de la capacité de rompre "en bons termes", en ayant "réglé ses comptes", donc toutes ses obligations (Servet, 2012 : 369).

Pour comprendre en quoi la monnaie porte le lien, il faut se départir de toute vision évolutionniste afin de ne pas voir dans cette association un archaïsme condamné à dépérir. La thèse de l'impossible coupure appelle ici quelques commentaires afin de l'approcher du cas de la fausse monnaie dans la diversité que les Farinet nous donnent à voir.

Une première interprétation de cette impossible coupure consiste à souligner l'extériorité essentielle de la monnaie par rapport au marché : elle est certes support de transactions marchandes, mais elle porte aussi des rapports redistributifs et réciprocitaires où le transfert de monnaie n'équivaut pas à la rupture du lien mais au contraire participe de sa reproduction : ainsi en est-il du paiement de l'impôt ou de l'échange au sein des systèmes d'échange local (SEL) (Servet, 2012 ; Servet, dir., 1999). Mais une seconde interprétation peut être développée en se situant au cœur même des relations marchandes, sous deux angles très différents. La monnaie apparaît, d'une part, comme un tiers qui rend possibles les relations marchandes bilatérales en y introduisant un système de règles et la totalité sociale transcendante (c'est la thèse formulée de diverses façons par Jean-Michel Servet et par le groupe Aglietta et Orléan, dir., 1998). Mais elle est aussi, d'autre part, productrice de lien au sein même de l'échange marchand. Servet (2012 : 370-371) insiste sur des initiatives solidaires telles que les monnaies locales où l'échange marchand relève de « l'interdépendance autour d'intérêts communs » où se réalisent « des relations de partage au sein desquelles la solidarité devient le principe commun moteur ». Il est possible d'aller plus loin, car l'échange marchand, même non repensé dans des initiatives solidaires, porte des formes de lien social par la répétition routinière, opportuniste ou loyale de l'échange marchand (Blanc, 2013 [2009]).

Jean-Michel Servet ne traite cependant pas de la fausse monnaie. Or, dès lors que la monnaie est considérée fausse par certains acteurs ou usagers, elle porte une tromperie qui est en soi antinomique du lien : elle le corrode en instillant une méfiance méthodique dans laquelle tout transfert d'espèces peut requérir la vérification de leur authenticité. Être payé en fausse monnaie ne donne que l'illusion d'avoir rompu en bons termes. La situation que le Farinet de chair et d'os et que celui de fiction laissent entrevoir n'est pourtant pas univoque : la fausse monnaie porte aussi certaines formes de lien. Mais les liens sont constitués par la convergence momentanée d'intérêts vénaux dans le cas de Joseph-Samuel, alors qu'ils sont une construction communautaire dans le cas de Maurice.

La confrérie opportuniste et le support communautaire fragile de Joseph-Samuel

Monnayer ne consiste pas seulement à fabriquer de la monnaie : il s'agit aussi de la mettre en circulation dans une opération d'émission monétaire. La figure du faux-monnayeur solitaire, fabriquant dans le secret de son atelier des pièces ou des billets qu'il écoule ensuite seul est une figure d'exception (comme Ceslaw Bojarski). Or, plus l'activité prend de l'ampleur, plus elle suppose de constituer une bande ou un réseau dont les motivations, les contacts et les activités sont étroitement contrôlés.

C'est ainsi que Joseph-Samuel s'appuie sur la « société à Farinet », ainsi qu'on l'appelle en 1879 dans la commune de Bagnes, soit dix-huit « ouvriers » (*Le Confédéré,* 10 janvier 1879) : Farinet n'est pas un loup solitaire mais un véritable entrepreneur. Dans une lettre publiée par *Le Confédéré,* un soi-disant ermite de Bagnes décrit ironiquement cette société comme une « confrérie d'infirmes et de malheureux » (*Le Confédéré,* 28 mars 1879). Cela comprend des relais qui écoulent (ou « distribuent ») la production. Un négociant blanchissait les fausses pièces en commerçant avec l'extérieur du canton (*Le Confédéré,* 10 janvier 1879). On trouve aussi le receveur de la commune, par ailleurs conseiller communal, Antoine Vaudan (Wottreng, 1995 : 122).

Face à la justice de ses pairs, le faux-monnayeur sait à peu près ce qu'il encourt et prend maintes précautions, même s'il peut être conduit à sous-estimer ou négliger les risques. Une précaution élémentaire consiste à s'assurer des formes de protection d'un réseau de soutiens permettant d'échapper à la justice : pour être hébergé discrètement, pour être prévenu de l'arrivée de curieux, pour être approvisionné, pour emprunter les sentiers qui permettront de cheminer discrètement (Farinet associe pour cela des guides de haute montagne)… La communauté est une ressource que Farinet instrumentalise efficacement pendant une dizaine d'années. Il aime d'ailleurs être généreux et aidé et admiré en retour ; « […] j'ai des amis qui me supportent ; avec de l'argent, on est bien vu de tout le monde », écrit-il en février 1870 à son frère (Donnet, 1980 : 119).

Une grande force de Joseph-Samuel est ainsi sa capacité à s'assurer des protections de diverses natures : auprès des populations locales mais aussi auprès de notables. À Fully, en 1873, à force de promesses il s'attire la sympathie des villageois, qui le nourrissent en retour (Wottreng, 1995 : 77). Le caporal Caillet-Bois, qui enquête sur Farinet, pointe les soutiens multiples dont il bénéficie, notamment des présidents (maires) de certaines communes (Wottreng, 1995 : 171 ; Donnet, 1980). Le 27 février 1880 par exemple, *Le Confédéré* signale que Farinet a failli être pris à Saxon, qu'il s'est enfui et qu'il est probablement protégé des habitants des lieux. Donnet souligne que Joseph-Samuel a effectivement bénéficié du soutien de la population en général : « dans plusieurs communes, les agissements de la population n'ont certes pas peu contribué à assurer la fuite du trop fameux malfaiteur », affirme un rapport de gendarmerie du 4 mars 1880, quelques semaines avant la mort de Farinet (Donnet, 1980 : 510-511). Quelques jours auparavant, un autre rapport dresse la liste impressionnante des soutiens de la population observés dans diverses communes (Donnet, 1980 : 506-510). Les habitants de Bagnes sont largement considérés comme des faux-monnayeurs : « à Bagnes il y a peut-être deux cents complices ; les uns, ils s'en font gloire, mais les [autres] en souffrent, surtout celui qui doit aller gagner son pain ». Dans une autre commune, « les femmes de Leytron lui disaient : "sauvez-vous, les gendarmes sont après vous !" ». À Saillon, « il aurait été boire dans des maisons particulières, et protégé de tout le monde en général [...] La gendarmerie, narguée, sifflée au village et en campagne ; de tous côtés, on nous crie comme après des bêtes fauves » (Donnet, 1980 : 508-510). Comment gagne-t-il le soutien de la population ? Il manie probablement très bien les divisions politiques de l'époque, mais il paie aussi ses protections : « [...] il paie généreusement et en monnaie de bon aloi tous les services qu'on lui rend. » (*Le Confédéré*, 27 février 1880). L'un de ses complices de 1870-1871, Frachebourg, est réputé payer cher ses achats de cuir, mais il le fait en fausses pièces (Wottreng, 1995 : 29) : il achète le consentement de ses fournisseurs à être réglés pour une part importante en fausse monnaie. Des témoignages transmis par tradition orale évoquent le geste de lancer à la volée des pièces à des enfants (Wottreng, 1995 : 204).

Joseph-Samuel n'est pas seulement protégé par les simples habitants : des notables sont impliqués. Ses relations haut placé réduisent les risques d'enquête : « d'un côté ils renseignaient la Police et se transformaient en agent de cette spécialité ; de l'autre, ils informaient les industriels [les ouvriers] des résolutions manifestées par cette dernière ». Ces protections expliquent le peu d'empressement de la justice à poursuivre efficacement la « société à Farinet » et le peu de réussite de la gendarmerie dans ses recherches : « Voilà pourquoi l'on disait que, chez eux se rencontraient des personnes appartenant à tous les rangs de la société et que la hiérarchie profane y était entièrement représentée. Peut-il, dès lors, y avoir des difficultés pour pénétrer énergiquement jusqu'au fond de cette grave affaire ? », interroge l'hebdomadaire radical *Le Confédéré* (10 janvier

1879). Celui-ci se scandalise de la protection éhontée de ces « industriels » et signale l'arrestation d'une seule personne sur les 18 concernées.

Ces soupçons publiés par l'hebdomadaire conduisent quinze notables conservateurs de Bagnes à intenter un procès aux fameux ermite, auteur anonyme de ces articles accusateurs, qui est bientôt identifié et se révèle être le vice-préfet du district d'Entremont lancé dans une opération mains propres (Wottreng, 1995 : 116-117). Le *Confédéré* s'interroge : y a-t-il « quelque part en Valais, une Camorra dans le genre de celle de Naples » ? (17 janvier 1879). L'action en justice semble s'être évanouie devant les témoignages concordants (*Le Confédéré*, 17 mars 1882). Entre-temps, Farinet est mort et sa cabane a été détruite, ce que certains interprètent comme la volonté d'effacer des traces de complicité (*Le Confédéré*, 11 janvier 1881).

Guzzi-Heeb (2008, 2010) s'appuie sur le cas de Farinet pour analyser comment les réseaux sociopolitiques sont mobilisés dans les situations conflictuelles. Il se concentre sur la commune de Bagnes, où l'on a vu que Farinet s'était implanté et était revenu régulièrement. L'affaire Farinet, écrit-il, « engage des individus connus pour leurs affinités politiques et suscite l'intérêt bien compris des factions locales » (Guzzi-Heeb, 2008 : 128). Mais les complicités et les soutiens de Farinet ne sont pas confinées à l'une des deux factions (radicaux libéraux ou conservateurs) : elles empruntent aux deux. En revanche, elles sont très structurées par famille : frères et beaux-frères de quelques familles radicales se bousculent autour de lui, l'aidant à la fabrication ou à la mise en circulation – ce qui cependant ne fait pas des radicaux des soutiens inconditionnels de Farinet (Guzzi-Heeb, 2008 : 128). Du côté des conservateurs se trouvent notamment les Troillet, famille radicale convertie au conservatisme au fil de l'ascension sociale de deux fils, dont Sigéric est mentionné dans la Complainte évoquée plus haut[16]. Farinet « exploite les conflits et les ressentiments locaux pour s'assurer des alliés issus de diverses factions et ainsi mieux se protéger de l'action des autorités » (Guzzi-Heeb, 2008 : 129).

Lorsque Farinet meurt, « il laisse bien des collaborateurs en deuil, sans parler du beau sexe, qui lui vouait un culte romanesque. » (*Le Confédéré*, 23 avril 1880). Surtout, il semble que sa mort, alors que ses protecteurs

[16] Protecteur du temps de la société à Farinet, protecteur après : la « complainte à Farinet » fait allusion à un appui nommé Sigéric, « grand chef » vandale, habitant Bagnes, et qui est Sigéric Troillet, avocat, qui fut président (maire) de Bagnes, député conservateur catholique et défendit certains complices de Farinet. Voir notamment Wottreng (1995 : 155).

n'auront pas été inquiétés, a soulevé un élan de sympathie d'un public méfiant à l'égard d'un pouvoir détenu par une caste peu partageuse. Farinet est présenté comme toujours moins coupable que les puissants, et par conséquent sanctionné :

> Il est mieux de paraître innocent que coupable.
> On est alors plus sûr de mourir dans son lit.
> Un autre enseignement que vous pourrez comprendre,
> C'est qu'un petit voleur est sûr d'être puni
> Quand on prend du galon on n'en saurait, trop prendre.
> C'est le plus sûr moyen de voir tout aplani.
> (*Le Confédéré,* 30 avril 1880).

Au fond, dans la société valaisanne clivée politiquement, Farinet est un vecteur supplémentaire de division. Son activité à Bagnes finit par rejaillir sur la réputation des villageois. Un témoin se plaint :

> À Bagnes [...] les uns se sont faits tout riches, et les autres tout pauvres, et nous a enlevé l'honneur de la commune. À présent, partout où l'on va, on nous traite de faux-monnayeurs. Ceux qui ont assez, à ceux-là, on leur sort le chapeau et le pauvre diable est méprisé ; lorsqu'on va pour demander une place, les gens vous répondent : “Vous ne devriez pas avoir besoin d'aller en service à Bagnes, vous êtes tous fabricants de monnaie.” (Donnet, 1980 : 510).

Il cristallise les oppositions politiques et attire à lui des affidés qu'il n'hésite pourtant pas à dénoncer lorsque le vent a tourné, établissant par lettre adressée au président du tribunal une hiérarchie des peines des complices dont il livre les noms (août 1878, dans Donnet, 1980 : 402-406).

Joseph-Samuel Farinet est, en conséquence, le vecteur d'une société de défiance plutôt que d'une communauté soudée. Il achète ses protections locales en bonne monnaie, tout en écoulant la fausse monnaie aussi à l'échelle locale ; il joue sur les divisions politiques en vigueur dans le territoire ; il rassemble une confrérie qu'il dénonce lorsqu'il est inquiété. Afin de contrecarrer les soutiens dont il dispose, le Conseil d'État valaisan promet, en 1879, une récompense de 400 francs pour son arrestation, bientôt portée à 800 francs : elle encourage ses opposants à le dénoncer et elle attaque les soutiens dont bénéficie Farinet en surenchérissant sur l'intérêt pécuniaire que ces protecteurs ont à le soutenir.

La communauté organique de Maurice

Ce n'est pas pour les mêmes raisons que Joseph-Samuel qu'on ne peut considérer Maurice comme la figure idéale du faux-monnayeur solitaire. Il est certes seul à extraire le minerai, à fabriquer les pièces, et presque seul à les écouler ; ce n'est pas un industriel comme Joseph-Samuel ; mais si Maurice est un individu souverain, la communauté rurale de Mièges se reconnaît en lui, et il lui soumet le sens de son action. L'intérêt pécuniaire n'est pas un motif puissant du roman de Ramuz. Maurice Farinet lui-même n'y est pas sensible, on l'a vu, car il aspire avant tout à la liberté. Il n'a pas vraiment de complices, mais les gens le protègent ; il bénéficie d'une sorte de crédit inconditionnel qu'il entretient en partageant ses richesses, en payant généreusement, en accompagnant ses paiements d'une de ses pièces d'or, en donnant des objets tels qu'une soupière ou encore en partageant une miche de pain. Maurice est happé par une puissante aspiration communautaire.

L'émission suppose une double étape qui consiste pour Maurice Farinet à passer par des boyaux, comme on l'a vu. Il s'agit d'abord d'extraire du boyau de la mine la poudre d'or, en haut de la montagne, et émerger au-dessus des hommes avec dans les mains une matière qui leur est étrangère. Pourtant c'est là que, en apparaissant au soleil, cela devient de l'or, et déjà « c'est la liberté » (Ramuz, 2005 : 737). Mais ici ce n'est pas le règne de l'homme, c'est le rebord du monde auquel lui seul a accès. Intégrer la société humaine suppose de descendre de la montagne afin de réaliser une seconde opération. Il s'agit alors de transformer la poudre d'or en pièces dans le boyau de la grotte, dans un atelier mystérieux où il se contente de quelques outils simples mais ésotériques (Ramuz, 2005 : 749-750), sous le niveau auquel vivent les villageois, pour émerger, *via* la cave de la maison avec laquelle communique la grotte, avec dans les mains des pièces qui peuvent entrer dans la société des hommes. Par ces deux opérations alchimiques, solitaires et obscures, le minerai est extrait des entrailles de la montagne et devient pièce d'or qu'ensuite Farinet distribue autour de lui[17].

Dans la séquence développée par le roman de Ramuz, Farinet ne produit pas pour vendre, il produit par nécessité vitale et il met en circulation lorsqu'il en a besoin. Il a bien quelques relations qui changent ses pièces d'or pour des pièces d'argent, mais le roman les évoque à peine et on le voit surtout écouler lui-même ses propres pièces lorsqu'il en a le

---

17 Le vieux Sage, lui, ne réalisait que la première de ces deux opérations, et le minerai restait stocké en cassettes, sans effets sur la communauté (Ramuz, 2005 : 715).

besoin. Il ne les écoule pas en attendant de ses achats de biens marchands qu'on lui rende la monnaie en vraies pièces qui l'enrichiront, mais il donne ses pièces en considérant que la monnaie qu'on lui rend est une contingence qu'il faut accepter. Il n'attend pas la monnaie de sa pièce. Il est donc au-delà du marché et vit dans une forme de partage communautaire de sa richesse (Blanc, 2018). Sa communauté d'élection est assez directement nommée : elle se confond presque avec la « commune » de Mièges qui est le centre géographique du roman.

C'est surtout pour des aliments et des boissons qu'il vient à utiliser ses pièces pour payer – dans un café à Sion, ou à Mièges auprès du cafetier Crittin qui le protège (Ramuz, 2005 : 705, 755). Cela évoque la pratique qui consiste à boire ou cuire symboliquement l'argent pour l'intégrer à la communauté (Carsten, 1989). Crittin et les autres sont ainsi les opérateurs de l'ingestion par laquelle la monnaie de Farinet intègre la communauté rurale de Mièges. La « monnaie du gouvernement » apparaît au contraire extérieure à la communauté. Elle s'impose à elle, comme s'imposent ses lois et ses institutions. Elle est le fait d'institutions éloignées, dans une ville (Sion) où règne l'anonymat et la fausseté des relations et des modes de vie.

C'est ainsi que Farinet « était bien vu des gens, parce qu'on croyait à son or et parce qu'il était généreux » (Ramuz, 2005 : 715) ; « partout il avait été bien reçu, parce qu'on avait de l'affection pour lui, et puis il n'était pas avare de ses pièces » (p. 769). Alors même que, un matin, la buraliste retrouve ses pièces en lieu et place des billets qu'elle avait en caisse, l'opinion commune reste que « c'est un brave homme », « il est venu faire le change », « c'est quand même pas un voleur, disait-on ; je suis sûr que le compte y est » (p. 795)[18]. Un villageois dit de lui : « C'est les voleurs qu'on met en prison. Lui, c'est le contraire d'un voleur » (p. 705). Alors que Farinet est assiégé par les gendarmes, le conseiller Romailler dit de lui que « ce n'est pas un mauvais garçon » (p. 822) et les habitants réfléchissent à une solution pour le sauver.

Auparavant, recevant un panier de victuailles préparé par une femme, il partage dans l'allégresse avec les enfants et l'homme présents le pain frais et le jambon et fait circuler un verre pour boire le fendant (Ramuz, 2005 : 743). À Joséphine, qu'il rencontre dans un café à Sion où elle est serveuse, il tend une pièce de vingt francs pour la remercier de sa confiance, soit bien plus que le prix de la consommation qu'il vient de régler avec une autre de

[18] C'est en fait Joséphine qui a remplacé les billets par les pièces, afin de pouvoir fuir avec lui.

ses fausses pièces et que la serveuse a immédiatement reconnue. Alors que Joséphine refuse un pourboire d'une vraie pièce de vingt centimes, elle accepte avec empressement la fausse pièce de vingt francs (Ramuz, 2005 : 720). Générosité et croyance s'opposent aux termes dans lesquels le gouvernement et sa monnaie peuvent être acceptés et reconnus. Il y a chez Farinet quelque chose de transcendant qui fait de lui un être surnaturel qui n'appelle pas la raison mais l'adhésion. Sa communauté idéale est séparatiste : « est-ce qu'on ne pourrait pas s'organiser une petite vie à nous… » (Ramuz, 2005 : 756). Elle refuse l'établissement de lois par des forces extérieures : les seules lois en vigueur devraient être celles de la coutume. Elle est aussi conservatrice : elle est une restauration d'une communauté rurale fantasmée détruite par et dans la modernité, et Farinet est l'agent de cette possible restauration ; c'est pourquoi les villageois le protègent (Cordonier, 2005 : 1623-1624). Ce que Farinet apporte aux villageois, c'est la perspective de la restauration de la communauté organique (à la Tönnies) où chacun est reconnu pour son identité et son rôle.

L'espace de vie et la communauté de Farinet sont assez étroitement délimités. Dans la grotte, Joséphine enjoint Farinet de fuir avec elle, mais celui-ci lui répond qu'il n'a pas d'argent – alors qu'il dispose de poudre d'or et de pièces déjà fabriquées (Ramuz, 2005 : 787). C'est que ces pièces sont celles de la communauté de Mièges, et que seule celle-ci les accepte parce qu'elle reconnaît leur origine et que la fausseté des inscriptions est contrebalancée par l'authenticité du contenu. Fuir hors de cette communauté suppose d'entrer dans l'espace régi uniquement par le gouvernement et d'employer la monnaie de celui-ci, et non pas ce que Farinet a fabriqué et qui « ne vaut rien pour le gouvernement » (Ramuz, 2005 : 787). Lorsque ses pièces sont retrouvées à la place des billets de la buraliste, bien des gens pensent qu'il a voulu « changer son or contre des valeurs ayant cours partout » (p. 798). La circulation monétaire de Farinet n'est pas celle d'une monnaie parasite, mais d'une monnaie proprement communautaire. Mais ce n'est pas une valeur circulante que l'on obtient par la vente de biens : c'est d'abord un signe que l'on reçoit et que l'on garde par devers soi, comme le symbole de la communauté. Fontana en a pour 100 francs et le cafetier Crittin « en a pour au moins mille francs », ce qui laisse entendre qu'ils ne les remettent pas en circulation (p. 705). Deux villageois observant l'arrivée des gendarmes ont chacun une pièce dans un mouchoir et espèrent que Farinet pourra leur en donner une autre, en dépit de l'évidente proximité de sa capture – qui tourne mal (p. 811). Après sa mort, les villageois se remémorent sa générosité : une soupière pour un mariage, six cuillères en argent, des pièces données aux jeunes femmes lors de la fête patronale (p. 831).

Le don est perçu par Ramuz comme un retour impossible à une nature humaine primitive associée à l'idée de Dieu ; Dieu ayant disparu, le don s'est effacé au profit de l'échange : « car hélas ! nous ne donnons rien, nous *échangeons* », écrit-il dans un texte théorique de septembre-octobre 1931 intitulé « Questions sur l'or » (Ramuz, 2009 : 481-483). Ramuz rédige ce texte sous le coup de la sortie de l'étalon-or par la Grande-Bretagne le 21 septembre. Cet événement l'impressionne et l'interpelle, et il sent probablement, de même qu'André Gide quelques années plus tôt (dans *Les faux-monnayeurs*), à quel point la fin de l'or marque une rupture de civilisation[19]. Dans la foulée de ce texte, Ramuz achève *Farinet* en quelques semaines, alors qu'il était en panne depuis l'été 1930. Conformément à l'un des points abordés dans « Questions sur l'or », Farinet est comme tout être qui a un *don* de naissance : « toute leur raison d'être [est] justement de donner, à cause d'un *don* préalable, qui leur a été fait à eux » (Ramuz, 2009 : 483). Ce don fondateur joue comme une dette de vie qui requiert d'eux de passer leur vie en dons. Mais ce don fondateur est une malédiction dans une société où l'échange a remplacé le don : « ceux-là mêmes qui sont le plus sévèrement soumis aux nécessités de l'échange sont ceux qui devraient l'être le moins » (Ramuz, 2009 : 483). Le don reçu par Farinet est d'une naissance particulière : c'est en particulier le don de sa seconde naissance, reçue du vieux Sage, père putatif lui léguant son secret. C'est une forme d'héritage, dont on sait qu'il ne laisse pas indifférent l'héritier.

Farinet, lui, utilise ce savoir dont il a hérité en produisant une monnaie qui est devenue celle de sa communauté, qui l'a mis en position d'autorité souveraine et qui lui a conféré un caractère messianique. Comme le souligne Goux (2000 : 246-248), le don de la chose n'est don que s'il inclut quelque chose de soi. Farinet donne de sa personne et de la liberté fondamentale qui le porte, lorsqu'il donne son or. Le don et le partage qu'apporte Farinet revigorent ainsi la communauté déliquescente. Sa monnaie n'est pas d'abord le vecteur d'échanges marchands, elle est porteuse du sens d'appartenance communautaire. Or, la communauté défendue par Farinet est archaïque au sens où elle est un vestige, une survivance, qui s'oppose à la modernité représentée par le « gouvernement ». On a alors une combinaison particulière de confiance

---

19 Voir les travaux de Goux (1984, 2000) à ce sujet.

hiérarchique et de confiance éthique dans la monnaie de Farinet[20]. La confiance éthique relève de la revendication d'un droit individuel à fabriquer une monnaie meilleure que celle du gouvernement, en fondant sa qualité sur celle du métal. La dimension hiérarchique de la confiance, quant à elle, renvoie à des éléments archaïques que Farinet fait revivre dans la communauté villageoise. C'est « la transformation de l'autre en autorité souveraine, en "Grand Autre" ». Cette « instance supérieure est [...] rendue présente par ses gestes de protection » ; « ici s'affirme la dette de vie ». La confiance hiérarchique est alors « intériorisée sous la forme d'une puissance protectrice qui octroie son alliance aux individus » et qui prend « les formes de l'ange gardien, des fées, comme celles de la panoplie des esprits ou autres étoiles ou signes astraux hantant l'intimité de la personne pour prendre barre sur sa destinée » (Aglietta & Orléan, dir., 1998 : 24-25). Farinet est en effet intériorisé par chacun comme cet être surnaturel[21] qui reconstitue la communauté par sa monnaie. En ce sens, Farinet radicalise et réalise les aspirations de la communauté.

Quant à la confiance méthodique, celle qui apparaît par la répétition de l'usage de la monnaie, elle est d'autant moins importante que la monnaie circule peu : elle est en effet conservée plus que remise en circulation, mais cette conservation n'est pas une thésaurisation en vue d'une valeur future supérieure : c'est la constitution d'un trésor partagé à partir d'une richesse dont les propriétés sont différentes à l'intérieur de la communauté et à l'extérieur. La monnaie de Farinet fournit en effet un point fixe : sa matière (l'or) est « quelque chose qui ne vieillit pas, qui ne pourrit, ni ne se gâte, qui ne change pas de couleur, qui ne change pas de poids, une chose fixe, quoi » (Ramuz, 2005 : 705). Ce point fixe, alors que tout le reste change, est ce à partir de quoi la communauté rurale définit ses valeurs. Il est le référent ultime, et en tant que tel il est inaliénable et inconvertible. En tant qu'inaliénable, il est un trésor qui échappe aux règles de l'échange marchand et dont le seul mouvement possible est une transmission assurant la reproduction à long terme de la communauté (Weiner, 1992). Et, en conséquence, cet or n'a pas cours à l'extérieur, de sorte que le projet de fuite de Joséphine requiert, ironiquement, de transformer les pièces d'or en billets, qui eux seront reconnus.

---

20 Voir les catégories construites dans Aglietta et Orléan (dir.), 1998.

21 Farinet est aussi un être extraordinaire car il parle aux montagnes, qu'il considère comme des personnes.

Enfin, l'or a ceci d'essentiel en cette période de déliquescence qu'il « échappe à la destruction ». Évoquant en effet la catastrophe qui conduit la Grande-Bretagne à abandonner l'étalon-or en septembre 1931, Ramuz écrit : « Et l'or là-dedans, l'or au cœur du désordre, qu'est-ce qu'il devient ? Il demeure, je pense. Il attend. L'or échappe à la destruction. L'or ne craint pas les révolutions » (Ramuz, 2009 : 488). Il est le contraire de « l'idéalisme » ou du « nominalisme » qui connaît alors une poussée : celui « qui veut ignorer les matières, qui veut ignorer les personnes, qui ignore les lieux, qui ignore le temps », et qui porte un risque de « relativisme pur » (p. 489). C'est ainsi que la fausse monnaie de Farinet est pensée par Ramuz comme « la monnaie véritable », selon l'expression de Jean-Joseph Goux, et qu'elle est associée à « la dimension quasi-religieuse du don » (Goux, 2000 : 249).

Pour conclure

La fausse monnaie est une monnaie parmi d'autres ; le faux-monnayeur est un monnayeur particulier. Sa production de monnaie n'a de sens que si elle est mise en circulation, autrement dit si elle passe par l'étape du monnayage. Si, dans certains cas, la fausse monnaie peut tromper les usagers en étant peu identifiable, du moins relève-t-elle d'un monnayage différent de celui de la monnaie authentique. Or la figure duale de Farinet évoque un faux-monnayage lui aussi dual.

Le Farinet historique, Joseph-Samuel, recourt aux codes classiques du faux-monnayage pour motif vénal et trompe effectivement les usagers en mobilisant à son avantage les pratiques de l'époque, comme l'empaquetage des pièces en rouleaux. Mais il joue aussi sur le besoin de petite monnaie qui est celui des années 1870 dans le Valais, et produit ainsi pour une population plutôt encline à accepter ses fausses pièces même lorsqu'elles sont reconnues telles ; il bénéficie aussi, à son étonnement au début, d'une grande popularité. Le Farinet de fiction conçu par Ramuz appelle une tout autre analyse. Dans le contexte de la déréliction monétaire internationale du début des années 1930, Ramuz fait de Maurice Farinet le prophète paradoxal d'un monde perdu, celui qui, contre le nominalisme imposé par des gouvernements abstraits, lointains et arbitraires, restaure, en homme libre, les vraies valeurs en offrant à la communauté villageoise une monnaie au contenu métallique irréprochable.

Le monnayage du faux produit ainsi deux effets opposés quant au lien par la monnaie, où sont potentiellement exacerbées les deux situations polaires de la défiance et de la confiance. Le vénal mais populaire Joseph-Samuel sème les germes de la défiance dans la communauté en instrumentalisant ses divisions ; sa monnaie ne peut que circuler, par défiance, mais aussi et surtout par manque d'espèces, laquelle conduit les autorités fédérales à ne pas retirer ses fausses pièces en 1871. Quant à lui, le messianique Maurice se sacrifie au nom de la liberté[22] et soude la communauté rurale. Sa monnaie est gardée comme un trésor par les villageois et constitue un signe de leur appartenance communautaire. Dans les deux cas, au fond, même visiblement fausse, bien des gens sont enclins à accepter la fausse monnaie ; mais le lien qu'elle porte est délétère car relier les uns se fait contre les autres : une fracture entre la communauté et son extérieur pour le Farinet de fiction, mais aussi à l'intérieur de la communauté pour ce que produit le véritable Farinet.

En définitive, la double figure contradictoire de Farinet se révèle être un terrain permettant de tester les catégories construites par les approches monétaire institutionnalistes, depuis l'idée très générale de la monnaie comme fait social total jusqu'à ses implications plus fines telles que le rapport de la monnaie à la liberté et la relation de construction ou de destruction communautaire par la monnaie. Cette figure permet ainsi de saisir remarquablement bien en quoi la monnaie peut jouer un rôle positif de construction communautaire tout comme elle peut au contraire se révéler un agent corrupteur de la cohésion sociale.

Références bibliographiques

ALLET-ZWISSIG Danielle, 1980. « L'affaire Farinet dans la presse valaisanne contemporaine (1870-1881) », *Annales valaisannes*, 55, p. 3-83.

AGLIETTA Michel, ORLÉAN André (dir.), 1998. *La Monnaie souveraine*, Paris, Odile Jacob.

BLANC Jérôme, 2013 [2009]. « Usages de l'argent et pratiques monétaires », *in* P. STEINER, F. VATIN (dir.), *Traité de sociologie économique*, Paris, Presses universitaires de France (Quadrige), p. 673-710.

BLANC Jérôme, 2018. « Making Sense of the Plurality of Money: a Polanyian Attempt », *in* G.M. GÓMEZ (ed.), *Monetary Plurality in Local, Regional and Global Economies*, London, New York, Routledge (Financial history), p. 48-66.

22 Il est d'ailleurs trahi par Joséphine, traitée de « Judas » par Fontana, et comme Judas elle se pend.

BORGES Jorge Luis, 1967 [1949]. *L'Aleph*, traduit par Roger Caillois et René L.F. Durand, Paris, Gallimard.

BRAS Pierre, PIGNOL Claire, 2016. « Économie et littérature », *L'Homme & la Société*, 200 (2), p. 55-63.

CARSTEN Janet, 1989. « Cooking Money: Gender and the Symbolic Transformation of Means of Exchange in a Malay Fishing Community », *in* J. PARRY et M. BLOCH (eds), *Money and the Morality of Exchange*, Cambridge, Cambridge University Press, p. 117-141.

CIPOLLA Carlo M., 2015. *Trois histoires extravagantes*, traduit par Adriano Gubellini, Paris, France, Presses universitaires de France.

COATIVY Yves, 2006. « De la fraude à la falsification : le faux monnayage en France à la fin du Moyen Âge », *in* G. BÉAUR, H. BONIN, C. LEMERCIER (dir.), *Fraude, contrefaçon et contrebande de l'Antiquité à nos jours*, Genève, Librairie Droz, p. 237-248.

CORDONIER Noël, 2005. « Farinet ou la fausse monnaie. Notice », *in* Charles Ferdinand RAMUZ, *Romans*, Paris, Gallimard (La Pléïade), p. 1616-1633.

DIOGÈNE LAËRCE, 1965. *Vie, doctrines et sentences des philosophes illustres*, traduit par Robert Genaille, Paris, Garnier-Flammarion.

DONNET André, 1980. *Farinet devant la justice valaisanne (1869-1880) : dossiers de procédure pénale*, Martigny, impr. Pillet.

DOSTOÏEVSKI Fedor Mikhailovitch, 1999 [1860-1862], *Les Carnets de la maison morte*, traduit par André Markowicz, Arles, Actes Sud.

FORNEROD Françoise, 1990. « Les deux débuts de Farinet », *La revue des lettres modernes. C.F. Ramuz*, 4, p. 145-155.

GOUX Jean-Joseph, 1984. *Les Monnayeurs du langage*, Paris, Éditions Galilée.

GOUX Jean-Joseph, 2000. *Frivolité de la valeur : essai sur l'imaginaire du capitalisme*, Paris, Blusson.

GUZZI-HEEB Sandro, 2008. « Politique et réseaux. Logiques de la mobilisation politique populaire dans une vallée suisse, 1839-1900 », *Revue d'histoire du XIXe siècle. Société d'histoire de la révolution de 1848 et des révolutions du XIXe siècle*, 36, p. 119-131.

GUZZI-HEEB Sandro, 2010. « Sexe, parenté et politique dans une vallée alpine au XIXe siècle », *Annales de démographie historique*, 119, p. 115-137.

HART Keith, 1986. « Heads or Tails? Two Sides of the Coin », *Man*, 21 (4), p. 637-656.

HELVETISCHE MÜNZENZEITUNG, 1984. *Monnaies – Billets de banque. Suisse-Liechtenstein 1798-1984. Catalogue 1985*, Hilterfingen, Albert Meier.

JOUGLET René, 1937. *Le Jardinier d'Argenteuil*, Paris, Ferenczi.

LAVELEYE Émile de, 1865. *Le Marché monétaire et ses crises depuis cinquante ans*, Paris, Guillaumin.

Le Confédéré. Organe libéral du Valais [En ligne] : http://doc.rero.ch/search?c&cc=PRESS&c=NAVPRESS.CONFEDERE&ln=fr

MANAS Arnaud, 2015. « The Music of Gold: Can Gold Counterfeited Coins be Detected by Ear? », *European Journal of Physics*, 36 (4) [Doi: 10.1088/0143-0807/36/4/045012].

OLSOMMER Bojen, 1967. *Banque cantonale du Valais, 1858-1894, 1917-1967*, Sion, s.n.

PEPYS Samuel, 1660-1669, *The Diary*, ed. by R. Latham, W. Matthews, London, G. Bell and Sons, 11 vol.

PIRIE Anthony, 1962. *Opération Bernhard*, traduit par René Jouan, Paris, Presses de la Cité.

RAMUZ Charles Ferdinand, 2009. « Questions sur l'or » [1931], in *Articles et chroniques. Tome 3 : 1924-1931*, Genève, Slatkine (Œuvres complètes), vol. XIII, p. 475-493.

RAMUZ Charles Ferdinand, 1932. *Farinet ou la fausse monnaie* [1932], Lausanne, H.L. Mermod.

RAMUZ Charles Ferdinand, 1932. *Farinet ou La fausse monnaie* [1932], Paris, B. Grasset.

RAMUZ Charles Ferdinand, 1948. *Farinet ou La fausse monnaie* [1932], Paris, Garamond.

RAMUZ Charles Ferdinand, 1941. *Œuvres complètes*, Lausanne, H.L. Mermod.

RAMUZ Charles Ferdinand, 2005. *Romans*, Paris, Gallimard (La Pléïade).

RICHTER Jürg, KUNZMANN Ruedi, 2003. *Die Banknoten der Schweiz*, Regenstauf, H. Gietl.

ROIG Alexandre *et al.*, « Monnaies vivantes et monnaies mortes : généalogie de l'argent en prison », Séminaire *La monnaie entre unicité et pluralité : regards pluridisciplinaires et enjeux théoriques*, Paris, 30 janvier 2015.

SERVET Jean-Michel, *Les Monnaies du lien*, Lyon, Presses universitaires de Lyon, 2012, 455 p.

SERVET Jean-Michel (dir.), 1999. *Une Économie sans argent : les systèmes d'échange local*, Paris, Le Seuil.

SIMMEL Georg, 2013. *Philosophie de l'argent* [1900], Paris, Presses universitaires de France.

SOULIER Sébastien, 2011. « Le faux-monnayage dans le Puy-de-Dôme du Second Empire à la Belle Époque : du mythe à la réalité », *Criminocorpus. Revue d'Histoire de la justice, des crimes et des peines* [En ligne] :

https://journals-openedition-org.ressources.sciencespo-lyon.fr/criminocorpus/1252

THÉRET Bruno, 2008. « Les trois états de la monnaie. Approche interdisciplinaire du fait monétaire », *Revue économique*, 59 (4), p. 813-841.

THURRE Pascal, 1999. « Le Farinet de l'histoire », *in* C.F. Ramuz, *Farinet ou La fausse monnaie*, Saillon (Suisse), Les Amis de Farinet – Les Amis de Ramuz, p. 9-18.

WEINER Annette B., 1992. *Inalienable Possessions: the Paradox of Keeping-while-giving*, Berkeley, University of California Press.

WOTTRENG Willi, 1995. *Farinet : L'Extraordinaire histoire du faux-monnayeur valaisan Joseph-Samuel Farinet qui fut plus grand mort que vivant ou Comment la Suisse a gagné un nouveau héros national*, Carouge/Genève, Éditions Heuwinkel.

Comptes rendus

Marina GASNIER, *Le patrimoine industriel au prisme de nouveaux défis. Usages économiques et enjeux environnementaux*, Besançon, Presses universitaires de Franche-Comté, 2018, 296 pages, coll. « Les cahiers de la MSHE Ledoux »

Dans un livre publié en 1957, Roland Barthes parle du mythe comme de l'instrument le mieux approprié au renversement idéologique des réalités du monde capitaliste. Le mythe, une « parole dépolitisée », universaliste par vocation, « normalise » les choses, en retranchant leur sens humain pour n'en laisser qu'une représentation sans épaisseur historique. Le vocable « patrimoine », qui trouve emploi de plus en plus fréquemment depuis les années 1960, remplit à merveille cette fonction mystificatrice. Catégorie fourre-tout, le patrimoine englobe les notions de « monument » et de « monument historique » pour mettre l'accent sur la dimension économique d'objets reconnus comme des biens d'héritage. Il leur attribue une importance culturelle ou naturelle qui est censée transcender l'ordre des choses vécues. Et la convention de l'Unesco, ratifiée désormais par 193 pays, va jusqu'à reconnaître la « valeur universelle » d'un patrimoine doté du « même caractère inestimable pour les générations actuelles et futures de l'ensemble de l'humanité » (Charte de l'Unesco, 1972).

Le « patrimoine industriel » occupe ici une place singulière parmi les avatars du monument historique. En société capitaliste, où le monde des affaires et de l'entreprise a sans relâche le regard tourné vers le lendemain, on se détourne sans états d'âme des ressources et des techniques jugées obsolètes et on laisse à l'abandon ou aux ferrailleurs et démonteurs en tous genres les débris de ce monde suranné. Ne bénéficieront du statut de « patrimoine » qu'un petit nombre de sites industriels, entrepôts portuaires ou autres installations sélectionnés par les bailleurs de fonds pour faire face aux « nouveaux défis » de l'économie-monde au XXIe siècle » en raison de leur potentiel commercial. Les voies qui mènent à cette reconnaissance sont aussi diverses et nombreuses que les projets qui réinventent ces lieux et leur redonnent vie en les intégrant à un projet économique aux dimensions d'un territoire. Et, comme l'architecture joue un rôle non négligeable pour la promotion d'un site à l'échelle internationale, il est intéressant d'intégrer dans la « stratégie de marque » des édifices et des équipements industriels reconvertis et « signés ». De plus, cette récupération passe pour illustrer les bonnes pratiques du « développement durable ». Toutefois, même les vestiges jugés « hors marché » peuvent présenter un intérêt commercial, au moins temporaire, s'ils entrent dans les circuits « ruines et fantômes » prisés par les adeptes du « dark tourism » ! La sauvegarde de ces sites-témoins, qu'ils soient valorisés comme « produits touristiques », reconvertis en lieux de vie ou en « entreprises augmentées », est une dimension du mythe central de la société bourgeoise : l'universalité du Progrès technique accompli par une humanité en marche vers un avenir meilleur.

Marina Gasnier nous fait visiter nombre de ces lieux métamorphosés en « patrimoine industriel ». Bien qu'écrit dans une intention manifestement apologétique, son ouvrage illustre, au propre comme au figuré, le glissement de sens que subit le vocable « patrimoine industriel ». Reliques, châteaux et cathédrales de l'industrie inventoriés ici ont acquis le statut d'« œuvres », à l'aide du « geste créatif, voire récréatif », des architectes. « L'imaginaire est mis au service de la mémoire » pour générer « un passé fictif commun » à l'intention des nouveaux usagers. Cent dix-neuf planches illustrent les différents projets, étudiés à des étapes successives d'achèvement, et les mettent en regard d'un échantillon plus large de reconversions réalisées en France et ailleurs en Europe. Que ce soit en raison de l'architecture industrielle d'antan, de ses bâtiments et matériaux standard, de ses formes rationalisées et simplifiées, ou bien du caractère répétitif des ajouts modernes, de ces tableaux naît l'image d'un monde harmonieux et sans contradictions, parfaite illustration de la fonction purificatrice attribuée au mythe. Or, le lecteur sera étonné par le choix, pour la première de couverture, d'une photo qui relève de l'insolite : à la fenêtre d'un édifice abandonné apparaît au premier plan, un graffiti représentant un personnage solitaire, le regard perdu au loin.

C'est comme si l'on voulait suggérer que cet héritage est désormais privé d'épaisseur humaine ! Or, cette dimension du « patrimoine industriel » est en premier lieu ce qui méritait d'être mis en lumière et qui manque à cette mise en perspective.

Margaret Manale

Ludivine BANTIGNY, *1968. De grands soirs en petits matins*, Paris, Le Seuil, 2018, 464 p.

Un ouvrage novateur et salutaire

L'ouvrage que nous livre Ludivine Bantigny, historienne, maître de conférences à l'université de Rouen, est à la fois novateur et salutaire. Novateur car il est le fruit d'un gigantesque travail, sans équivalent, de dépouillement d'archives souvent inédites concernant, pour la première fois l'ensemble des protagonistes de Mai 68 et couvrant une trentaine de départements français. Salutaire car, ce faisant, il restitue les événements dans leur globalité et leur complexité, met à mal un bon nombre d'idées reçues et apporte des réponses à des questions qui font encore débat sur le contexte, l'atmosphère de l'époque, les préoccupations et les visées des différents protagonistes.

Le livre est également d'une lecture facile et captivante, alors que nous pouvions redouter qu'un ouvrage reposant sur une somme considérable d'archives soit d'une lecture difficile voire fastidieuse. Il n'en est rien, bien au contraire ! C'est que le texte écrit au présent de l'indicatif plonge le lecteur au cœur de l'événement en train de se dessiner et décrit généreusement les émotions éprouvées par les acteurs de l'événement, stimulant ainsi la propre émotivité de celui-ci. Le texte se fait alors récit. Ajoutons que cette approche globale de Mai 68 ne néglige pas pour autant les situations locales et que chacune et chacun peut alors prendre plaisir à repérer ce qui concerne sa ville ou sa région.

Contre les idées reçues

Pour la première fois sont donc assemblées les sources les plus diverses : comptes rendus de réunions, tracts, brochures, correspondances, presse, films et émissions, circulaires de préfets, rapports de police, fiches de renseignements, textes ministériels, papiers de l'Élysée…qui nous permettent, preuves à l'appui, de réfuter quelques idées reçues.

À commencer par le regard habituellement porté sur la période précédent Mai 68 qui s'inscrirait dans ce que l'on a appelé les Trente glorieuses, faisant de Mai 68 le surgissement d'une révolte soudaine dans une France en pleine croissance économique et sociale. Les sources rassemblées par l'auteure montrent qu'il n'en est rien et rappellent fort opportunément que cette croissance est non seulement loin d'être pleinement partagée mais encore qu'elle se ralentit fortement en 1967 tandis que la crainte du chômage s'accentue. Aussi Ludivine Bantigny note que « sans réduire l'événement à son avant… l'année 67 est émaillée de conflits importants et [que] l'année 1968 s'inscrit dans le prolongement de ces mobilisations ».

On peut encore citer parmi les inexactitudes les plus tenaces que dénonce l'ouvrage, celle qui fait de l'étudiant du Quartier latin le personnage central, et éloigné dans un premier temps du reste de la population. L'examen des documents signale au contraire l'importance des mobilisations de couches sociales dont le rôle est le plus souvent minoré voire complétement ignoré comme celle des agriculteurs, particulièrement dans l'ouest de la France, et confirme, en revanche, la place déterminante de la classe ouvrière dans le cours que prennent les événements. C'est sans doute la raison pour laquelle la couverture du livre représente à juste titre les salariés d'une usine en grève et non le sempiternel lanceur de pavés ou le visage d'un leader charismatique de l'époque. Les sources consultées nous font aussi découvrir que d'emblée les étudiants ne sont pas isolés, comme le montrent, par exemple, les arrestations, dès le 3 mai, de nombreux ouvriers artisans et employés de commerce et que les solidarités entre étudiants et ouvriers s'expriment en de nombreux endroits et à plusieurs occasions. Ainsi, Mai 68 est un moment privilégié de rencontres entre individus appartenant à des univers sociaux très différents. On pourrait encore ajouter que l'enquête contredit l'idée d'un moment où la contestation règne en maître puisque au contraire les projets et les propositions n'y ont jamais été aussi nombreux, elle dément également la théorie d'un conflit de générations puisque, à l'inverse, c'est l'occasion d'une rencontre entre générations.

Protagonismes

Le travail mené par Ludivine Bantigny n'est pas seulement utile pour contrer des idées reçues mais aussi pour montrer la réalité des stratégies et des tactiques qu'entreprennent les représentants du pouvoir, les responsables syndicaux et politiques mais aussi les démarches et les actions des individus ordinaires devenus des protagonistes des grèves. L'auteure reprend ici la notion de « protagonisme » produite par l'historien italien Haim Burstin au sens d'« expérience personnelle de l'histoire en acte », les individus ordinaires devenant ainsi des protagonistes lorsque leur quotidien rencontre l'événement et provoque leur engagement. Cette réalité est faite d'hésitations, de tâtonnements, de bifurcations Le texte prend alors une forme narrative celle d'un récit passionnant retraçant le cours des événements.

Parmi les forces organisées qui s'affrontent, il en est dont l'état d'esprit et les comportements n'ont jamais été scrutés comme a pu le faire Ludivine Bantigny à partir de sources pour la plupart inédites. Il s'agit de celles qui étaient du côté du pouvoir et du maintien de l'ordre. On trouve là l'un des apports essentiels du travail réalisé par l'auteure. Ainsi, concernant la police, les archives dévoilent l'impréparation face à l'événement, l'épuisement et les tensions qu'elle provoque. Au sommet de l'État elles témoignent d'hésitations et de divisions à propos de la stratégie à adopter. Pompidou, Premier ministre, opte pour des négociations séparées, par exemple avec la seule UNEF, dans le but de diviser l'adversaire. D'autres ministres ont des positions hostiles à tout dialogue. De Gaulle, lui-même, change radicalement de ton, entre son allocution du 24 mai et celle du 30 mai, au profit d'une grande animosité contre les grévistes. Dès lors on assiste à un durcissement de la riposte gouvernementale : contrôle accru de l'information et préfets mobilisés pour que le travail reprenne comme en attestent les archives. Mais l'utilité irremplaçable de la consultation de ces sources réside en ce qu'elles nous donnent à voir également les attitudes et comportements de citoyens anonymes opposés au développement des grèves et dont on peut alors mesurer la montée de l'exaspération.

Du côté des protagonistes des grèves, les comportements de chacun et leurs divergences sont assez bien connus tout au moins concernant les forces organisées. Les sources étudiées les illustrent et les confirment : la CGT s'en tient à la satisfaction immédiate des revendications. À la fois par crainte d'un retournement de l'opinion si elle va « trop loin » et par peur de manœuvres politiques qui déboucheraient sur une remise en question de la construction du Programme commun de la gauche. La CFDT, mais aussi des syndicats enseignants, étudiants et des formations d'extrême gauche voulaient, elles, donner au mouvement des débouchés « qui auraient touché aux structures mêmes du travail et de la société » Le maitre-mot est alors « autogestion ». Toutefois l'intérêt de l'examen des documents étudiés est aussi de nous indiquer que chez ses partisans cette question est discutée et soupesée. On trouve ainsi des pages où l'auteure restitue les débats forts intéressants de l'époque où sont posées les questions des risques de dévoiement de l'autogestion si celle-ci reste ancrée dans le système capitaliste. De la même façon, les archives rapportent que bien des cégétistes et des membres du PCF contestent les orientations officielles de leur formation. Néanmoins, on nous permettra ici de remarquer que les sources dont on dispose ne donnent pas toujours en l'état des réponses à des questions qui demeurent controversées. Celle, par exemple de savoir si Georges Séguy, présentant aux salariés de Renault-Billancourt l'état des négociations, a été hué ou si les huées visaient certains articles du constat des négociations que Georges Séguy présentait alors avec l'idée de s'appuyer sur ces réactions négatives pour poursuivre les négociations en meilleure position. L'auteure semble choisir la première interprétation, Jean-Louis Moynot, dernier négociateur cégétiste de « Grenelle » encore vivant, assure que c'est la deuxième qu'il faut retenir. Un travail d'analyse plus précis des sources disponibles devrait donc se poursuivre.

C'est aussi en regardant les références qu'ils mobilisent que l'auteure mesure utilement ce qui séparent les mêmes protagonistes. Ainsi en est-il des évocations historiques privilégiées : Front populaire et succès comparables à ceux de 36, chez les uns ; la Commune et la démocratie directe et auto-organisée, chez les autres. Ainsi en est-il également de la convocation de la dimension internationale : nouveaux mouvements révolutionnaires ébranlant les deux systèmes de domination du monde, l'américain et le soviétique, chez les uns, peu d'allusions aux questions internationales et souci des spécificités françaises, chez les autres. En plus des dissensions internes au mouvement, l'auteure note aussi avec pertinence ce que Mai 68 a manqué, en premier lieu le combat contre la domination masculine. S'appuyant sur toute la documentation rassemblée, l'auteure constate que le rôle assigné à chaque sexe perdure. Les femmes sont réduites à leur sexe dans les montages des journaux des situationnistes. Leur présence, la nuit, dans les usines occupées est refusée. À Grenelle, aucune femme ne prend part aux discussions. Dans la

Sorbonne occupée, ce sont les filles qui font la cuisine. Les revendications s'en tiennent à demander que la femme puisse jouer ses deux rôles de travailleuse et mère de famille. Pourtant la critique de ces traditions et les débuts d'une politisation de la sexualité sont apparus. Ainsi « les normes perdent de leur assurance… deviennent pensables, critiquables » note Ludivine Bantigny.

Le politique est chargé d'affects

L'un des principaux mérites de l'ouvrage est aussi de prendre pleinement en compte le fait que toute pratique politique est chargée d'affects et que les comportements des protagonistes de l'événement, qu'ils soient au sein de forces organisées ou non, en apportent la preuve. C'est pourquoi l'auteure a voulu « donner plein crédit à ce qui est éprouvé, imaginé, ressenti », constatant « que les émotions éprouvées en 1968 n'ont fait l'objet, dans l'historiographie sur le sujet, que de brèves notations… alors que l'émotion est étymologiquement ce qui fait se mouvoir ». Elle nous offre ainsi un récit « au vif de l'événement ». À commencer par ce qui se passe dans les usines, car la grève est en majorité ouvrière, décrivant la joie de voir les lieux autrement, le fort sentiment de responsabilité quand il s'agit d'assumer par soi-même la préservation de l'outil de travail ou de prendre la parole, la solidarité mais aussi les tensions quand il faut organiser repas, couchage et loisirs. Les photographies et les films montrent aussi l'allégresse des visages ou l'indignation, la colère, l'inquiétude et la déception. Les émotions se traduisent aussi dans les tracts à travers les traits d'esprit, la créativité ou la poésie. Elles s'expriment également dans les rêves, l'imagination dont font preuve les acteurs de Mai 68 et le plaisir de réussir à les transformer en propositions concrètes. Ainsi à partir de leurs lieux de vie ou de leurs métiers, l'auteure décrit comment des architectes veulent solliciter le sens critique du public, comment à l'université on veut briser les barrières qui séparent les enseignants et les enseignés ou encore, à l'hôpital comment on cherche à briser les hiérarchies et les cloisonnements entre le personnel et les « mandarins ». D'autres vont encore plus loin dans la remise en cause de l'ordre existant et se demandent comment concevoir une société définie autrement que par le profit.

Quelle arrière-saison ?

S'interrogeant sur le bilan, l'auteure souligne combien « l'événement a bouleversé des existences, a rendu palpable le spectre d'autres avenirs, renoué avec l'hypothèse de la révolution en la rendant tangible et possible ». À quel point « il a fait du politique une chose partagée, le bien commun de toutes et tous, où chacun peut s'exprimer, délibérer et décider ». Cependant, le jugement de l'auteure concernant « les hausses des salaires vite balayés » nous paraît fort sévère et nécessiterait un complément d'investigation pour vérifier si les nombreuses mensualisations, les hausses de salaire spectaculaires chez les salariés au bas de l'échelle, en particulier chez les salariés agricoles et les jeunes ouvrières, ou encore les suppressions des abattements de zones et d'âge, ont des effets plus durables. Quant aux suites électorales de Mai 68, Ludivine Bantigny, ne fournit que les résultats électoraux de Juin, fortement impactés par les turbulences de l'événement lui-même, montrant le recul des principaux partis de gauche et singulièrement celui du PCF. N'aurait-il pas été intéressant, pour mieux mesurer les attentes politiques de l'époque, d'adjoindre ceux des Présidentielles dont la campagne se déroule moins d'un an plus tard, avec, à gauche, un score de 21,5% des voix au candidat communiste qui affirme sa volonté de réaliser l'union et au mieux 5% aux autres postulants.

Quoi qu'il en soit, ces quelques remarques n'entament en rien l'intérêt considérable que l'on peut porter à ce travail gigantesque entrepris par l'auteure. L'ouvrage a l'immense mérite de rassembler les points de vue des différents protagonistes agissant sur les territoires les plus divers. Fruit de l'examen d'une somme considérable d'archives, il nous livre une tout autre histoire que celle qu'on nous expose habituellement « à bonne distance des ricanements ou des reniements ». La rigueur de l'analyse n'exclut en rien la sympathie que l'auteure peut avoir pour les protagonistes du mouvement. Elle ne s'en cache pas et dédie son livre à « celles et ceux qui ont "fait Mai", pour leur courage et pour leurs rêves ; ils continuent de nous porter ».

Roland Delacroix

Résumés/*Abstracts*

Dossier

Matthieu SCHERMAN

La famille et le travail, le travail de la famille
La variété des configurations organisationnelles du travail et des entreprises en Italie centro-septentrionale au XVe siècle

L'article vise à analyser les relations entre les formes familiales et le travail dans les économies de la fin du Moyen Âge. Il se focalise sur les cas des travailleurs de Trévise et sur le groupe des marchands-banquiers à travers le cas de la famille des Salviati. Toutes les interrogations que pose l'organisation économique et sociale des marchés à la fin du Moyen Âge ne peuvent se comprendre sans prendre en considération les aspects familiaux : travail et familles sont imbriqués comme le sont les relations entre familles de grands marchands-banquiers. En effet, que les grands marchands internationaux ou les plus petits opérateurs soient analysés, un constat similaire peut être avancé : la famille est au centre des stratégies économiques et de l'organisation du travail à la fin du Moyen Âge. Elle constitue le pivot de l'organisation des marchés du travail et des structures économiques au XVe siècle.

Mots-clés : familles, travail, monde marchand, Italie, fin du Moyen Âge.

Family and Work, Family Work
The Variety of Organisational Configurations of Work and Enterprises in 15th Century Italy

The paper aims to analyse the relationship between family forms and work in the economies of the late Middle Ages. It focuses on the cases of the workers of Treviso and on the group of merchants-bankers through the case of the Salviati family. All the questions raised by the economic and social organization of markets at the end of the Middle Ages cannot be understood without taking into consideration family aspects: work and families are intertwined, as are the relationships between the families of major merchants-bankers. Indeed, whether large international merchants or smaller operators are analysed, a similar observation can be made: the family was at the centre of economic strategies and work organisation at the end of the Middle Ages. It is the backbone of the organisation of labour markets and economic structures in the 15th century.

Keywords: *corporeality, violence, micro-rebellion, bodies, legible-illegible bodies.*

Eleonora CANEPARI

Lits, paniers, balances

Biens meubles et formes de mobilité du travail

La possession de biens meubles tels que les outils de travail était un atout dans les stratégies de survie, permettant aux hommes et aux femmes issus de classes populaires de commencer une activité professionnelle, mais aussi de disposer d'un capital potentiel. Cet article est centré sur les outils de travail dans leur relation aux formes de labeur caractérisées par la mobilité – d'une part, la mobilité professionnelle et spatiale des individus, d'autre part, l'évolution des activités menées dans le même atelier ou boutique au fil des années. Dans la première partie, l'article se penche sur le *turn-over* qui caractérisait les boutiques et les ateliers de Rome au XVIIe siècle, grâce à une approche longitudinale réalisée à partir de sources sérielles telles que les *Stati d'anime* (états des âmes). En utilisant les archives de la *Presidenza delle strade* (présidence des rues), la deuxième partie a pour objet la contiguïté des usages entre les lieux de travail et les espaces résidentiels, avec une attention spécifique au travail des chambrelans. Enfin, dans la dernière partie, les formes de circulation et d'échanges de biens mobiliers sont examinées (prêts, locations, gage et transmission par héritage).

Mots-clés : mobilité, outils de travail, boutique/ateliers, rue, Rome, chambrelans.

Beds, Baskets, Scales

Movable Property and Labour Mobility

The possession of movable goods such as work tools was an asset in survival strategies, enabling people of the low classes to start a professional activity, but also to have a potential capital available upon sold. This paper focuses on work tools in their relationship to those forms of labour which were characterised by mobility – on the one hand, the professional and spatial mobility of individuals, and on the other hand, the changing activities carried out within the same shop over the years. In the first section, the article addresses the turn-over that characterised shops and workshops in 17th century Rome, thanks to a longitudinal approach carried out on serial sources such the Stati d'anime. By using the records of the Presidenza delle strade, the second part focuses on the contiguity of uses between workplaces and residential spaces, with a special attention to domestic work performed by the chambrelains. Finally, in the last section, the forms of circulation and exchanges of movable goods will be examined (loans, leases, pledge and inheritance).

Keywords: *mobility, work tools, shop/workshops, street, Rome, chambrelans.*

Juanjo ROMERO MARÍN

La révolution libérale et les métiers

Les *faquines* du port de Barcelone au XIXe siècle

L'historiographie espagnole a généralement manifesté peu d'intérêt pour les artisans à l'époque contemporaine, en acceptant la vieille perspective libérale qui les considérait comme un secteur social résiduel incapable de s'adapter à la modernité. Cet article vise à inclure cet artisanat dans le monde plus vaste des classes ouvrières à l'époque de l'industrialisation. Pour ce faire, nous nous penchons sur l'étude des *faquines* (portefaix portuaires), un métier d'origine corporative dédié au débardage et à la livraison des marchandises déchargées dans le port de Barcelone. N'étant pas dotés de ces compétences techniques que l'on associe couramment à l'univers des métiers, les *faquines* réussissent à s'en sortir beaucoup mieux qu'un grand nombre de métiers durant les années difficiles de la révolution libérale (1820-1865). En obtenant la reconnaissance de leur métier comme une qualification socialement construite. Leur réussite est due à un engagement résolu pour la cohésion du groupe et le renforcement de leur association professionnelle, sur la base d'une « culture du travail » spécifique.

Mots-clés : libéralisme, classe ouvrière, métiers, corporations, Barcelone, portefaix, port.

Liberal Revolution and Artisan Trades

The Faquines *of the Barcelona Port in 19th Century*

The Spanish historiography has paid little attention to artisans in modern times, accepting the old liberal perspective that considered them as a marginal social sector not adapted to modernity. This paper tries to insert craftsmen onto the wider world of working classes at the time of the first industrialisation. And to do that, we are going to analyse the faquines *(longshoremen), a trade born in guilds time involved in the loading and transport of goods brought to the Barcelona port. Despite the fact that it was not a skilled profession like others,* faquines *survived better than other traditional trades to the difficulties of the Liberal Revolution. Their success rested on a clear strategy based on the group unity as well as the strengthening of their professional association upon a strong labour culture, with its own specificities.*

Keywords: *liberalism, working class, trade, guild, Barcelona, porters, port.*

Lluís VIRÓS

La rubanerie à Manresa (Barcelone), 1890-1920

Petite entreprise et travail à domicile

Au début du XXe siècle, la Catalogne était la première région industrielle de l'Espagne où le textile était prédominant. La structure commerciale dans de nombreux secteurs était constituée de groupes de PME situés dans de petites villes et à Barcelone. Certains de ces groupes formaient des districts industriels marshalliens et d'autres faisaient partie d'agglomérations industrielles plus grandes. Dans cet article, est étudié le cas de la rubanerie de coton de Manresa, située à 60 km à l'ouest de Barcelone, où un conflit social prolongé montre un sous-secteur ayant une structure de PME d'origine corporative, avec une prédominance du travail à domicile. Les petits ateliers étaient adaptés à la mécanisation industrielle. Il s'agit d'un cas de *domestic system* dans lequel un groupe important de travailleurs artisans possède les moyens de production et dans lequel l'apprentissage du métier et la transmission de la propriété de l'atelier, liée à celle du logement, sont souvent d'une grande importance.

Mots-clés : travail à domicile, rubanerie, Manresa (Catalogne), PME.

The Ribbon Industry in Manresa (Barcelona)

Small Business and Homeworking

At the beginning of the 20th century, Catalunya was the foremost industrial region of Spain and the textile industry predominated. The business structure in many sectors was composed of groups of SMEs localised in small cities, as well as Barcelona. Some of these groups were Marshallian industrial districts while others were a part of bigger industrial agglomerations. This paper studies the case of the cotton ribbon industry in Manresa, 60km west of Barcelona, where a prolonged social conflict showcases a subsector that had an SME structure with guild origins and with a predominance of home-based work, and which is composed by small workshops that have adapted to mechanisation. This is a case of a domestic system where an important group of artisan workers are the owners of the means of production and where both job apprenticeship and transferring the ownership of the workshop, usually tied to housing, are very important.

Keywords: *home-based work, cotton ribbon industry, Manresa (Catalonia), SME.*

Hélène CLAUDOT-HAWAD

À l'atelier, chez soi ou à la fabrique

Comment rester luthier au début du XXe siècle ?

Dès les années 1930, à Mirecourt, capitale de la lutherie, la question n'est plus de savoir comment devenir luthier, mais comment le rester, tant les perspectives et les conditions d'exercice de cette profession ont changé durant la première moitié du XXe siècle. Cet article étudie les stratégies des luthiers – entre artisanat d'art et fabrication industrielle, atelier familial et manufacture, luthier fabricant et luthier marchand, métier d'homme et féminisation de certaines tâches au sein des manufactures – stratégies qui n'empêcheront pas le déclin du métier de luthier après la Seconde Guerre mondiale.

Mots-clés : luthier, Mirecourt, atelier artisanal, manufacture, parenté, genre, résidence.

In the Workshop, at Home or in the Factory

How to Remain a Violin Maker at the Beginning of the 20th Century?

As early as the 1930s, in Mirecourt, the capital of violin making, the issue was no longer how to become a luthier but how to remain one, given the changing perspectives and conditions of this profession during the first half of the 20th century. This article examines the strategies of luthiers – between artistic handicraft and industrial production, family workshop and manufacture, male craft and feminisation of certain tasks within factories – strategies that did not prevent the decline of the craft of luthier after the Second World War

Keywords: *violin maker, Mirecourt, workshop, manufacture, kinship, gender, residence.*

***

Hors-dossier

Paul CARY & ANTONIO DELFINI

La gentrification, stop ou encore ?

Indétermination des processus urbains dans le quartier de Fives (Lille)

Face à l'inflation du concept de gentrification, cet article démontre que le devenir d'un quartier peut se révéler indéterminé sur une longue période, et être l'objet d'une action publique ambivalente. L'exemple du quartier de Fives, ancien bastion ouvrier de la métropole de Lille, illustre notre propos. Si le renouvellement urbain annoncé et l'arrivée effective de classes supérieures sont des signes avant-coureurs de gentrification, les classes populaires restent présentes, les espaces publics et commerciaux demeurent populaires et les dynamiques associatives sont contrastées.

Mots-clés : Gentrification, ségrégation, espaces publics, métropole, Lille, école.

Gentrification: Stop or More?

Uncertainty in Urban Processes in the Fives Neighbourhood (Lille - France)

The concept of gentrification is nowadays being overused, sometimes very far from its original definitions. This paper aims at demonstrating that the future of a neighbourhood can stay undefined for a long period and be the object of an ambivalent public action. The example of the Fives district, a former workers' bastion in the metropolis of Lille, illustrates our point. Although the announced urban renewal and the effective arrival of upper classes are signals of gentrification, the working classes remain present; public and commercial spaces remain popular and the dynamics of associations are contrasted.

Keywords: *gentrification, segregation, publics spaces, metropolis, school.*

Jérôme BLANC

Les Farinet, monnayeurs

Liberté, vénalité, communauté

On s'intéresse dans ce texte au trouble produit par le faux-monnayeur Farinet, non seulement sur l'authenticité de la monnaie, mais plus largement sur ce qu'elle est et ce qu'elle représente. Pour ce faire, on distingue la figure historique de Joseph-Samuel Farinet, qui émit des fausses pièces de vingt centimes dans les années 1870-80, et la figure littéraire de Maurice Farinet qui, sous le regard de son auteur Charles Ferdinand Ramuz aux prises avec les dérèglements monétaires du début des années 1930, émettait des pièces de vingt francs d'or plus pur que celui du gouvernement. Ce texte s'inscrit dans les réflexions sur les rapports entre économie et littérature avec la particularité d'une fiction fondée sur l'histoire mais qui en déborde. Il entend contribuer, par l'analyse de cette double figure contradictoire, aux conceptions institutionnalistes de la monnaie. C'est ainsi que Farinet permet de rendre compte à la fois du caractère vénal de l'activité de faux-monnayage, de la notion d'individu souverain, mais aussi des conditions de mise en circulation et d'usage de la monnaie en général où les rapports non marchands peuvent être déterminants.

Mots-clés : Farinet, fausse monnaie, souveraineté, communauté monétaire.

Farinet & Farinet, Minters

Freedom, Venality, Community

This paper deals with the trouble produced by the forger Farinet on the genuineness of the currency as well as what money is and what money represents. To that end, it distinguishes the figure of Joseph-Samuel Farinet, who issued false coins of 20 centimes during the years 1870-80, and the literary figure of Maurice Farinet who, under the view of its author Charles Ferdinand Ramuz facing the monetary turmoil of the beginning of the years 1930, issues coins of 20 francs of a purer gold than that of the government. This text is part of the reflections on the relationships between economy and literature, with the peculiarity of a history-based fiction that yet overruns it. It intends to contribute, through the analysis of this contradictory twofold figure, to institutionalist approaches to money. That is how Farinet enables to deal with the venality of counterfeiting, with the notion of a sovereign individual and with the more general conditions of issuance and use of money in which non-market relations can be crucial.

Keywords: *Farinet, false money, sovereignty, monetary community.*

Copyright

En contrepartie de la publication dans *L'Homme & la Société* d'une contribution, quelle qu'elle soit, l'auteur cède à la revue, à titre exclusif, les droits de propriété pour le monde entier, en tous formats et tous supports, en l'état, adaptée ou traduite, sous forme de livre ou sur internet. Cependant, à condition qu'il demande l'accord préalable à l'Association pour la recherche de synthèse en sciences humaines (ARSSH), l'auteur peut publier sa contribution dans un livre dont il est l'auteur ou auquel il contribue, à la condition de citer *L'Homme & la Société* comme première publication.

NTHROPOLOGIE
t SOCIÉTÉS

LA REVUE FRANCOPHONE D'ANTHROPOLOGIE EN AMÉRIQUE
www.anthropologie-societes.ant.ulaval.ca/

Achetez le numéro en ligne
et abonnez-vous !
ww.anthropologie-societes.ant.ulaval.ca/

ABONNEMENT 2020

	Canada	Étranger	
ıdiant	55 $	81 $	CAN
gulier	80 $	106 $	CAN
titution sans agence	135 $	181 $	CAN
titution avec agence	130 $	156 $	CAN

ochains numéros

mobilité comme mode de vie,
2, 2020. Célia Forget et Noël B. Salazar (dir.)

acements des plantes. Une question d'attachement
3, 2020. Julie Laplante

de vie et mourir dans un monde pluriel
1, 2021. Sylvie Fortin et Josiane Le Gall

Habiter le monde
Matérialités, arts et sensorialités
VOLUME 44, NUMÉRO 1 (2020)

Présentation
Habiter le monde. Matérialités, art et sensorialités
Véronique Dassié, Marie-Luce Gélard et David Howes

Fertilités
Sur les chemins de collecte des femmes oasiennes (univers végétal, résonateurs cosmiques, soins collectifs)
Marc Breviglieri

Affordances sensorielles
De l'objet d'affection au portrait collectif
Véronique Dassié

« Se sentir chez soi »
Les sens et le sacré dans la culture matérielle domestique
Matteo Aria et Fabio Dei

Dans la lumière des foyers bédouins
Mikkel Bille

Penser le sensible avec la danse contemporaine
François Laplantine

Quand les odeurs se font images (note de recherche)
Eléonore de Bonneval

Ouvrir les fenêtres
Écrire des poèmes ethnographiques sur la matérialité et la sensorialité de l'agoraphobie à Oslo
Roseline Lambert

Sentir le monde
Analyse critique, esthétique et juridique de la construction matérielle du sensorium moderne
David Howes

Rêves de béton et ontologies relationnelles dans une banlieue mozambicaine (note de recherche)
Julie Soleil Archambault

1030, av. des Sciences-Humaines, bureau 3433 ■ Université Laval (Québec) G1V 0A6 CANADA
Tél. : 1 418 656-2131, poste 403027 ■ Courriel : anthropologie.et.societes@ant.ulaval.ca

Structures éditoriales du groupe L'Harmattan

L'Harmattan Italie
Via degli Artisti, 15
10124 Torino
harmattan.italia@gmail.com

L'Harmattan Hongrie
Kossuth l. u. 14-16.
1053 Budapest
harmattan@harmattan.hu

L'Harmattan Sénégal
10 VDN en face Mermoz
BP 45034 Dakar-Fann
senharmattan@gmail.com

L'Harmattan Cameroun
TSINGA/FECAFOOT
BP 11486 Yaoundé
inkoukam@gmail.com

L'Harmattan Burkina Faso
Achille Somé – tengnule@hotmail.fr

L'Harmattan Guinée
Almamya, rue KA 028 OKB Agency
BP 3470 Conakry
harmattanguinee@yahoo.fr

L'Harmattan RDC
185, avenue Nyangwe
Commune de Lingwala – Kinshasa
matangilamusadila@yahoo.fr

L'Harmattan Congo
67, boulevard Denis-Sassou-N'Guesso
BP 2874 Brazzaville
harmattan.congo@yahoo.fr

L'Harmattan Mali
ACI 2000 - Immeuble Mgr Jean Marie Cisse
Bureau 10
BP 145 Bamako-Mali
mali@harmattan.fr

L'Harmattan Togo
Djidjole – Lomé
Maison Amela
face EPP BATOME
ddamela@aol.com

L'Harmattan Côte d'Ivoire
Résidence Karl – Cité des Arts
Abidjan-Cocody
03 BP 1588 Abidjan
espace_harmattan.ci@hotmail.fr

Nos librairies en France

Librairie internationale
16, rue des Écoles
75005 Paris
librairie.internationale@harmattan.fr
01 40 46 79 11
www.librairieharmattan.com

Librairie des savoirs
21, rue des Écoles
75005 Paris
librairie.sh@harmattan.fr
01 46 34 13 71
www.librairieharmattansh.com

Librairie Le Lucernaire
53, rue Notre-Dame-des-Champs
75006 Paris
librairie@lucernaire.fr
01 42 22 67 13

www.ingramcontent.com/pod-product-compliance
Lightning Source LLC
LaVergne TN
LVHW011016061026
849535LV00006B/1915